新精英生涯

成长，长成为自己的样子！

你的生命有什么可能

著名生涯规划师 **古典** · 著

CTS | 湖南文艺出版社
HUNAN LITERATURE AND ART PUBLISHING HOUSE

博集天卷
CS-BOOKY

你的生命有什么可能?

我想，我们中间的大部分人，深陷于理想与现实之间的泥沼。

时代让我们看到越来越多可能的生活方式，个人成长和心理的热潮让我们开始在意和关注自己，微博微信则让我们能和关注的人事物近在咫尺。我们仿佛越来越知道自己想要什么样的生命。

但同时，现实越来越逼仄：高竞争的工作、高不可攀的房价和房租、拥挤的交通、糟糕的空气、不安全的食品……在竭尽全力才能生存的日子里，哪里有时间追求梦想？我们仿佛越来越远离自己想要的生活。

一头奔入梦想不敢，留下过平庸的生活又不甘——这样的时代，我们的生命有什么可能？

如何才能越过现实和理想的鸿沟，找到和进入自己希望的人生？

我想从下面这个故事开始，这个故事没有名字，就叫它《绿鞋子的故事》吧。

绿鞋子的故事

有个人在很小的时候，无意从神仙那里得到了一本书。

这本书仔仔细细地告诉他关于完美爱情的一切。里面说，他会遇到一个穿着绿鞋子的女孩，两人会牵着手在雨中漫步，会在巴黎度蜜月，会生两个可爱的孩子，会一起度过美好的晚年。

他出发去环游世界，决心找到自己的完美爱人。他盯着每一个女孩子的脚，希望有一天能遇到一个穿绿鞋子的人。

有那么几次，他曾遇到过让自己动心的喜欢的女孩，或者是有人喜欢他。可他低下头看看她们的鞋子，没有一个人穿绿鞋子。

他拒绝了所有人。

他低头找得那么认真，连背都开始驼了。一开始这显得有点奇怪，直到后来他成了老头儿，一个驼背的老头儿就不那么奇怪了。

但他还是孤身一人，一直到孤独终老，他都没有获得过真爱。

他本来就应该想到：

1. 你的人生不应该全信一本书，哪怕是神仙写的。

2. 你可以送给你喜欢的人一双绿鞋子。

三种人生策略：遇见、定位和创造

除了遇见和寻找自己的人生，其实你还可以创造你的人生。这也是人生的三种策略：遇见、定位和创造。

第一种人生策略是"遇见"：这些人用感觉来判断生活是否是自己想要的，期待自己能"遇见"想要的生活。他们的人生哲学大抵如下：打开一扇门，如果感觉不喜欢，就转身离去，打开下一扇门；喜欢就停留下来，但如果有一天这个地方变得不太好了，就继续试着开下一扇门。

第二种人生策略是"定位"：这些人相信世界上已经有一个最适合自己的人生目标，他们需要做的就是找到并实现它。他们的人生往往是这么玩的：先清晰地搞明白自己到底应该要什么，搞明白在哪里能获得，然后设定出一个清晰的计划，最终一步步地达成。

第三种人生策略是"创造"：这些人不愿意相信任何一种现成的人生答案，希望自己创造出一个；对他们来说，人生最重要的不是功成名就或即时享乐，而是一种"追寻的过程"。他们的人生哲学是这样的：创造的第一步是修炼——如果我无法一下子看到人生的终极意义和目标，那么我能做的就是先找到一个值得一试的目标，在达成的路上修炼自己的能力，扩大自己的眼界——反复重复这一过程——逐渐明白自己到底想要什么。当定见形成、能力变强，就没有什么能阻挡他们创造自己想要的自己和生活了。

遇见人生、定位人生和创造人生，你是哪一种人生玩家？

不管你是哪种，先盘点一下这三种不同的人生策略的优劣势。

1. 遇见人生

"遇见人生"的好处是随心所欲，潇洒自由。之所以那么多年轻人选择这种人生哲学，是因为这个方式痛快，也因为他们还有大把的时间来试错。在刚开始的时候，遇见人生的确是种开阔眼界的好策略——如果你不到处走走，多做尝试，怎么知道自己想要什么？但长久使用"遇见"策略，也有很大的风险。

遇不见：

如果你要玩"遇见"游戏，你首先要面对的，就是"遇不见"的风险。拿职业来说，《中华人民共和国职业分类大典》中有职业近2000种，而人一生能尝试的职业机会在7~9个左右——能遇到最适合你的绝对是个小概率事件。更大的概率是：找一个不对，再找一个又不对，一直尝试到35岁以后，很难有行业会接受一个新人。职业生涯如此，爱情、孩子的教育、生活方式的选择也大抵如是，你并没有太多"随缘"的机会。

如果你决定靠缘分生活，你真的需要标配一颗强大而彪悍的内心，做好"此生遇不见就算屎"的心理准备，以及精通唯物主义的辩证法——遇上了就坚信"我的坚持终于有了回应"；如果没遇见就要坚信"该来的总会来的"。

搞不定：

另一种比遇不见更尴尬的可能是：当遇见自己梦想的生活，却发现梦想的竞争比现实竞争更加激烈——当演员、开咖啡厅、开花店、服装设计、环球旅行、创业……每个梦想前面都有无数竞争者——因为有趣的梦想就那么几个。既无力实现梦想，又不愿意回去过平凡的生活，你就只好挤在人群里围观，成为一个心怀不满、郁郁寡欢的梦想围观者。

你听《老男孩》哭泣，谈论社会丑恶时痛苦又快乐——就是因为你们我才混得这么惨，刷朋友圈的心灵鸡汤感慨人生……如祥林嫂般游荡在梦想边缘。比遇不见梦想更加可怕的，是遇见了却无力把握啊。

2. 定位人生

"定位人生"的人，远远比"遇见人生"的人更有把控力，他们做很多的测评量表了解自己，做大量调查了解社会和职业，根据这些结果给自己做详细的人生规划，期待能够找到实现梦想的确切的每一步。

如果你要玩"定位"的策略。你需要的是眼界、计划性和毅力——你需要在出发前就深刻清楚地知道自己是谁、想要的东西在哪里，然后制订详尽的计划，最后以惊人的毅力达成。这种人生好像狙击手的瞄准——盯紧几公里外的一个靶心，反复在心里测算距离、角度、风向和靶子移动速度，然后屏住呼吸、瞄准目标、扣下扳机、一枪命中。

定位式的生活方式很受老一代人的推崇。中国向来就有"三岁看老""一命二运三风水，四积阴功五读书"（在命运和风水面前，读书和积德都是渣渣）的说法，也不乏"××从小立志成大功"的故事。这思想渗透到我们的民族纹理中：每年回家，父母最爱聊的话题就是什么时候能"定下来"——定下来在哪里生活，定下来在哪里工作，定下来和谁过日子，定下来买多大的房子……他们都是坚定的人生定位派，一直在心里替你瞄准。当一切都"定下来"，他们也就松了一口气，觉得完成了自己生命的主要工作，开出那一枪，送你这颗幸福的子弹飞向目标——接下来的余生，让子弹飞一会儿，击中那个早就设定好的人生吧。

这策略的确在30年前非常奏效——那个时代的人每天挤在报刊栏前看相同的报纸，晚七点坐在一起看《新闻联播》，过极其相似的生活。加上我们一贯实施"无须争辩的学习，内容确定的教育"，人的价值观变得很稳定和趋同；那个时代，外界变化也不那么快，人们依靠七天以后才能寄到的信件沟通；每一份工作的内容和回报也非常固定。在那样的时代里，他们培养出这样的心智：一旦你想清楚自己是怎样的人、想要什么，世界道路也就清晰了。你朝着那个方向全力以赴，总会有自己的回报。

他们却忘记了：定位人生最重要的条件，是你要生活在一个稳定和有序的时代。否则，这种方式也面临麻烦。

瞄不准：

和30年前不同，今天社会以一种让人眩晕的速度迅速变化着。

三年前，有多少毕业生削尖脑袋挤到体制里面去当公务员，但近年公务员收入日益透明，特权越来越少，最近连碰头吃顿饭都提心吊胆，年轻人又开始喊着逃离体制。五年前，一个农村孩子高考考不上大学，就意味着户口进不了城，这一辈子就完了。一个大学生朋友却告诉我，她没考上大学的"失败者"同学在老家分到了地，几年征地下来，现在已是千万身家，而她这个当年的"胜利者"在南京一座写字楼每天上班10小时，月薪3000。

2013年收入最高的十大行业中有三个在10年前还未出现，有五个行业至今都未设置相应的大学专业。假如你的目标就是赚大钱，那么今天你又如何能瞄准未来的目标？

如果以前的社会像一列慢悠悠喷着蒸汽向前的绿皮火车，那么今天的社会就像坐过山车——你永远不知道下一个弯路在哪儿。所以很多人等子弹飞到靶心，才发现物是人非。他们问：人生大叔，说好的幸福一辈子呢？人生大叔摊摊手：不是我不明白，是这世界变化快啊。

我们也在变：

在这样的世界里，我们自己的内心也在每天升级：因为喜好、能力或眼界的扩大，几年前觉得特好的工作不再适合；当年心累了，一心想找一个能够依靠的踏实人结婚，几年下来却发现还是精神上的理解交流更重要；付出了巨大的代价最后才获得商业成功，才发现自己内心渴望的是意义感与幸福……

你不妨回顾一下自己五年前曾想要的生活。今天的你，还会完全按照那目标活吗？今天，当我们讨论梦想，谈的不再是"你这辈子想干什么"，而是"你希望五年后会怎样"。

承认吧，虽然定下来的确让我们安心，但这是一个"定不下来"

的年代。

定不下来的年代

这是一个定不下来的年代，因为它变化太快。

有多快？说一组数据直观感受一下：英美两国历史上只有一次GDP翻番，英国花了48年，美国58年，当时两国人口分别是4000万和6000万。而中国近30年来带着10亿级别的人口，平均每10年翻一次，一共翻了三番，从1979年4062.6万亿元，到2012年519470万亿元，33年增长了127倍。我们从计划经济到包产到户，然后是市场经济，从农业社会冲到工业社会，又跟跟跄跄地一头奔入网络时代。这过山车的速度一方面带来经济的爆发、生活质量的提升，一方面也翻得我们晕车不适，大脑空白一片。

这样的加速度在以往的家庭中从未发生过。以前老人们能对孩子们说："听我的，因为我经历过你未来要经历的。"而今天，他们的孩子会说："不，你从未经历过我将要经历的未来。"

这样的加速度在人类历史上也从未发生过，今天的中国青年对于社会、职业、价值观、家庭观念的困惑，对于未来的迷茫，自然也无法从任何历史中找到答案。所以，当今天的狙击手瞄准未来，他们发现自己趴着的掩体本身在飞速地前进，而瞄准未来的准星模糊一片。这是一个定不下来的年代。

定不下来的工作和爱情：

今天的人很难再像父辈一样，在24岁结婚，生子，做一份事业，很早"定下来"。

从职业说起，假如一个人从25岁工作到60多岁，他的职业生涯至少有35年（随着平均年龄的增长，退休年龄也许还要延后）。今天企业的寿命却越来越短：数据显示，中国中小企业的平均寿命是2.97年，世界500强的平均寿命是35年——这意味着什么？意味着如果你运气够好，在某家公司创业第一天进入，一直在其中工作，活活把这家公司干成了世界500强，那么在你退休前一天，这家公司可能就倒闭了。公司是定不下来的。

即使你干同一份工作，工作内容和环境也已发生巨大变化——10年前，做市场意味着跑业务、拉广告、铺渠道，今天在市场部你不谈谈互联网营销，简直就混不下去。老一辈人在20岁出头单位基本就确定下来，然后一辈子不挪窝。今天的职业人需要到至少30岁才能逐渐理解趋势，看到自己的终生方向。

定不下来的职业，也带来定不下来的家，再加上难以支付的房价——连带着婚姻大事也越来越难"定下来"。2013年上海的平均结婚登记年龄为男性34岁，女性31.6岁。如果从22岁大学毕业算起，大家至少有8~12年时间在感情上"定不下来"。估计很多人看完以后松了一口气，自己离拖后腿还早呢。

坐在这辆高速行驶的过山车里，人们在一起坐着聊天、工作、生活，却又都有些心不在焉。每个人都伸长脖子看着那未知的前方，心里想：还不确定，再等等看。

如果你学不会享受这种不确定感，不懂得在其中获得点乐子，这时代真的会要了你的老命。

更多可能：

开放的社会和互联网带来了人生的多元选择。80后大学生的大多数梦想都是下面四种：功成名就，让父母过好一些，组建自己的幸福家庭，为社会做贡献。而今天的年轻人则远不止这些。我2012年在大学课堂上让一群大二学生匿名写下他们的梦想——因为是匿名，大家都很真诚。你一定会被他们脑袋里面各种奇怪念头雷得外焦里嫩，且不说创业、改变世界或环球旅行这种已经滥大街的，他们还有人想当：

流浪汉、非洲的志愿者、吃遍全世界的吃货、美国特工、中国的Lady Gaga、德国F1机械工程师，或者在最快乐的那天死去的人。

新一代人的生命没有上一代人的固定模板和样式，他们眼中的生命有无限可能。

个体的力量：

在打开可能性的同时，互联网彻底提升了人们的眼界高度，社交网络也提升了他们的平等思维。

我是个创业者，如果说新精英的80后员工还挺佩服我的话，90后员工几乎不会在我演讲的时候投射出"敬仰"的眼神——因为他们都是看着马云、扎克伯格的演讲长大的，你算老几？当哈佛公开课在网上点击就可免费看时，你很难再像以前一样膜拜些什么人。大家的关注点重新回到自己身上——如何成为一个让自己喜欢的人？

同时，社交网络让这样的个体用各种方式联合、互动，让人们更加感觉到个体的力量。今天人们敢于在微博上实名举报贪官，春晚上可以调侃吐槽，习主席能有卡通版头像，包子铺能推出个"习大大套餐"。而自媒体像电视媒体一样有影响力，民间公益组织者像国家机构一样反应迅速有力，公司越来越小而美。这是一个个体的世界。

干瘪现实：

好了，生活越来越不确定，梦想越来越多元，人们越来越平等。难道人生不是有越来越多的可能？这倒不一定，当理想越来越丰满，脚下的现实却越来越干瘪。

社科院2013年年底发布的一份社会学研究报告指出（注：全称为《境遇、态度与社会转型——80后青年的社会学研究》，是社科院少有的、和我们对社会的直观感受一致的研究报告），这群2.2亿的80后青年，这群有4000万大学生、1亿农民工子女的人群，他们"有着更高的受教育水平，更多人在非公机构就业，更常换工作，更会使用互联网"。

下面是书中的一些观点：

家庭背景对成长影响很大，拼爹确有其事；知识只能从一定程度上改变命运；

面对逐年加大的就业压力和文凭贬值，毕业生深陷于现实与理想的泥沼；

房租房贷占收入的比例很高，生活压力负担沉重；

本该由社会承担的教育、养老责任被硬性嫁接到家庭身上，独生子女发展中面临明显的"优势递减效应"；

他们希望以个人努力改变命运，却又无法逃离更大的社会力量的左右。

如果要把当代年轻人当成一个人，他/她应该是这样的：他的眼睛遥望着5000米外的七色彩虹，心中坚信每个人都平等自由，脚却踩在一片稀巴烂的烂泥之中；他的脑子已经接受了要活出自我的想法，心里却困惑得要死，到底什么才是自己？

人生有这么多可能，哪一个才是属于我的？

目标有这么多个，哪个背后才是最好的？

达成的方式有千百种，到底哪一条路确定能走通？

我的想法那么好，家人反对怎么办？

有人拼爹怎么办？房子怎么办？

当他们的目光在美好的未来和脚下干瘪的现实之间来回切换时，迷茫、焦虑、浮躁由此产生，成为"定不下来"年代的时代病。

3. 修炼与创造人生

在"定不下来"的年代，人生不应该是规划出来的——规划意味着你的人生有一群"专家"比你更懂（还记得开头那本神仙的书吗？），规划还意味着早点确定，确定了就不要改变。连IBM这样的靠战略吃饭的公司也只制订五年战略规划。非要一个人做个长达10年甚至20年的生涯规划，除了有点励志的作用外，并不太靠谱。

在这个定不下来的年代，修炼和创造人生反而成为一种最有效的策略——以不变应万变——如果你不知道这世界和你将要去哪儿，最好的策略是先全力炼出一种在哪儿都能活好的能力，在有足够力量和眼界的时候，开始创造自己的人生！就像开头那个故事——你可以送她一双绿鞋子，还要成为一个值得的男人。

今天的人生发展不应该像狙击手，而应该更像导弹——先尽快地发射出去，让自己适应变化的环境，让自己飞得又快又稳；然后每秒都用激光重新定位目标，调整弹道，最后发现目标，一击必中。

当然，创造人生的模式也有自己的缺点，从心理感受来说，它让你面临比前面两种更多的不确定感：如果把人生比作航海，求遇见的人把命运之舵交给外界，自己回床位休息；求定位的人在打开自动巡航抵达目的地之前会有一程安心；而修炼之人则需要站在船长室，时刻把握着命运之舵，对每一种人生的不确定做出快速反应，在狂风暴雨中找到自己的星光。

所以这群人生的创造者总会有点"玩商"，他们善于把修炼本身变成一个有趣的经历，当过程值回票价，结果也就不那么患得患失了。

职业规划

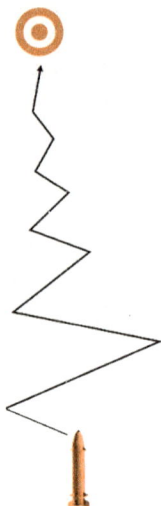

职业发展

这就是我所理解的今天的生涯之学，也是这本书要探讨的话题：

如何修炼自己在现实中活好的能力？

如何在现实之中发展自己的兴趣？

如何能成为某一方面的高手？

如何总能找到自己想要的东西？

什么都想要怎么办？别人要的和我要的不一样怎么办？

如何找到人生方向？如何创造属于自己的生命可能？

如何连接现实和理想？

如果实现过程中遇到自身困难、他人障碍、现实困境怎么办？

怎么面对生命里的苦难、贫穷、不完美或者不公正？

如何获得自由？

生涯是一门探讨人们如何在现实中生存、生活和生长的学问。职业是人们实现生涯目标的手段之一，成功也只是幸福的副产品，生涯的真正目的是帮助人们发展自己的人生。

成长，长成为自己的样子

为什么是自己的样子？

"自己的样子"意味着每个人都有能力创造自己的生命意义，并且实现它。

为什么是成长？

"成长"意味着这并不是一个"发现"或者"碰见"这样bingo（找到啦！中啦！）的过程，成长是一段漫长、艰辛又神奇的经历，随着每个人起点、天赋和目标的不同，这过程会绽放出无数的可能。

在这样的人生里，每个人先把自己修炼成生活的高手，然后用自己的独特天赋、不同的方式，追寻自己领悟的人生意义，在热爱的领域努力地玩，活出最喜欢的人生。

这样的人生才精彩有趣，是不是？

这就是这本书想谈的话题——你的生命有很多可能。这本书不准备做真理候选人，也不准备开山立派。只希望拆掉思维里的墙的你，能看到这个世界上的光。而当你看到光，希望你有能力成为一个走入光明的人。

在接下来的篇章中：

第一章提到了最好的人生状态——在热爱的领域努力地玩，以及如何让自己保持这种状态的三叶草模型。

第二章提到了兴趣的修炼：兴趣是天生的吗？怎样让自己爱上不感兴趣的东西？怎样让自己成为一个有趣的人？

第三章提到了价值观的修炼：我如何知道自己要什么？如何找到自己想要的东西？找到了又如何保护自己坚信的东西？

第四章提到了能力的修炼：隔行如隔山是真的吗？如何让自己的努力不白费？各行各业的顶级高手是如何修炼出来的？

第五章谈如何成功——知道你们烦透了聒噪的成功学，甚至连成功都烦。相信我，这里安静地列举了很多关于成功的事实是如何发生的、努力和成功的关系，以及关于成功的一些社会学观点。热爱和反对成功学的人，都会有收获。

第六章探讨除了成功、幸福，我们的生命还有什么可能。谈到了人生的四个永恒的主题：影响力、爱、自由、智慧。这是我自己最喜欢的一部分。我想努力地证明，即使在这个不公平的残酷世界，每个人也都能活出各自的生命可能。

第七章提到了解决现实和理想冲突的"现实的理想主义"战略；如果你有一个理想，却深深地被现实所困，你一定要看看这部分。这里也谈到有钱的鲁迅、未成名的周杰伦，他们是如何和现实周旋的。

第八章叫作"写给……的你"，其实是写给成长中的自己，提到我的种种人生思考与态度，只是态度，不算学问。如果你也如我一样是个好奇冒失又热爱生命的人，陪我一起成长吧。

在每一章里，我还应景地搞了点微信互动——添加我的微信公众号"新精英做自己"，输入我提到的关键词，就会跳出来免费好玩的测评、更多好的文章、书的推荐和一些有趣的视频。

在有些章节里，我附上了一些推荐的书，不求多也不求深刻系统，选择了那些你能读得下去的。

所以，这本书你可以顺着看，跳着看，前后倒过来看，在书与书之间看，在书和网络之间看。

看看有多少种可能？

Is That
Possible
to Me

?

目录
CONTENTS

Chapter 4
能力：走上高手之路 /081

Chapter 5
关于成功这件事 /113

Chapter 6

你的生命有什么可能？ /141

Chapter 7

做现实的理想主义者 /199

Chapter 8

写给……的你 /235

Is That
Possible
to Me

?

Chapter
1

人生金三角：
在热爱的领域努力地玩

1 在热爱的领域努力地玩！

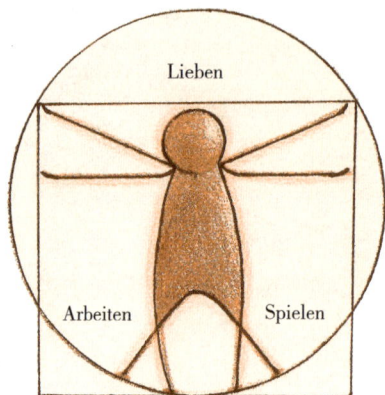

人生金三角

有人问弗洛伊德，怎样才能过快乐而且有成效的一生？

弗洛伊德说：Lieben und Arbeiten（爱着，工作着）。发展心理学家Elkind觉得这种生活还是太无趣，便加上了Spielen（Playing）。这样就成就了人生的金三角：Lieben，Arbeiten，Spielen（**热爱，努力，玩耍**）。好的人生，就是在自己热爱的领域努力地玩。

热爱、努力、玩耍，孩子们整天过着这样的生活，他们总能找到**自己热爱的领域，在其中全力以赴地努力，却又能对结果一笑而过。**我每次回老家，总有哥们儿讲起一件我小时候的糗事：小时候，我们那里的孩子热爱捉迷藏，我喜欢躲，但是抓的人目光如炬，总逃不过。终于有一天，我下了个决心，我钻进那条臭不可闻的水渠，踮着脚踩在污水里一块滑腻的砖头上，忍着万千蚊子叮咬，轻轻把水泥板盖上，眼睛死死地盯着唯一的一条缝。从缝里看出去，抓我的人就在一米开外，他东张西望，打死也想不到我在里边——我享受着这种痛苦里的隐秘快乐，坚持了15分钟，终于脚一滑，一屁股坐在臭水沟里，蚊子轰的一声飞起，惊动了小伙伴们。我妈回家用水龙头冲了我半小时，两天内隔我三排的女孩都嫌我有味。现在说起来，大家还会狂笑。

如今我已经三十过半，做着自己热爱而苦逼的工作，在一个大家认为吃力不讨好的领域，笨拙又执着地要向这个世界传递些什么。除了我妈和女同学没嫌弃我，其他的一切都类似。每当夜深人静开始写字，那种踮着脚站在臭水沟上喂食蚊子、盯着细缝里的光的情景又浮现在脑中，心中狂喜的快感再次爬上心头——没有人说成长是件容易的事，但每个走在路上的人都知道有苦有甜是值得的。

孩子们都知道最好的生活，是**在热爱的领域努力地玩**；当我们逐渐成年，却在现实的磕磕碰碰中丢失其一，这是我们大部分人生活的不幸之源。

有的人在热爱的领域里努力，却放不下得失之心来玩。他们对自己苛刻，活得太一本正经，像台永不疲倦的机器，忘记自己也有玩耍、快乐的要求。他们活得身心俱疲。

有些人在热爱的领域里玩耍，却因为害怕努力了也无法成功而从未真正全力以赴。当一份工作做不好，他们迅速转移并爱上另一个。他们表现得天马行空、毫不在意，掩饰自己对生活的无能。

还有些人在某个领域里努力地玩，却并不热爱——这些人往往看起来混得不错，是人生大赢家，只是他们从未意识到自己除了成功或失败，还能选择玩什么游戏、和谁玩、玩不玩——还能成为选择自己人生的人。

我们抬头四顾，三者皆能满足的人何其少。（集齐三要素是不是比集齐七龙珠还难？）于是，我们认定了这个人生金三角只是个心理学神话，类似乌托邦或田螺姑娘，遇不上是天定，遇上了是幸运，还是好好地过现在的日子吧。

我们对于幸福人生的最大误区，就是把幸福和精彩的人生当成命运的安排，好像我们自己对此无能为力，能做的仅仅是站在街头等待好的人生降临。

你真好，能对音乐这么感兴趣，我就不行，我**天生**只对吃感兴趣。

你太有语言**天赋**啦！难怪英语这么好！

你真**幸运**，能找到这么好的工作/另一半。

当你羡慕旁人时，有没有想过——也许那不是幸运，而是一种习得的能力。一个人命中的财富、成就和光环，也许的确有幸运的成分，但是那人展现出来的快乐、热爱和努力，都不是"遇上"的，而是"修炼"出来的。所有的美好人生都是修炼和管理出来的。每一项人生要素背后，都有支撑它的能力。

兴趣： 提升兴趣让我们持续发现新的事物，给生命注入玩耍和快乐的体验；

能力： 强化能力让我们固化自己的努力，得以掌控生活和工作，取得成就；

价值观： 固化价值观让我们产生定见，抗拒各种诱惑，聚焦热爱的领域，获得宁静与满足。

兴趣产生了快乐，努力产生了能力，而价值观则帮你发现热爱的领域。兴趣、能力与价值观是三种最重要的管理生命的能力——当你拥有强大的兴趣、能力和价值观，你就会很容易地发现自己热爱的领域，在里面努力投入地玩耍；而如果你缺失了这些幸福的能力，即使你有幸能找到这个领域，你也无力把握。

过好人生是一种能力，而非天赋。当你开始掌握正确的练习方法，每个人都有无限的可能。

生涯规划的原理也是如此。兴趣让你发现适合的行业，能力让你进入能胜任的职位，而价值观则帮你筛选你喜欢的工作方式、同事和公司。但职位的要求并非一成不变（想想"网络营销"这个职位三年内的变化吧，网络营销—百度竞价—微博营销—大数据—微信营销—自媒体……），人们必须持续地学习和成长才能守卫自己的幸福。这个时候，是兴趣推动你持续地在职业领域学习，发现新的机会；能力帮你持续地产生竞争力；而价值观则帮你在机会爆发的时候保持聚焦。

很多人把生涯规划局限为职业定位——通过几个测试，然后定位自己的目标职位，这种思路把兴趣、能力和价值观当成先天不变的天赋，而非后天修炼的能力——最后往往定位出一个根本进入不了的"完美的职业目标"。大学生就业难，年轻人职业适应力差，就是过于强调"匹配"而非"修炼"的结果。

谈恋爱也是一样——你的兴趣决定你喜欢什么类型，能力决定你能搞定谁，而价值观则帮助你理解谁是一夜情、谁能与你长久走下去。如果不多见几个人，你怎么知道你对谁感兴趣？如果你从未与异性单独约会，你如何有搞定对方的能力？如果你没有体验过恋爱，你怎么会知道自己更看重精神交流还是稳定的生活？

张学友说得好：等待着别人给幸福的人，往往都过得不怎么幸福。这个年代，用一见钟情等待白头偕老，你得做好孤独终老的准备。成熟的爱情观应该是：爱情不是幸运，而是一种能力。先走出去，多接触人，在恋爱中学会恋爱——发现自己，修炼自己，使自己成为一个有趣的、有能力爱的、知道自己想要什么的人，你总能找到你想要的爱情。

兴趣为你打开一扇又一扇门，能力帮你走好一段路，而价值观则帮你不断关上不属于你的门。三者结合，让你在热爱的领域努力地玩。

接下来的三章中，我就要谈谈这种掌控自己人生生涯的技术。我想试图说明：任何人，不管家庭出身、学历和天赋如何，都可以通过**修炼自己的兴趣、提升自己的能力和打磨自己的价值观，找到自我实现的平台，在现实的生活中，收获快乐、成就和幸福的人生。**

这是我理解的生命的可能：

幸福是一种能力。好的人生并非外求，而是内修而成。每个人都可以通过整合和管理自己的生命资源，最大化自己的人生价值，达到个人与社会的双重满意。

也正是在这样的过程中，我们逐渐发现自己永不停歇的好奇、浑然不觉的天赋、发自灵魂的热爱，最终成长为自己的样子。

2　生涯三叶草：兴趣、能力与价值观

　　我们在上一章提到了三种重要的生涯管理要素——兴趣、能力和价值观，它们支撑起我们的幸福人生。把这三个要素放到一张图里去，就变成了右面的模型，我称之为"生涯三叶草"。

　　兴趣、能力、价值观的交集处，就是一个完美的职位特质：好的职业应该是你喜欢的、能做好的，而且能回报给你想要的回馈的。

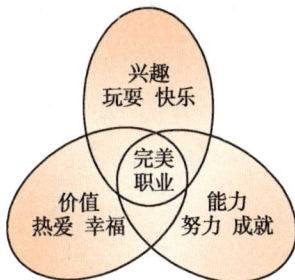

完美职业=兴趣+能力+价值

　　你会打开这本书，是因为你的职业或生活并不完美。想想看，如果你完全满意是10分，现在你的三叶草分别会打几分？

我在职业中体会到的：

快乐感：＿＿＿＿＿＿＿＿

掌控感：＿＿＿＿＿＿＿＿

满足感：＿＿＿＿＿＿＿＿

　　想想看，距离一个完美的职业，你还需要提升三叶草的哪个部分？这就是你努力的起点。

3　转动三叶草：掌控自己的人生

　　正如我前面所说，没有谁的三叶草一开始就是完美的10分。所有完美的职业都是自我发展而来。兴趣、能力和价值观之间，自有其内在的支持关系。

　　比方说运动，你觉得NBA明星很帅，很明显你对打篮球感"**兴趣**"，而有人觉得足球更炫，他对足球更感兴趣；当你开始投入时间练习打球，发现有人跑得快，有人跳得高，有人则投得准，每个人都施展出不同的"**能力**"；即使是两个能力一模一样的人，因为"**价值观**"不同，也会有不同的球风——热爱"**团队合作**"的人喜欢把球传给最佳位置的人，看他们把球投进；而热爱"**挑战**"的人喜欢从最多人拦截的地方带球突破；

而热爱"**异性关注**"的人在妹子围观的时候会突然爆发，女生们一走，他就蔫了。

　　和运动的例子一样，我们的职业发展也是一个顺时针的三叶草。我们先会对某一件事情感"**兴趣**"，这兴趣驱动我们学习和练习；持续地学习和练习让我们有"**能力**"完成很多事情；然后我们开始寻找一种合适的方式（往往是某种职业）把能力兑现成自己想要的"**价值**"。而价值强化会使我们产生下一轮的兴趣。兴趣、能力和价值观的三叶草，就是这样旋转起来，让我们掌握和精通某一个领域的，然后进入更大一轮的"**兴一能一价**"循环。为了好记，也有人将其称为"**性能佳**"循环——让自己保持在这个循环中，你就是性能最佳的！

　　回顾我自己的生涯规划路径——先是在GRE课堂上，学生不断问我的"老师我该去哪儿读什么专业"的问题引起了我的**兴趣**，开始接触生涯规划领域；然后经过两年的学习、咨询、授课，慢慢积累了相关的**能力**；我也逐渐知道自己想要的**价值**是：智慧、助人和自由；当GRE老师的职业不再能满足我的时候，我决定以一种更加直接的方式来兑现我的能力。那个时候，我的三叶草分别是：

兴趣：生涯领域

能力：讲课和咨询

价值观：智慧、助人、自由

　　这个结果很清晰，我的完美职业应该是一名专业的职业生涯规划师，通过讲课来谋生与自我实现。这个新的目标让我对专业知识有了更大的兴趣，新一轮的三叶草转动开始了——想要知道更多专业知识（**兴趣**），把能力提高到专业水平（**能力**），可以帮助更多的人（**价值观**）。

　　这一轮的转动大概用了两年，我成了一名不错的职业生涯规划师——当我意识到个人的力量还是太小，希望更大程度地帮助更多人时，我朦朦胧胧地意识到，这个时代也许商业机构才是教育改革的有生力量（**兴趣**），我半推半就地开始创业，创立新精英学校，被迫提升自己的管理能力（**能力**），让新精英蓬勃发展起来，帮助更多的人成长为自己的样子（**价值观**）。2013年我们培养的生涯规划师有500多名，咨询师团队平均每天帮助一个人解决生涯困惑，"**做自己**"论坛点击量超过百万，写作团队产出的原创文章有180多篇。这远远比我讲课365天、咨询365天和写作365天更有价值。这个价值让我再一次把眼光投向未来——我的生命还有什么可能？下一个可能在哪儿？生命就这样不断进化，生机勃勃，充满无限可能。

　　所有领域的高手，都有一棵不断旋转的生涯三叶草。一旦启动这个性能佳循环系统，就会像武功高手打通小周天一样。我们为自己打造一个不会停歇的良性循环，这种循环不断强化，就会产生接下来你将在书中看到的各个领域的高手身上的特质——永不衰竭的好奇心、高超的能力以及惊人又可怕的内心动力。

这本书也按照三叶草的循环写成：当我有零零碎碎的想法时，我只有一些小兴趣，这兴趣只够驱动我写一条140字的微博——如果你一大早看我发一些莫名其妙的小感叹，那就是它们了。如果很多人转，我会自我感觉不错，收获些价值，这价值让我有动力写一篇博文或者专栏，而如果这个专栏或者博文反响不错，就会吸引我把它们扩展成一个章节。这当然需要更大的能力：篇章结构、考据、案例、荐书……当然，如果你能看到这书、购买这本书，更大的价值也将汇入我的三叶草，酝酿下一轮的转动。

我不知道其他作者是怎样的，但是像我这样的懒家伙从来就没有像曹雪芹一样一落笔就写出《红楼梦》的心气和能力。如果说我还写了些东西的话，那都是三叶草不断旋转的结果——我作为作家的那棵三叶草，一开始就像是个从山顶滚下来、灰不溜秋还带点杂草的雪团子，下山途中慢慢越滚越大，最后变成雪球、雪崩，一发不可收拾。

理解了生涯三叶草转动的过程，你就能知道把生涯行业叫作"生涯规划"有多么不合理了——规划让人想到国土规划局或者房地产规划—— 一个地方一旦"**被规划**"成绿地，用来盖房就犯法。难怪人们会对这个词感到不爽——反对派讨厌规划师，会说，你凭什么规划我的人生？崇拜者则会说，大师，请你给我一个详细的、精确到每一天该干什么的规划吧！这种人该轮到规划师讨厌他。

真实的人生绝对不是这样，正如20岁的我从不知道自己要当老师，新东方的我从来不知道自己要做生涯规划师，而规划师的我也从未想过要创业一样。如果没有爬到这山头，即使你有一个隐隐约约的方向，你也永远不知道下一段路具体如何走。那些具体到15年后做什么工作、每3年考什么证、5年升什么职位的规划，在今天这个多变的世界，错多对少。你真正能控制和衡量的，是自己的三叶草转动的方向和节奏，正如我在《拆掉思维里的墙》（以下简称《拆墙》）中所说的：成功就是越走越近。

不过就像大熊猫其实应该叫猫熊（人家是熊！！）一样，一旦一个名字被叫习惯，

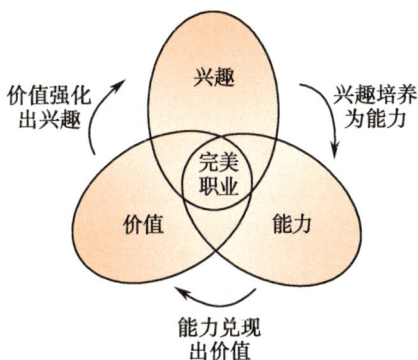

价值强化出兴趣　　兴趣　　兴趣培养为能力

完美职业

价值　　能力

能力兑现出价值

职业生涯三叶草模型

你很难让大伙改口。鉴于大家对"**生涯发展师**"这样虚头巴脑的名字实在叫不出口，在未来的很长一段时间里，生涯规划师或职业规划师的名称还会延续。但我提醒大家，生涯规划的真正任务是：推动大家的生涯"**发展**"起来，看到更多可能，然后选择一个，走下去。

找到你的生涯三叶草的起点，然后推动它开始循环，它会带你进入你所未知的人生。

4 情绪比你会说话：找到成长的突破点

你的三叶草，循环得还好吗？

你的职业和生活中常常出现快乐、成就和满足感吗？如果不是，你的三叶草一定已经停止转动。当兴趣、能力和价值观任何一个部分不足，你的三叶草就会卡在那个环节，不再转动，生涯的发展也就此停滞。很多人很多年都没有在职业和生活中获得过这些感受，他们的三叶草沤得都能当三叶榨菜了。

其实无须复杂的测评，每个人都很容易知道自己的三叶草卡在了哪里。就好像血液循环不好会手冷、受凉会发热一样，生涯三叶草任何一个环节的缺失，都会有外在的状态反映。我们可以通过外在状态，找到自己缺失的部分。

正如右图：

当缺失"兴趣"的时候，我们表现出"厌倦"的情绪，再严重点会开始觉得"活得没意思"；

当缺失"能力"的时候，我们表现出"焦虑"的情绪，再恶化就顿生"无力感"；

当缺失"价值"的时候，我们表现出"失落"的情绪，持续很久以后内化成"自卑"。

你和医生说：我肚子痛！专业的医生会问你：怎么痛？阵痛还是持续的？刺痛还是隐隐作痛？医生对痛有精

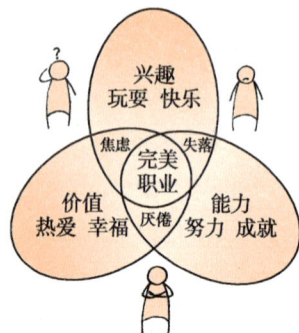

职业生涯三叶草模型
古典（2011年）

确的分类，不同的痛对应不同的症状。如果你和一名生涯规划师抱怨：我的职业不爽！他也会问你：怎么个不爽法？是厌倦、失落还是焦虑？不同的状态对应不同的缺失，背后有不同的方案。当你找到缺失的部分，问题就好办了。大部分的职业不适或倦怠，只要不涉及深层的心理问题，都能通过这样的方式来解决。

三叶草的发明给人力资源师（HR）带来了很大的便利。以往一个人面临职业倦怠的时候，HR会给这个人三板斧：要不要休息一段时间？要不要团队拉出去团建一下？要不要找个人进来搞搞培训？实在搞不定的话，要不要调个岗？

如果是厌倦带来的倦怠，休假的确是一个不错的方法，培训只会让他越来越烦；业务培训是焦虑的员工最好的治愈方式，但如果是虚头巴脑的企业文化培训，只会占用大家时间，让人更加焦虑；而如果是价值缺失带来的倦怠，休假只会让人越休越不想工作。

三叶草让HR有机会确定员工的真实缺失，找到解决员工倦怠的方子。

对生涯规划师来说，以前要做大量量表才能知道的兴趣、能力和价值观不匹配，熟练的规划师仅凭观察就能得知了。对于生涯规划的学习者，这个三叶草模型也有很多好处：你能够敏感地通过情绪意识到自己的状态，找到缺失迅速调整，使三叶草重新旋转起来，回到性能佳循环中去。

什么样的人无法使用三叶草理论？讲个故事：有一种医学症状叫"无痛"，四川的一个孩子就是这样，他天生没有痛觉神经。你会不会觉得这样的人生很舒服？真实情况远非你所想的样子——他只有看到血，才发觉脚下被划了道大口子；只有看到自己口吐绿沫，才知道得了胆囊炎；只有闻到焦味，才发现原来手中的锅是热的——他因此遍体鳞伤。

三叶草唯一无法解决的，就是那些永远不知道对自己说"我怎么可能焦虑"的人。他们就如这位无痛儿，总觉得自己身轻如燕，低头一看，其实已血流一片。

接纳自己是成长的第一步。当你读懂了情绪背后的需求，你就能找到自己成长的方向。厌倦需要变化，焦虑需要学习，失落需要价值。

下一章，我们就从每个人心里偶尔的失落感开始谈起，说说看：你内心到底想要些什么？

	拥有的状态	缺失的状态	决定人生	影响职业选择
兴趣	快乐	厌倦	个人爱好和关注的领域，如：音乐、摄影、亲子、旅游	行业，如：教育、快消、汽车
能力	成就	焦虑	职业与副业家庭角色：照顾者、跟随者	职位，如：会计、设计师、工程师
价值观	满足	失落	生活方式：安定/多变的、大家庭/丁克	工作方式，如：团队合作、自由职业、助人、管人

你的三叶草旋转得健康吗？《你的生命有什么可能》（以下简称《可能》）努力让书和你的生活互动起来，因为知道不重要，改变才重要。

我通过微信提供了大量的免费测评、有趣的活动和扩展阅读，在微信公众号"新精英做自己"里输入"三叶草"，用五分钟测测你的三叶草旋转得怎么样。

微信
关注

Chapter
2

只要下定决心，
任何人都能活得有趣

1　我天生就没有……兴趣该怎么办?

我好想像同事一样说一口流利的英语! 但是过几天就没兴趣了。

看到别人插花, 我觉得好美! 但是自己学习了几天, 就失去了兴致。

小时候我对跳舞特别感兴趣, 不过越来越大反而没有兴趣了。

为什么有人的兴趣那么强, 可以持续一生, 有的人却只有三分钟热度? 我曾经不止一次听到有人对我说: "真羡慕你, 能一直对一件事情那么有兴趣。" 又或者: "你天生就是兴趣太多的人。" 他们讲得如此羡慕嫉妒恨又如此无奈, 感觉就像在说我羡慕你眼睛大鼻梁高天生一米九一样。

兴趣到底是像身高一样, 由基因决定, 还是像彩票中奖一样, 人人有份, 仅需运气?

兴趣天生论的人相信自己一定有某种内在的兴趣基因, 只是暂时没被发现, 一旦发现就能持续感兴趣。他们的特征是不断地做各种测试, 希望能 "发现自己的兴趣"。

运气决定论者则认为世上冥冥中一定有自己感兴趣的事情, 只是没有遇上, 一旦遇上就能持续感兴趣。他们的方法是不断地转换领域, 希望能够 "遇见自己的兴趣"。

前者在屡次尝试测试后发现没有什么感觉, 认为 "我不知道自己有什么兴趣"; 后者则在不断尝试和放弃中关掉一扇扇门——"我天生没有××细胞", 你可以自己往里面填, 比如英语、演讲、管理、幽默、搞笑……大部分人不幸成为这两者中的一种, 所以你能听到的关于兴趣最常见的对话是:

A: 我天生就没有什么兴趣。

B: 你可以试着做个兴趣测试。

A: 试过啦, 没用。

B: 那你可以试试打羽毛球, 特好玩。

A: 没戏, 我天生就没有运动细胞。

不管是基因论者还是因缘论者都犯了个明显的错误, 兴趣的确有基因或者外在的因素, 但是影响微乎其微。**兴趣与其说是一种天赋, 不如说是一种自我技能**——那些生活得有趣的人, 往往是下意识掌握这种技术的人, 而我们大部分人可以通过有意识地学习, 让自己活得有趣。

一旦明白兴趣是门自我管理的技术, 那么任何人只要下定决心, 就一定能够活得有趣。

2　你的兴趣从何而来?

心理学认为，兴趣是一种情绪，而情绪是人类进化出来的一种生存工具。这种情绪能够穿过百万年的进化留下来，一定是因为其有莫大的好处。

先来了解一下兴趣是如何产生的。

看看右面这幅图，你觉得哪个多边形最有趣？哪个最让你愉悦？

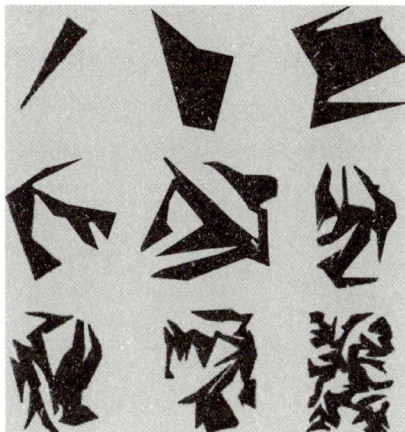

这是心理学家Berlyne做的关于"有趣"的一个实验，实验中出现的多边形没有任何特定意义，由计算机按照不同的复杂程度随机生成，越往后面，复杂度越高。Berlyne发现，大部分人认为的最有趣选项在第三排中，这一组复杂到让人一眼看不懂，从而产生各种联想——在我看来，左边的像仙鹤，中间的像一个发出闪电的老巫师，右边的像一个跳迈克尔·杰克逊舞蹈的树人。但是当选择最让你感到愉悦的一个的时候，情况有所改变，大部分人选择了第一排最简单的几个。

跳过复杂的数据筛选与分析过程，实验有个清晰的结论：

有趣（interested）是一种和**不确定**相关度很高的情绪；

愉悦（comfortable）是一种和**确定性**相关度很高的情绪。

而有趣和愉悦，是两种完全不同甚至相反的情绪——当一件事情复杂、新奇且不确定的时候，人们就会感到有趣；而当一件事情简单、稳定和确定的时候，我们就会感觉到愉悦。愉悦的事情，不一定有趣，而有趣的事情，不一定会愉悦。变态辣鸡翅有趣而羊肉串愉悦，创业有趣而公务员愉悦。

3　好生活=愉悦+有趣

你有没有发现世界上有两种不同的人？有人总是去新馆子，点新菜，尝试更多口味。而有些人喜欢去老饭店，点上家常菜，吃得安安稳稳。再比如旅游，有人喜欢探险，去穷山恶水异国他乡；有人喜欢休闲，向往水清沙幼舒适恬静。前者有趣，后者愉悦，好的生活则应该是愉悦又有趣。

我们完成一项有价值的工作后身心疲惫地关上电脑，我们在街上遇到熟悉的老同学，我们待在老家的老房子里晒太阳，我们与家人挤在沙发上看最老版的《西游记》，我们接近大自然，我们在春节挤上拥挤的火车回家——这些或许谈不上有趣，但会让我们心跳放慢，血压降低，内心宁静。它们温暖、简单、安全，带给我们幸福与愉悦的感觉。

我们接到一项全新的挑战性任务，我们遇到一个跳舞的街头艺人，我们站在一个新鲜的繁华都市的入口，我们和旅途中遇到的一见如故的陌生人彻夜长谈，我们决定要探险穿过一片森林……这些都让我们心跳加速、手心发汗，同时让我们觉得新奇、复杂且有趣。

好的生活应该是愉悦又有趣的。

动画片的设计最能说明这个问题：为了让注意力时间很短的孩子坐在荧屏前一个多小时，即使可能没有心理学知识，动画片大师也都直觉般使用了这个愉悦+有趣的模式——在大部分动画中，总有一个复杂、新奇、或神秘或搞怪的二号人物，又有一个直接、温暖、简单的主角，如驴子和史莱克、流川枫和樱木花道、佐助和鸣人、豪猪和小狮子王，所以这些动画片既愉悦又有趣。

好奇心害死猫，安安稳稳多好，人类为什么还要有"感兴趣"这种奇怪的设定？进化心理学发现，兴趣是一种应对成长中的"不确定"的情绪——当我们遇到了"不确定"，我们会下意识地躲回自己的舒适区寻求"愉悦"。所有的成长都来自舒适区之外，这样一来，我们永远也无法成长。这时候"有趣"的情绪会出现，帮我们渡过难关——此时大脑跑出来个小人挑逗："多好玩啊，要不试试看？"于是我们继续前进，越过那些不确定。兴趣鼓励我们走出安全区，让我们变得越来越强，而世界变得越来越大。兴趣是成长的催化剂。

大人把孩子抛起来玩耍，孩子会先有些恐惧，但是一旦被接住，他就会咯咯大笑，笑声像广场上飞起来的鸽子。几次之后，孩子只要一被抛起来，就呵呵地乐。他开始穿越这种不确定性带来的恐惧，觉得有趣，他的勇气变得更大，他的信任感变得更强。

有趣和愉悦的界线，在于"不确定性"的程度。过于不确定的生活毫无愉悦可言，充满焦虑；而一旦不确定太少，日子又无趣得很，日复一日能淡出个鸟来。**有智慧的人懂得调配出适合自己的"不确定"。**有趣如菜里的盐，而愉悦如菜本身，如调配得当，管自己、做项目、办公司、治大国如烹小鲜。

好的生活应该是愉悦加有趣，适当的不确定。但是很多人对"感兴趣"的事情持有幻想，他们认为感兴趣的事情应该是特别快乐、舒适、天生就会的。有这种信念的人把自己玩得很惨——他们终生寻找自己"感兴趣"的事情，一旦遇到困难与不确定，就声称自己"不感兴趣"，然后闪人，寻找下一个"感兴趣"的事情。其实，他要的不是兴趣，而是愉悦。

愉悦/兴趣对于职业发展相当重要。很多人来找职业规划师，说："我不喜欢我的工作。"却不知道自己活得到底是不愉悦还是无趣。如果是不愉悦，则需要做减法，找到核心价值，降低其他目标，进入一个相对简单、清晰的职业环境中去；而如果是无趣，则需要做加法——提高一些难度，或让自己进入更复杂、更不确定的职业环境。很多人只想活得愉悦舒服些，却给自己挖了个更大的坑跳进去，结果更痛苦了。

我遇到过一位外企销售经理，收入高且稳定，但觉得工作无趣。在价值观的排列中，他认为最重要的是"利他助人"和"社会和家人认同"。他觉规划师的工作很有趣，执意希望成为其中一员。不过职业规划师不是个简单的职业，需要至少200小时的系统学习和训练，才能使一个有职场经验的人成为合格的咨询师。在此投资期间经济回报甚少，他看重的"经济报酬"会大打折扣，这很不让人愉悦。听到这里，他的脸抽动了一下。

我进一步告诉他，这200小时也充满了不确定性——读书拿证还好办，第一次咨询的灰头土脸，第一次讲课的一片死寂，训练营里高强度的极限挑战，写案例被督导说得一无是处，最后还需要通过PK才能开始授课。即使这样，也远未结束，开始讲课后看到打分的惶惶不安、咨询后的反复揣摩，依然会伴随你好几年——当知道这条道路充满这么多不确定的时候——你还觉得有趣吗？

听完我的讲述，这位兄弟顿时觉得规划师不那么有趣了，心算完收益产出比以后，他还是觉得他的一个创业项目相对更有趣——因为项目的不确定性没有那么大，他可以同时保持愉悦与兴趣。

像这位仁兄一样，我们常常因为白饭吃多了，就以为自己想以腐乳为生。我把这种现象称为"火锅效应"——如果你问一个天天吃家常菜的人想吃点什么，他会说："火锅！我最爱吃火锅！"但是如果你抓他吃一个月的火锅——哪怕变着花样，他估计就会哭着喊着要回家了。最好的生活，是经常吃米饭，偶尔点火锅。

如果你真的希望生活过得特有趣，就让我告诉你兴趣的真相吧：兴趣不是那件让你舒舒服服就成功拿到结果的事，兴趣是那件让你白天痛苦地想、晚上睡不好、早上五点爬起来，一边苦笑着骂娘一边咧着嘴干完的事情。这才是兴趣本来的样子。

那件叫作兴趣的事

4 有趣是一种力量

了解了兴趣产生的原理和功能，我们就能理解这句话了：**"兴趣是最好的老师。"** 该如何用好这个老师呢？

兴趣老师的第一种功能是推动你探索和发现新的世界，**为未来做好能力储备**。

在人生每一个成长的重要阶段，兴趣都会提前到达，提醒你将要面临的阶段，帮助你搜集好要使用的信息和能力。正如心理学家Berlyne所说："每多获取一分信息，就会让我们对未来的复杂、沮丧或者无助多一分保障。**我们的神经系统选择在那些除了紧急要求（包括睡觉、休息）之外少有的自由时刻做些有趣的事情，这真是个最佳选择。**"

刚出生24小时的孩子，只对年轻女性的声音有兴趣，因为他们需要尽快找到妈妈。三岁左右，孩子开始对外部世界和别人感兴趣。这个时候，他们的动作和视觉能力开始发展，开始爱问为什么，开始喜欢模仿他人。这为他们接下来逐渐与母亲分离，发展自己独立的个性提供了准备。我们在每个重要的人生阶段都会发展出不同的兴趣，四岁是儿童图像知觉的最佳期；四到五岁是开始学习书面语言的最佳；五岁是掌握数字概念的最佳期……在每个知觉期之前提醒我们的都是兴趣。

等到12岁左右进入青春期，我们开始对家庭和学校外的人和事产生兴趣——这是大脑在为未来进入社会做准备——这个阶段，我们渴望从身边找到可以学习和模仿的偶像，一旦我们看到的只是一群早就向生活投降的中年人（虽然多年后，我们也可能变成这样），我们就会把眼光投向外界。这也是为什么初高中的孩子总有追星的时候——我们希望未来能成为那样的人。每一代父母都在指责孩子偶像崇拜，其实每一代年轻人都曾有崇拜的偶像，孔夫子、毛主席、忧郁的诗人、摇滚歌手、王力宏、李宇春、韩寒……本质没有什么不同。

同样旺盛的，还有我们对异性的兴趣。在那段躁动的日子里，激素充满我们的每一条血管，鼓起每一颗青春痘，激发我们做出各种现在想起来不可思议的事——为了"怎么这么巧又遇到了"的偶遇，在喜欢的女孩的上学路上等上一小时；去十几公里以外的学校发展一个各自心怀鬼胎的"联谊"寝室；用被子蒙上宿舍的所有窗户，关上所有的灯和音量，十几个人挤在充满臭胶鞋味和汗臭味的闷热宿舍里，睁大眼睛默默地看着一部爱情动作片。后来我读关于兴趣的论文，明白了这其实是为接下来的婚育做的能力知识储备——虽然现在看起来，这准备有点过于充分了。

和历史上先知总被当代人干掉的命运一样，提前提醒你的兴趣老师，往往被人们认作干扰，甚至敌人。很多家长认为只有"有用"才是硬道理。在中学，他们对孩子说不准早恋！高中说，恋爱影响高考！大学说，恋爱也没有用，工作还是要赶紧找的。结果等到大学毕业回家的第二天，他们又问："你怎么还不找女朋友，什么时候结婚？！"

兴趣的种子在小苗阶段被杀灭，怎么会开花？

所以，如果你发现自己对某件事情突然感兴趣起来，先别着急评价这会不会浪费你的精力，有没有偏离你的规划，是不是有足够回报，留出一段空间，先让自己顺着这个兴趣走几步。这也许是生活对你的提醒。也许在模模糊糊的兴趣背后，有一个全新的领域在等着你。如果你千年朽木脑袋突然抽出绿芽，难道不是因为春天来了？

兴趣的第二个功能，就是作为学习的**动力的来源**，抵消能力培养中的重复与倦怠感。天知道要想把一项能力与技术发展到极致有多难，我在下面列举了一些数字。

莫扎特六岁第一次写协奏曲，在这之前，父亲已经指导他练习超过了6500小时。

丁俊晖从八岁半开始练习台球，初一辍学后，每天平均练习10小时，18岁那年成为英国锦标赛冠军时，已经练习超过了1.75万小时。

巴菲特在2011年投资IBM之前，看过IBM50年来所有的年报，而在1988年决定投资可口可乐之前，阅读过该公司1892年之后所有的年报。

我们热衷于读"一本书精通×××"，转发"改变你生命的八个PPT"，坚信敲击某个穴位就能治好所有病，用个神器装水就能净化心灵，学个"世界级"的课程就能达到世界级水平，这些都是愚蠢的事情。其实看看这些数据就能明白——高手在单调的重复中生成，求快不配做高手。

高手们为什么可以扛得住这样长达几万小时的重复和单调？研究发现，**每个行业的高手都知道各种让无聊的工作变得更有趣的策略**——邮差懂得吹着口哨打发骑车的无聊，搬运工懂得唱出劳动号子来应对肩膀的疼痛，训练场上的球员懂得隔段时间给自己挥拳打气，而几乎所有的IT公司都有荤段子文化——在写代码的时候猛讲黄色笑话——他们太需要一些东西抵御码代码的无趣。我的兄弟老杜告诉我，他听贝多芬写代码，不知道是有欣赏贝多芬的趣味，还是贝多芬也能听出荤味来。总之，高手们都觉得修炼挺有趣，他们是"玩"成高手的。

研究还发现，只是强调重要性并不会使一件事情变得有趣，过度的强调会适得其反。**有趣的事情不一定重要，所以学会让重要的事情变得有趣，才是关键。**我们可以理解为什么即使每天告诉学生和员工学习有多重要，每天告诉自己减肥和健康有多重要、改变有多重要，却很少有人会真正有动力去行动。理智带来的驱动力，永远没有情绪发动机——兴趣推动得有力。当我去学习太极的时候，老师告诉我，练太极最好的心态就是"玩"。艺术家们最才华横溢的作品，往往是在前期"玩"的阶段创造出来的。

爱因斯坦只说"兴趣是最好的老师"，却没有详细说明这个老师好在哪儿。现在我们知道兴趣是个人成长中出现过的最好的老师——它在我们人生面临考验前，提醒我们提前学习；它在我们讨厌重复学习的时候，提供有力的鼓励，让我们发展出知识与技能。

如何利用好这个老师？为什么有些人的兴趣老师温柔而坚定地一门课教几十年，而有些人的老师则抽了风一样天天给你开新课？请接着看，如何养大一个兴趣。

5　如何养大一个兴趣（一）：兴趣金字塔

简历、见面、相亲必答题："你有什么兴趣爱好？"

经典的让你减分的回答有：看书、听歌、旅游、看电影……

你是这样的吗？

为什么这样的回答会减分？不仅仅因为这个回答太普通，对面试官来说，这回答还意味着你不善于**把兴趣发展为能力**——能力越强的人，越能够有持久的工作兴趣、能力与动力。

看看下面这样的回答给你什么感受：

我喜欢看书，尤其是科幻小说。科幻三巨头中，我尤其喜欢阿西莫夫，还有凡尔纳，特别是阿西莫夫《银河帝国》里面关于骡的部分。我关注每一届星云奖和雨果奖。在国内的作家里，刘慈欣的《三体》系列对我影响最深。我曾经自己写过一小段面壁者罗辑（《三体》男主人公）的外传，发在自己的博客上了，有两万多的点击量。如果可以，我很希望从事和文字相关的工作。

是不是觉得这个兴趣比仅仅"看看书"强多了？即使是兴趣，也可以被分成三个级别：直观兴趣（又称感官兴趣），自觉兴趣与潜在兴趣（志趣）。

感官兴趣：

直观（感官）兴趣很好理解，就是**通过直观的感官刺激产生的兴趣**——冰激凌甜、火锅辣、衣服好看、名车拉风、志玲火辣、刘烨很帅，基本都属于这个类型的兴趣，这是我们最原始的兴趣。

三四岁孩子的好奇心很强，兴趣很多，但注意力集中的时间很短。前一分钟在画画，后一分钟也

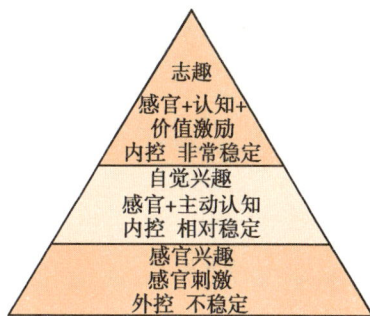

志趣
感官+认知+
价值激励
内控 非常稳定

自觉兴趣
感官+主动认知
内控 相对稳定

感官兴趣
感官刺激
外控 不稳定

兴趣的三个阶段

许就被汽车吸引过去，再过几分钟又开始和其他小孩玩起过家家来。（当然，如果你是手机控，节奏也差不多）。在古典吉他名曲《泪》中，大师泰雷加用16个小节就讲述了一个故事：六岁的女孩在花园看到玫瑰花，高兴地伸手去摘，却被刺到，疼得眼泪流出来。但看看美丽的花，她又忍不住笑起来。泪滴于是就滑过孩子布满笑容的脸。

我们的感官兴趣正如乐曲中的小女孩，好奇、多变而不稳定。所以当你在吃完烤鱼的路上，会突然对冰激凌感兴趣，你被一件衣服吸引进商店，又马上对旁边的披肩有了兴趣。在这个层面上，我们和追逐毛球的小猫没有什么不同，一旦那个球不在了，我们就转过头去，追逐路边的一只老鼠。外界的刺激决定着感官兴趣的长度和强度，这是我们最动物的一面。

也正是因为这样，感官兴趣让我们当时很爽，却又无法让我们集中在任何一个事物上，形成能力。正如你刷完一天微博，或者大吃一顿自助餐后感觉到的那样——没有什么留下印象。

现在回到文章开头的问题，为什么那些回答会给你减分？因为吃好吃的、看书、旅游、上网、听歌、看电影，基本都属于感官兴趣——所以你这么回答，就等于承认："我没什么兴趣，我的大脑犹如足球，谁来踢一脚，我就往哪里滚。"

自觉兴趣：乐趣

幸好作为高级动物，我们发展出更高一级的兴趣——在情绪参与下，把兴趣从感官

推向了思维，由此产生了更加持久的兴趣——自觉兴趣。

自觉兴趣是认知行为参与的兴趣。我们能觉出一首歌好听，八哥基本也有这个能力。如果能明白歌词背后的故事与背景，知道歌者的经历与自我诠释，我们就会对歌曲产生新的兴趣，这就是自觉兴趣。我们惊叹星空的美丽（感官）后开始描绘星座，这叫天文学；我们在吃饱饭后继续思考人为什么吃饭，这叫哲学；我们吃了好的然后对怎么做出来开始感兴趣，这叫烹调；我们在骂完贪官和社会后思考为什么会这样，这叫社会学。大部分科学和艺术都是自觉兴趣的成果，科学、艺术、文学、体育的发明往往都是因好玩而生，不是谋生的工作，所以它们前面往往搭配play（玩）这个词。

凭着学习的兴趣，我们从猴子往后又进化了50万年。

自觉兴趣比感官兴趣更高级，第一个理由是思维的加入，这让我们的兴趣可以更加持久并定向在一个领域，从而在脑子里形成回路，产生能力。而能力又反过来让我们能体会和学习更多。"能力—兴趣"的循环，让我们慢慢精通某项能力，打开世界。

你的一个朋友去了趟印度，在聚会上拿出很多恒河边的照片，古老的恒河、白灰满身的苦行僧、宁静的鹿野苑，这一切都给你冲击，让你特别感兴趣。回到家里，你开始搜索更多人的游记，知道了如何订到便宜的飞机和火车票，知道了印度的各种禁忌、每个城市的优缺点和旅馆的好坏。打开的一个又一个窗口让你的大脑飞速运转，眼睛在屏幕前闪闪发亮，你在享受一种全新的探索和思考的乐趣。几个月后，你亲自踏上了这块土地，按照你给自己设定的攻略，你发现这一切远远比你在书上看到的有趣。几周后在回来的飞机上，你对自己说，出国旅游没有那么难嘛。你甚至都想好了下一站。这就是很多人环球之旅的开始。

在《一万小时天才理论》中也提到过类似的观点："许多一流人才，尤其是钢琴、游泳、网球方面的人才，一开始接触的老师似乎很普通……但他们在启动热情，然后把小火花培养成熊熊之火，他们教的是热爱。第一阶段的学习目标似乎是让学习者参与，并且沉迷其中，使他们想了解更多的信息和专业知识。"

看到了吗？有趣的人往往懂得主动发展更高层的直觉兴趣——兴趣推动学习，学习带来了行动，在行动中发展出能力，能力又发展出更大的兴趣。有了关于京剧的知识，你也许会开始享受京剧的韵味；有了更多关于葡萄酒的知识，你也许会发现除了兑雪碧还有更多好玩的喝法；学习词源和词根，词汇学习也许变得没有那么枯燥了。你学得越多，你能感到的乐趣就越大，这就是有趣之人兴趣持久的秘密。

停留在感官兴趣的人呢？他们往往会在聚会的时候说：Woo，太羡慕你啦！在下次聚会的时候又说：Woo，我好想去啊！在第三次的聚会的时候还是说Woo，然后沮丧地回到家，说：我的生活怎么这么无趣啊……

养兴趣和养花一样，有人养什么活什么，有人养什么死什么。关键是让兴趣与能力循环。

自觉兴趣更高级的第二个理由是，它能使我们不再依赖外界刺激，可以自己把控。当我们把兴趣的源头从外求转为内寻，我们就有了一个让自己变得有趣的内在泉源，自得其乐的人最无敌。

我常常遇到很多这样的求职者：

为什么来新精英？

因为对你们公司很感兴趣。

太好了，说说看，我们是做什么的？

不知所言。

说说看，公司的历史？

不知所言。

说说看，你对这个行业的理解？

不知所言。

我基本能断定，他对职业规划仅限于感官兴趣——这种人不能要，因为当新的刺激出现，他就会离开。

我也遇到过很多"梦想家"：

老师帮帮我，我对导演很感兴趣，从初中起我就希望成为一名伟大的导演！

说说看，导演典型的一天是怎样的？

不知所言。

说说看，现在的导演都是如何入行的？

不知所言。

说说看，导演需要什么条件？

不知所言。

这样的人基本没有养大自己兴趣的能力——他甚至连搜索一下网页这种事都没做过。

潜在兴趣：志趣

直觉兴趣和自觉兴趣能解释为什么有些人兴趣广泛，玩什么像什么，而有些人什么都不感兴趣也做不好。你如何解释那些持续一生的兴趣？那些推动丁俊晖打出上百万次杆、巴菲特读了50多年的年报、丰子恺长达46年画出《护生画集》的强烈而持续一生的兴趣，仅仅来自主动的学习吗？

大卫

不，这群世界级的高手在自觉兴趣之上，发展出一种更加强大而持久的兴趣，去对抗高手之路上世界级的重复和倦怠。这就是人类最高的兴趣等级：潜在兴趣，也称为志趣。志趣的秘密不仅在于有感官和认知能力，还加入了更深一层的内在发动机——志向与价值观。

前面提到过，持续投入的乐趣带来知识和能力，而这些能力为我们带来更多的乐趣。知识越来越多，能力越来越强，能够做的事情越来越多。一个人越是强大，诱惑也就越多，那么到底哪一个乐趣能够真正成为永不会满足的乐趣，带领我们穿越无常的一生？

答案就是：符合你志向与价值观结合的那个。

惠运禅师立志成为一位伟大的禅师。他遇到了一个嗜烟的行人，两人共同走了很长一段山路，相谈甚欢。那个行人给了惠运禅师一袋烟，惠运禅师高兴地接受了。同那个人分开以后，他想：这个东西令人很舒服，肯定会打扰我禅定。于是他就把烟管和烟草全都扔掉了。

几年后，他迷上了《易经》。过了一段时间，他想：易卜固然准确，但如果我沉迷此道，怎么能够全心全意地参禅呢？从此以后，他再也不接触易经之术了。

后来，他又迷上了书法，每天钻研，居然小有成就，有几位书法家对他的书法赞不绝口。他转念又想：我偏离了正道，再这样下去，我很有可能成为书法家，而成不了禅师。于是，他又将书法放在一边。

从此他一心参悟，放弃了一切与禅无关的东西，后来成了一位禅宗大师。

我们再在爱迪生身上看看这种志趣——爱迪生无疑是被小学生引用次数最多的名人。如果爱迪生有微博，一定会推键盘骂，怎么又@我，刷屏哪？在他最常被提及的灯泡的故事里，他和他的团队尝试了1600多种耐热材料和600多种植物纤维，最后才制成第一只能够发光45小时的碳丝灯泡。当别人问他失败这么多次为什么还能坚持时，他说："我没有失败，我只是找到了1000多种不适合做灯泡的材料！"

能把这么痛苦的事当乐趣，我小时候真心觉得爱迪生牛。我也时常这样激励自己——我只是试出来三四个我不喜欢的运动，找到五六个不喜欢我的女生，发现了七八所分数线比我高的大学。

但是，你有没有好奇爱迪生的毅力来自何处？在受挫1000多次后依然兴致勃勃的动力，绝不是来自文字游戏，也不是自嘲，而是他的志趣。爱迪生说：

"我的人生哲学是工作，我要揭示大自然的奥秘，并以此为人类造福。在我们短暂的一生中，我不知道还有什么比这种服务更好的了。"

我对"为人类造福"这个部分有点保留，因为他晚年为了保护自己发明的直流电，不顾一切地打击自己的前助手——交流电的发明者特斯拉。但是我深信，他的志向在于工作与揭示大自然的奥秘。

志向如小孩的脸，虽然不同年龄有不同样，但是你总能一下子认出来。从小开始，爱迪生就在干"揭示大自然的奥秘"的事情：去鸡窝蹲着孵小鸡，捅野蜂窝眼睛被蜇得像包子，在木棚研究"火的力量"时不小心点了房子，上学那年因追问老师为什么1+1=2而被开除——要是生在中国，爱迪生小朋友简直就是我们班主任口中典型的害群之马、汤里的屎，要么他走，要么老师亡。

还好，他的母亲决定自己来教育这个特殊儿童。她给爱迪生讲授各种课程，并鼓励他做自己的试验，保持他探索自然的兴趣。在他12岁那年提出要去卖报纸的时候，母亲虽然生气，但也答应了。

爱迪生用了最有效的方式——晃荡，来了解这个社会。在火车站当了三年报童后，15岁的他学会了无线电发报技术，开始在铁路局任话务员。为了避免员工偷懒，话务员需要每小时发个信号给中心。爱迪生自己发明了一台定时信号机，能够每小时按时给中心发信号，但因为实在太准时，终于暴露而被开除。爱迪生继续他的探索之旅，四处走走，发明些小玩意儿并尝试卖掉——不为了赚钱，也不为了稳定，就为了到处看看新奇的世界。

爱迪生就这样一直晃——幸好他没读大学，没有在同学会的攀比中开始安心赚钱，也没有被亲戚"结婚了吗"的关心淹死。28岁那年，他终于在纽约安定下来。

爱迪生在那里的第一个发明是"爱迪生普用印刷机"，本想卖5000美金，却不太好意思说出口，没想到对方经理抬手就给了四万，成为他人生的第一桶金。这在当时是笔巨款，据说像特斯拉这样的牛人，当年周薪也就20美金。他开办自己的工厂，组建自己的团队，之后，让他成名的发明接踵而至。30岁那年，他发明了留声机，技惊世界。

试验失败1600多次才成功时，爱迪生已经33岁。从4岁那次放火开始，他"探索自然的奥秘"已经近30年，与他的失败总次数相比，1600只是个很小的数字。在这之后，他遇到过更难的发明，比如蓄电池，试验近五万次，试验笔记有150多本。

爱迪生身上表现出非常明显的志趣的三大特征——**内控的兴趣、明确的方向与强大的动力**。他不为钱工作，因为如果是个商人，这时投身其他的发明更加赚钱；他也不是为了家庭和后代，因为他被两任妻子称为"工作虫"，几乎不管家事；他也不是为了过上更舒适的生活才努力。他终生过着在我们看来痛苦的生活——每天超过12小时的工作，晚间在书房读三至五小时的书。因此，爱迪生在79岁生日那天，骄傲地对人们说：我已经是135岁的人了——以工作时间来看，他的确活了两辈子。

所以现在我们可以更加深刻地理解爱迪生的那句回应："不，我没有失败，我只是找到了1000多种不适合做灯泡的材料。"爱迪生感兴趣的不是成功，也不完全是灯泡，他的兴趣指向"了解大自然的奥秘"的终极价值。这让他兴致勃勃地把每发现一种不能做灯泡的材料，都看作一种回报与强化，就像登山家看到险峰、极限单车运动员见到陡坡一样。他的助手觉得无趣，因为他们的兴趣在于成功，而爱迪生的兴趣在于奥秘。当他一点点展开自然的图卷时，他越来越兴奋并觉得有趣——这才是他的动力之源。

爱迪生最后死得也很有趣，死前几天他午睡醒来，向上凝视，说："那边的世界竟那么美！"（It is very beautiful over there!）几天后，他兴致勃勃地死了。（注：很多资料认为这个是他被宣布正式死亡后突然说的神秘遗言，甚至作为天堂的证据四处传播。其实这是他死前几天说出的话，由他的医生Hubert S. Howe公之于众——见《世界上最伟大的发明家托马斯·爱迪生》一书。）

重新审视我们的励志故事吧，我们以为他们艰苦奋斗，其实他们是兴趣盎然；我们以为他们毅力卓绝，其实他们是乐趣无穷。

知之者不如好之者，好之者不如乐之者，乐之者不如志之者。上天给了我们有限的时间、有限的天赋，却留给我们无数的机会与诱惑。志趣让我们坚定地专心。

心理学家罗杰斯（Cari Rogers）说："这种人的行为出于自己的决定或选择，他试图在内外的激励中，寻求一种最简洁有力的行动途径……健全人格的人不仅能体验自在、自愿选择以及矢志不渝的绝对自由，并且能加以运用。"

严格说来，**志趣已不仅仅是兴趣，那是**

志趣已不仅仅是兴趣，而是把感官兴趣通过学习变成能力、通过能力寻找平台获得价值、在众多价值中找到自己最有力量的一种生涯的管理技术。

志趣

自觉兴趣

感观兴趣

我们把感官兴趣通过学习变成能力、通过能力寻找平台获得价值、在众多价值中找到自己最有力量的一种生涯的管理技术，是一个人在不确定的命运中能跳出的最坚定的舞步。如果一个人能够有这样一个兴趣，无论成败、认不认同、生死，都无法动摇他的乐趣，这是我们养大一个兴趣的终极目标。

6 如何养大一个兴趣（二）：兴趣饲养攻略

理解了兴趣金字塔，就很容易知道如何养大一个兴趣。

兴趣饲养三步法：

第一步，让自己先沉浸在足够多的感官体验中，获得兴趣的第一步动力。

第二步，在感官兴趣还没有消退时，尽快掌握更多的知识，使自己的感官兴趣进化到自觉兴趣。

第三步，给自己找一个兑换价值的方式，把这个兴趣和你最感兴趣的价值绑定。别把自己的目标设定得太高，以免产生失落感。

不断地重复这个过程，兴趣就会慢慢固化下来。

比如说你要培养锻炼减肥的兴趣，第一步最好是去一群身体健康的人——最好以前是和你一样的死胖子（比如说李春雨老师）——身边待着，让自己饱受刺激；翻出大学毕业时穿的衣服，让自己饱受刺激；偶尔生一场病，让自己饱受刺激……

总之，有一天你认定这样下去快不行啦。这时候，你冲出去跑步，三圈以后心跳加速，回来吹冷风还感冒了一次。一个兴趣就这么被你养死了。

这时候，你应该做的第二步是尽可能多地收集相关的知识和信息，发展直觉兴趣。知道自己的BMI指数（身体质量指数），了解大部分人是如何减肥的，知道什么减肥方法不靠谱、什么好一些，了解适合自己的方式、什么能吃什么不能吃……一直到自己切实想根据这些知识动一动为止。

于是你买了一个体重计，计算自己每天摄入的热量，知道吃什么不吃什么，现在你热情满满地准备锻炼啦。但是在开始之前，请务必执行兴趣饲养的第三步：找到一个把成果与价值观链接在一起的目标。要记得这个目标有两个要求：第一是要与你真正看重的价值观绑定，第二是不要设计得太难以至于自己有挫败感。

比如说我每次要减肥总是没有动力：第一，因为我不太在意外表（太帅了对讲课不好啊，人家看不到我英俊背后的智慧啊，我总对自己这样说）；第二，我觉得浪费时间，还不如看看书呢。看出来没有？智慧为上是我的重要价值观。

一直到有一个理由说服了我：如果每天锻炼一小时，人能多活5~10年，这应该是赚到了——人应该是越老越智慧，所以我其实是赚到了更多的智慧时间可以思考。同时，锻炼能让我每天精力更充沛，更好地看书和工作。价值找到了，再设计一个比较合理的目标，比如一个月减五斤，先做两个月，健身的兴趣慢慢就培养起来了。

用同样的兴趣饲养攻略，我们审视一下为什么很多人"想学好英语"，却永远没有真的成行。第一是因为他们并没有真正被刺激到，"学好英语"顶多只是一个"我应该学好"或者"我渴望好一点"的概念，而不是一个真实的、浸泡式的体验，一个清晰的、可见的愿景。所以一旦刺激消失，他们就该干什么干什么去了。第二是因为他们没有及时地研究关于英语学习的各种观点和理论，找到自己想要付诸行动的。今天听听美剧，后天学学语法，不成系统，也无法进步。第三点最关键——他们有些学了也没用武之地，没有价值的兑换。有些目标订得太高，如"一年之内学好英语"，但是什么叫学好？多好才叫好？这样的目标即使你背过整本新概念4也没法儿达到。所以，他们的兴趣无法持续长大。

反观很多不会英语却被丢到英语环境里的人，他们为什么都能迅速学会一口让自己生存下去的英语？因为第一他们有被刺激的环境，第二有足够多的学习资料和机会，第三是他们的英语能马上兑换出价值。而且作为初学者，国外其实有比国内更宽容的环境，他们也不害怕讲错。集齐感官、知识和价值兑换机制这三种维生素，每个人都能养好自己的一个兴趣！

在微信公众号"新精英做自己"中输入"减肥"，我给你看一个我认为特别靠谱的帖子。

7　为什么你活得无趣？

理由一：你太"有用"

有趣等于适当的不确定。但是一件事物只有有明确、可计算的回报，才能被归纳为"有用"。一旦一件事被要求必须"有用"，事情就明确得无趣起来。在"有用"的人看来，有趣的人总是显得不安分、特立独行、乐呵呵、莽撞、好奇与想象力四溅，终日做着些"没什么用"的事情。有趣的人时常会听到这样的批判：

找工作能赚钱啊！——旅行有什么用？能赚到钱吗？

跑步能锻炼身体！——跳舞有什么用？能锻炼吗？

考个会计证能加薪啊！——学画画？能卖钱吗？

结婚就安定下来了啊！——谈恋爱搞浪漫？还不是要结婚？有什么用？

但你有没有想过：

不管你活成什么样，最后还是要死的。又有什么用？

无用的人生卑微，而无趣的人生悲哀。

所以，一旦一个人把是否"有用"作为事情的唯一评价标准，那么这个人活得无趣就天经地义。这种功利与短视的背后，是深刻的不安全感与焦虑。和这样的无趣之人对话特别费劲——你和他们谈起一个好玩的东西，他会先问你："赚钱吗？"然后是："好弄吗？"如果答案是肯定的，他又会问："肯定吗？"这些问题只要有一个是否定的，他们就不感兴趣，转移方向。

在我们的教育中，也有同样的焦虑。家长把教育当教育产品，既然是教育产品，那么一段是付钱，一段就是高分数。这样的"教育"别说是投资未来，连购买现在家长们都嫌慢，恨不得今天花一万明天提五分。某著名培训机构的广告词就是"我们只教给孩子有用的""提分快，来××"。一位家长告诉我，现在的孩子有三个学期：除了原来的两个学期，还有暑假。暑假开始，老师会叮嘱学生——假期时间千万不要浪费，然后列个清单：要阅读的50本书、要做的50件事。做完这些东西你总得有点感悟吧，感悟也别浪费，再写10篇作文。孩子喜欢运动，家长继续叮嘱，要做就做中考要考的运动，千万别做那些没用的运动。如果想发展个兴趣，那就发展能够评级的，千万别做那些没用的。我兄弟狒狒的女儿四岁，幼儿园低班第一个学期的暑假，老师告诉家长去网盘下一个假期作业包。他一开始还觉得蛮好玩，下下来就疯了，2.3G（GB的简称，1GB=1024MB）。

从生涯看，这样的教育对孩子有什么影响？当课堂外的一分一秒都充满了确定性，当每一个行为都必须在系统里置换出有用的结果，兴趣这个老师就彻底被开除了，随之而来的好奇心、想象力、创造力更无从谈起。

既然我们剥夺了一个孩子在童年寻求兴趣的时间，封闭了他们发展兴趣的可能，还亲手掐死了兴趣这个老师，就别困惑于为什么他/她会在高考前选专业毫无主见，追逐热门的"有用"的专业，在恋爱的时候找"少奋斗10年"的另一半，在选择工作时谋"定下来"的工作，在生活中选择"别折腾"的方式，明确地活成一个确定、无趣、毫无想象力的人。

标准答案，只能产生标准笨蛋。

没有了兴趣老师的提醒预习，我们只好等生命任务来临再开始补课——**我们在该谈恋爱的时候学习，在该学习的时候玩，在该工作的时候学习，在该结婚的时候又在工作，专注副业一百年。**

读书也一样。书在努力让自己变得越来越"有用"，各种"一本通""精通""大全"泛滥，甚至连读本小说也有功能——"治愈""励志""职场""减压"……。你有多久没读过一本"没什么用"的书了？我是漫画迷、科幻迷，书丢在办公室，也经常被人问：你现在还会读这样的没用的书？我告诉他们，当年我做GRE老师，心理学就是没用的书；后来我学心理，职业规划就是没用的书；后来我写《拆墙》，画小人就变得有用了，而职业规划成为我的事业。再说——读书只求有用，就如吃饭只管饱一样——我干吗非要有用啊？！

我们身边充满这种无趣之人，当你一次次地解释后，也就开始懒得对他们说明——从功能主义心理学来说，**有趣是我们为未来做的准备，给未知的未来的存款。**有趣是勇敢者的游戏：有趣的事情可能有用，也有可能无用；有趣是投资能力，而不是消费生活。有趣能让我们拥有越来越多的可能，同时也越来越生机勃勃。而无趣之人逐渐长大，世界与他们越来越无关了。

在我自己看来，有趣怎么也不为过，**有趣是种活着的、元气淋漓的状态，有趣证明我们还年轻，还在打开新的世界，还在长大，没有长老。**

批注《水浒传》的才子金圣叹，54岁因为"哭庙案"入狱，临刑前儿子花钱打点关系，在大牢见到他，他大笔一挥给儿子写好遗书，叮嘱回家看。

这么一位才气纵横的文学家，因充满浩然正气，发动大家反文字狱而入狱，见大儿子最后一面，会写点什么呢？儿子回家打开字条：

"字付大儿看：咸菜与黄豆同吃，大有胡桃滋味。此法一传，我无遗憾矣。金圣叹绝笔。"

几天后在南京三山街行刑，他的首级落地，耳里滚出两个纸团："好""疼"。

这种人，在有趣里永生。

兴趣攻略：避免活得太有用

1. Different Night

要想在生活中创造不确定性，先要留出生命中的空白。

我们的大脑喜欢空白，一旦出现空白，就会把自己潜意识里迫切的东西填进去。

每周给自己设定一个different night（第八夜），不要设定任何比如说"我要养成一个习惯"或者"要发现自己的兴趣"这样的期待；然后以自己最放松的状态投入，随便干点什么——你可以漫步某个地方，约一个不常见的人，或者参加一个此前不会参加的聚会，总之，做点不一样的事情。

给自己定一下闹钟，在铃声响起之前，不准看表，不准做重复的事。

回家给自己做个梳理，三四次以后，必有收获。

2. 与有趣的人待在一起

找到身边你觉得有趣的人，和他们待在一起，看看他们业余时间在干什么。作为讲师，总需要出差。头几年还觉得有趣，看看名胜古迹，几年下来全国好玩的地方都去过了。但全国也迅速地变得越来越一模一样，我对出差开始厌倦。直到我有一天想：既然地方被扫荡完了，为什么不找有趣的人？

于是我做了一张中国好玩的人地图——每一个城市，我都标出来自己想认识的人，出发前给他们私信，要求拜访。

@秋叶语录老师就是这么认识的。我开始爱出差去武汉了。

3. 读些无用却有趣的书

4. 不跟团的自助游

5. 加入一个全新的兴趣小组

理由二：深陷感官兴趣的泥潭

我们生活在一个人类历史上感官刺激最集中的年代，调查说现代人每天要看近150条广告：你走入地铁车厢，看着每20秒刷屏一次的微博和微信，快速回复一封工作邮件；门缓缓关上，车内的电视响起，准备推荐某档电视节目；车启动了，摇晃的车身让你看一眼扶手，扶手上端有个牌子告诉你某洗发水有多好；隧道内车窗闪过的LED屏串成动画，告诉你该去哪里上课；你走出地铁站，街边商场的音乐、面包店的气味扑面而来，你的书包里放着想读的几本书，但是每次你的手指都越过他们，拿起旁边的iPad mini。

我们从读书时代迅速进入博客时代、微博时代、读图时代、视频时代。这都是为了满足我们永不满足的感官兴趣——一个接着一个，一个接着一个，不要停。请注意这种碎片化信息流的危险，它们无穷无尽、日益刺激、频率切换太快，这些都让我们没有时间深度思考，进入自觉兴趣。

为什么你总是放下一本哲学书去看微博？就是因为微博里面有不确定的刺激，下一秒可能汪峰就上了头条，而罗素肯定不会在你看《西方哲学史》第23页时，出来写："@×××，贱人也，鉴定完毕。"

活在感官轰炸中的人，往往依赖性地看着一条又一条新信息，感受那种瞬间的推背兴奋感，以及结束后的深深失落感。当你的大脑吃惯街边麻辣烫，就再也无法感受到食物细致的原味了。**人的注意力资源有限，当你的大部分注意力都陷入感官刺激的泥潭，你也就没有精力发展出那个兴趣金字塔的尖，取而代之的是，你把自己发展成一块板砖——知识面狂宽，但是肤浅得可怕。**

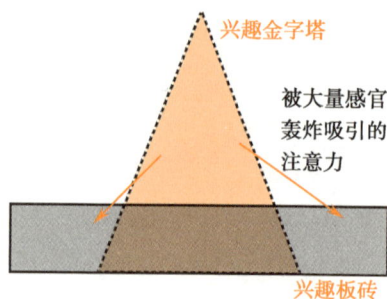

兴趣金字塔

被大量感官轰炸吸引的注意力

兴趣板砖

感官轰炸对兴趣的影响

尼布拉斯·卡尔在《浅薄》（一本讨论互联网改变人类思维方式的书）一书中这样描述被互联网感官轰炸的人：

你时常觉得耳鸣、目涩，注意力无法集中；你懒于记忆，习惯于张口就问；你不喜欢冗长的陈述和表达，喜欢直奔主题和搜寻答案。这种状态被称为"忙者生存"。在能够轻易获得信息的情况下，我们通常喜欢简短、支离破碎而令人愉快的内容。

互联网发出各种刺激性杂音，既造成了有意识思维的短路，也造成了潜意识思维的短路，因而既阻碍我们进行深入思考，也阻碍我们进行创造性思考。

感官轰炸让人浅薄，亚里士多德在《尼各马可伦理学》里表达过类似观点：人类的三种生活方式——追求原欲、追求荣誉以及追求哲思。他认为对原欲的追求不是不好，但容易过度，容易让人堕入放纵的恶的生活。

从生物学角度出发，你很容易理解亚里士多德的观点：第一，我们感官有阈值，这让我们能感受的快乐有上限。其次，感官刺激有适应性，这意味着我们贪婪无限——如果仅凭感官带领，我们会很快适应一个刺激，然后继续追求更高的刺激。第三，大部分的感觉器官终会慢慢衰老，我们注定只能享受一定量的刺激——与此同时，我们内心的欲望无休止地膨胀。过度的感官刺激，一定会让生活落入痛苦之中。

用视觉打比方，我们的眼睛只能看到整个光谱中少得可怜的一部分，红外线和紫外线看不到。光强或者弱到一定程度，对我们来说，就是绝对的黑暗和苍白。视觉刺激有其无休止的适应和贪婪性，几年前我们还在为第一部3D大片《阿凡达》惊叹不已，今天我们已经无3D不欢，而我们忘记了，连彩色电视都只发明了60年而已。但我们的视觉会逐渐衰老，老年人的视觉搜索能力在50岁以后明显下降。

二战诺曼底登陆前，英国曾经用这样一种战术轰炸过德国汉堡——1943年7月，他们出动791架轰炸机，在抵达途中每分钟撒下2000个箔片。每一批箔片都会反射雷达波，所以在德国的雷达上出现了15分钟的"回波"和12500架"飞机"，雷达瘫痪，探照灯毫无目的地扫动，防空炮对空乱射。当天晚上英国以损失12架飞机的微小代价，取得重大胜利。

你的头脑像不像被轰炸的汉堡？每分钟传来的无数信息让你丧失了注意力焦点，在一天的"轰炸"后，你累得要死，却一架飞机都没有打中。

当你习惯了一分钟的烟花，你就可能再也感受不到整夜的宁静星空了。

沉溺于感官，大脑变板砖。

兴趣攻略：电子静默

专业的寿司食客在每两个寿司之间，会吃一块姜片，让自己的味觉重新回到原点，才能更好地感受下一个寿司的滋味。而在每天的感官轰炸中，你也可以给自己一段静默时间，让自己有机会发动更高层次的兴趣。电子静默就是个好方法。

电子静默意味着你隔绝自己和外界所有基于网络、无线电等的联系，关掉手机和电脑以及其他电子设

沉溺于感官，大脑变板砖

备。最后，让自己回到一个没有电子产品感官轰炸的世界。你需要注意下面的事：

1. 如果你有要事在身，可以提前告诉你身边的人不要着急，并找一个能找到你的紧急联系人。

2. 不在你的家里或者工作场所会更好。

3. 刚开始的时候，你也许会觉得无所事事，或总是担心重要的邮件和电话被错过。尝试回顾一下你这段时间的生活，在一张白纸上写和画点什么。

4. 你的兴趣会慢慢苏醒，你会想起来很多让你感兴趣的事情。不管是看一个画展，还是想起一个朋友，只要与电子无关，就去做！

5. 运动、冥想等都是不错的静默方式。但是如果有时间，请一定给自己一段无所事事的时间。

每个星期坚持半天甚至一天时间，一个月后你会慢慢发现自己重新对生活产生了新的兴趣。

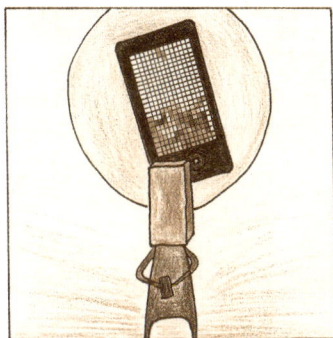

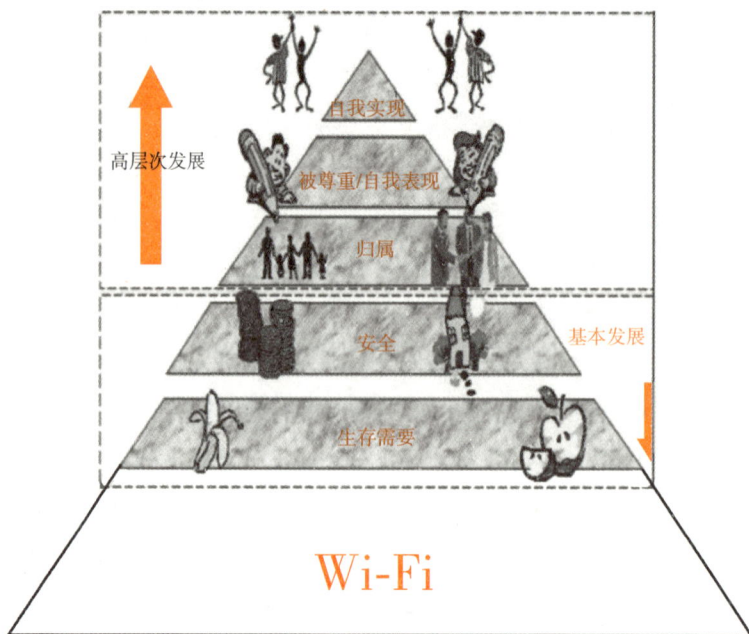

图中文字：
高层次发展
自我实现
被尊重/自我表现
归属
安全
基本发展
生存需要
Wi-Fi

理由三：掉出了自己的心流通道

你有没有过这样的经验：

一眨眼一小时就过去了；

感觉做任何事情都尽在掌控又流畅；

精神高度集中，目标专注；

把一切烦恼抛诸脑后；

有一种高度的兴奋和充实感……

很多人在写作、画画、表演、游戏、阅读等过程中有过这些感受，按照希腊心理学家米哈里·契克森米哈赖的说法，你正停留在你的"心流"（flow）里面。这是兴趣发展的极致。

我承认，一直到第一次潜水，我才真正理解flow的意思——在大洋底下有很多看不见的洋流，潜水教练会带你进入某一个——旦你进入，你就好像站在一条无形的海底机场移动带上——你不需要动一根脚趾，就会自动地被洋流带着向前走。前后各色的鱼儿与你相对静止，头顶蔚蓝天空闪闪发光，只有珊瑚提醒你在向前移动。你处于一种快速前进却非常放松的状态，正如你在工作里专注地融入某件自己喜欢做的事，全力以赴、尽情发挥，完全忘记其他所有不相关事物的存在。相比之下，我更喜欢台湾心理学界的翻译——神驰。

米哈里访问了许多世界级的高手，提炼这种心流发生的原理，发现在下面的情况下，心流容易出现：

你喜欢从事的活动；

你能专注的且不会忧虑的；

有清晰目标的；

有立即回馈的；

有主控感的；

时间感流逝停止的……

你想到了什么？男生想到了玩游戏，女生想到了购物。这些都是喜欢的、能专注的、有清晰目标和立即回馈的活动，如果你只看不买的话，也没有忧虑。所以男女各自能在游戏和商店里待一整天，完全感受不到时间流逝。

如果工作也能像玩游戏和逛街一样，那该有多好！

米哈里也这么想。在进一步研究心流之后，他公布了自己的心流通道模型。

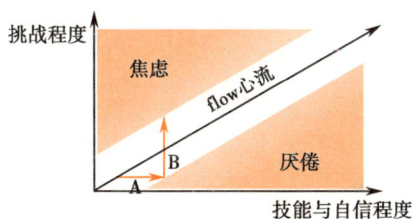

心流理论（flow）
米哈里·契克森米哈赖（Mihaly Csikszentmihalyi）

正如上图心流发生的区域、技能和挑战的函数所示，如果你总能将自己的挑战程度和技能控制在这个通道之内，你就能一直保证自己的心流；而一旦你不小心掉出了自己的心流通道，挑战太高而能力不足会让你感到焦虑（想想一个无论如何也无法通关的游戏、陪女友购物刷卡的人、一项难度太高的工作吧），而如果能力太高但挑战太低，则会产生厌倦（比如把你分到幼儿园组踢足球）。

所以如果你总能让自己停留在心流通道中，工作就会像游戏和逛街一样好玩。一开始我们要提高技能（A），但是一旦感到自己厌倦了，就马上提高挑战难度（B），一直到自己觉得焦虑，然后开始学习新的技能，一直到厌倦感又来临，再继续提高挑战难度。

这也是游戏设计的原理：在一开始的时候先让你很容易升级，也很容易拿到点数，继而逐渐提高升级的难度，也让你掌握越来越难的操作技能。如果游戏设计得好，你会一直玩下去。只要你对于自己的状态有觉察，同时有足够的挑战和技能可学，让工作像逛街一样其实不难。好的教练通过心流设定学习进度，好的电影通过心流设计剧情和镜头惊喜，好的老师通过心流让课堂不知不觉地进行。而你能做的事情，则是找到自己心流通道的宽度、斜度以及工作方式。

找到自己的心流：

① 控制好难度

② 找到学习阶梯

③ 理解自己的节奏

8 外一篇：有趣的王小波

做个有趣的人——讲到这个话题，又有谁绕得过王小波呢。

往前后看20年，很难找到像小波这样有趣的人了，即使程度能相比，也绝无像他这样以有趣为宗旨的人。王小波说："你先把文字写好看了，其余管他妈。"他还说："假如我要写什么，我根本就不管他格调不格调，正如谈恋爱时我绝不从爱祖国开始谈起。"

我不在这里谈王小波的文字，他是我的精神启蒙者之一，文字也远胜我无数倍，我也不准备把关于他的介绍抄一遍——如果你看过他的文字，你肯定理解我在说什么；如果没有，别错过他，就从《一只特立独行的猪》开始读起。

从生活的角度来说，小波有太多活得无趣的理由——他和那个年代的人一起，上山下乡、当民办教师、出国、回国混个讲师，住在北京某个六层楼的小区，长得比我们大部分人砢碜，穿着裤衩拖鞋买菜、抽烟、混小馆子，死得也像一部平庸的电视剧一样，心脏病发，突然去世。

但小波活得何其有趣！就是这个如今被称作文坛偶像的伙计，他无聊的时候最爱干的事情是做《吉米多维奇习题集》（那是一本白俄罗斯数学家编的有4462道题、让历届数学系同学闻风丧胆的习题集）；"文革"时他偷看金庸古龙，修炼天山童姥的上天下地唯我独尊功；为了"一个仇家"在家里对着椅背练铁砂掌，痛了三天后去医院检查，小指骨折；他在大学和李银河谈恋爱，以一个一米八四的匪样马脸大汉的身板，写着"在见不到你的日子里，我就难过得像旗杆上吊死的猫""不管我多么平庸，可我总觉得对你的爱很美"这样的情书；婚前被人嫌弃太丑，于是说"那我到动物园爬行馆比一比"，又说"你也不太好看嘛"，于是结婚了；他在北大做讲师，在人大还是讲师，不搞论文，不评职称，埋头在家里写好玩的小说，写可爱的流氓李靖和红拂，写愣头愣脑的王二，写下山来请教自己是不是破鞋的陈清扬，写那只特立独行的猪，还写：

智慧本身就是好的，有一天我们都会死去，追求智慧的道路还会有人在走着。死掉以后的事我看不到，但在我活着的时候，想到这件事，心里就很高兴。

我对自己的要求很低，我活在世上，无非想要明白些道理，遇见些有趣的事，倘能如我所愿，我的一生就算成功。

他死了以后，很多人去祭奠他。这些人自称小波门下走狗，心情哀痛。回到家里又捧起他的书读，然后呵呵呵乐，一群可爱的神经病。

千万不要说，只有那个时代才能产生王小波这样的奇人。他的时代未必比我们更好，他的老爹未必比你的老爹更有钱，没见他有多大的房子，他和李银河结婚的时候据说还是处男。王小波以铁的事实证明，屌丝也有何其有趣的生活啊。(《南方日报》朱迅垚)

我们在小波去世5年的时候祭奠他，10年的时候祭奠他，15年的时候还祭奠他。我们老是忍不住祭奠他，因为我们怀念他那超越生活的有趣。因为他像是一个数学公式，证明有趣与有用无关，**证明不管生活多平庸，任何人下定决心，依然可以活得有趣。**

> 在微信号"新精英做自己"里输入"王小波"，给你看我最喜欢的他的一些文章，当然包括《一只特立独行的猪》。如果你看过，再重温一下吧！

兴趣的总结：每个人都能活得有趣！

- 兴趣不是一种天生的属性，而是一种自我管理技能。人人都可以活得有趣。
- 调试你生涯中的愉悦/兴趣比例。
- 提高你的兴趣层级，越高层级的兴趣越稳固，对生涯的影响也越深远。
- 有趣杀手：太追求"有用"、感官轰炸、走出心流通道。

我会采更多的雏菊

——纳丁·斯特尔（时年87岁）

如果我能够从头活过，我会试着犯更多的错。
我会放松一点。我会灵活一点。
我会比这一趟过得傻，
很少有什么事能让我当真。

我会疯狂一点。
我会少讲究些卫生。
我会冒更多的险。我会更经常地旅行。
我会爬更多的山，游更多的河，看更多的日落。
我会多吃冰激凌，少吃豆子。
我会惹更多的麻烦，可是不在想象中担忧。

你看，我小心翼翼地稳健地理智地活着，
一个又一个小时，一天又一天。
噢，我有过难忘的时刻，
如果我能够重来一次，
我会要更多这样的时刻。
事实上，我不需要别的什么。
仅仅是时刻，一个接着一个，
而不是每天都操心着往后的漫长日子。

我曾经不论到哪里去都不忘记带上
温度计，热水壶，漱口杯，雨衣和降落伞。

如果我能够重来一次，我会到处走走，
什么都试试，并且轻装上路。
如果我能够从头活过，我会延长打赤脚的时光。
从尽早的春天到尽晚的秋天。

我会更经常地逃学。
我不会考那么高的分数，除非是一不小心。
我会多骑些旋转木马，
我会采更多的雏菊。

旋转木马

Chapter

3

价值观：
做个有定见的人

1 成长空洞——填满你内心的空洞

你常常听人们说：

"我不知道自己想要什么。"

"我没有什么想要的。"

但是当你问他，你现在满意、过得好吗，他们又都无力地摇头说：**"不满意。"** 其实一个人还能觉得对自己不满意，他的内心一定有潜在的更好的自己的样子，这就是 **"自我概念"**。

没有人会一大早起来，伸个懒腰对自己说："我要过×蛋的一天！"也没有人从小就立志"要过凄凉的一生"。我们每个人都希望变得比现在更好、更强大或更美丽、更自信或更自在，我们心里住着一个完美的自己、一个"希望成为的状态"，这就是自我概念。

你只有把现在的自己和自我概念做对比，才会觉得**"不满足"**。**在每个对生活和自己不满足的背后，都是每个人成长的需求。**

当两者不能重合，在**"现在的自我"**和**"希望的自我"**之间，就会产生空洞。人们期待填满这空洞，成长为自己想成为的样子。我把这些因为渴望成长而产生的空洞称为**"成长空洞"**。

成长的空洞

如果你是个愤怒青年，你就应该拥有一个世界应该更好的信念，当你觉得自己做什么都无法让世界变好时，你就会对这种无力感到愤怒；而如果你是一个自卑的人，你脑子里一定住着个不知道从什么地方搞来的、大到完全无法填满的自我概念，你真实的自我穿着17厘米的内增高再加上大号的垫胸垫肩才撑得起来，生怕别人看到真正的自己。不过，愤怒和自卑的人都不可怕，可怕的是那种对生活完全失去兴趣和意见的人。他们没有什么成长的空洞，自我概念裹在真实的自我外面，他们已经没有什么可能了。

成长的空洞让我们感到自己心灵的空洞，这空洞感就变成了"内心的需要"。你想要一间可容身的房子、一份适合自己的工作、一个爱自己的恋人、一个听话乖巧的孩子……这都是你填满空洞的需要。因为你的自我概念认为这些你应该有，而真实的你却

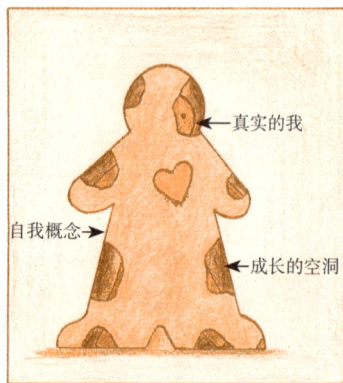

没有——这就产生了你的需求。

但是恐怕你并没想过要一艘航空母舰，非要知道上帝粒子到底在不在，或者知道曹雪芹的小妾到底叫什么名字，因为你的自我概念里根本没有这些要素，所以这需求也无从谈起。两个乞丐早上饿着肚子讨饭，一个突然对另外一个说："皇上真好啊，早上起来能吃两个大白馒头。"另一个劈头骂道："你真是穷疯了，都当皇上了，还只吃两个馒头？肯定还要就一碗豆浆啊！"这两个乞丐虽然在讨论皇帝，但自我概念还停留在乞丐层面，也只能产生乞丐的需求。

因此，理想和现实的差距产生了空洞，这空洞产生了需求。

你一定有过这样的经验，当这些空洞长期无法被填满，你心里就会空荡荡的，体会到空虚、厌倦、无价值的情绪；而如果这些空洞最终被填满，你就会觉得满足和充实，体会到愉悦、安全、宁静、稳定的情绪；而如果别人不小心看到或碰到这些空洞——就好像自己某部分畸形被发现——你一开始羞愧，然后会愤怒。所以愤怒都是空洞的，王小波说，所有的痛苦本质上都是对自己无能的痛恨。人生就是一个不断发现空洞、填满空洞的过程。

因为每个人的自我概念与真实自我不同，所以每个人都会长出大小不同的成长空洞。一个从小生活在缺乏爱的家庭的孩子，心中对于安全和稳定的洞就会很大，需要花很多时间来填满；一个终生渴求智慧的人，他心中智慧的洞稍被填满，马上就生长出更高的洞壁，他也乐得用一辈子时间来填它。

外界环境则会影响填充不同空洞的效率。同样是对自由、独立的需求，一个生活在美国教育文化中的孩子，就比一个生活在中国教育文化中的孩子更好填满（这也是很多家长送孩子出国的原因吧）。一个富裕家庭孩子填满安全稳定需求的过程，比一个穷苦家庭孩子要容易很多，而漫步在法国街头或爱琴海岸，爱情空洞恐怕比在深山古庙里更容易填满一些。

我们的基因、家庭、环境、社会文化与人生经历共同创造了现在的我们，也建构了我们的自我概念，这让我们生出大大小小、各自不同的成长空洞。这些成长的空洞构成我们对"值得"的观念和想法，价值观就这样产生了。

好比一棵橡树，在种子阶段，基因决定了它是一棵橡树，而在南方还是北方、干旱还是湿润决定了这棵树能长多高多粗。而如果橡树有思想，它就会思考自己需要从大地汲取什么营养，应该向什么方向伸展。

因为每个人的基因、家庭、文化和社会环境、人生经历不同，每个人对这些因素的思考也不同，所以每个人都有不同的价值观系统——送你一根蜡烛，有人想到晚餐，有人想到皮鞭，就是这样。

基因+社会与家庭环境=自我概念

自我概念−现在的自我=需求

虽然成长空洞人人不同，但每个人的努力方向都一样——填满那些空洞，成长为自己的样子。**看到自己的成长空洞，了解这些洞需要用什么填，在有限的资源中按照什么顺序去填，就是找回自己、理解自己、成长为自己的过程。**

2 玩"假我游戏"的人

我们如何填满这些成长空洞？事实上，很多人一辈子都在玩虚假自我的游戏。

物质的游戏

当遇到空洞，我们几乎本能的第一反应，就是找个东西填上。铺天盖地的广告就是在干这个：纷至沓来的东西，能满足你的各种需求——房子填满安全感的洞、钞票填满自尊的洞、学历填满智慧的洞、消费填满快乐的洞——我们努力搞来这一切东西，按照说明书塞在自己内心的空洞中，这让我们感到一种充实的满足。仿佛单凭这些东西，我们就能成为想要成为的自己。

一开始，物质带来的充实感的确能够持续一段时间，但很快就带来新的问题——你很快会发现，物质带来的快乐在逐渐递减。第一个1000块钱的快乐，现在需要赚10万才有；第一次开捷达的美妙，也许在宝马上也找不回来。于是你匆忙地投入下一轮赚钱和下一轮消费。但等到快感消失，心里的洞又露了出来。这促使我们迅速进入新的轮回——更多的钱，更好的物质，更短的快感，更多的失落，更多的钱……

当物质越来越多地填满心里的洞，满足了你的全方位需求，慢慢地你会把它们视为自己的一部分。你介绍自己的时候会下意识地先说头衔，同学聚会时会"不经意"地透露自己的收入，看衣服会先看价格……

因为你用了那么多物质填满洞，就好像补牙一

被物质充满的人，逐渐会认为物质才是真的自我

样，你开始把这些物质当成"自我"的一部分，甚至是最重要的那部分。如果你身处一个什么都用钱才能买到的社会，你自然会认为——**钱最重要**。难怪很多人会把一定数量的钱当作生命目标呢。你肯定自然而然地认为——财富、物质和尽可能的满足自己需求，是生命最重要的三个部分。拜金、成功学和享乐主义，三者合谋，构建出这个建立在物质之上的虚假自我骗局。

用物质填洞的人最大的悲剧是：没有人的能力能跑赢欲望，总有一天，你填入了所有东西，却无力地发现，那个空洞还在。物质也许能带来短暂的一次次快乐，但绝非幸福。快乐和幸福，本就是两个东西。

你占据的东西，也在占据你。

他人认同

在我们还是婴儿的时候，我们完全靠父母亲的认同生活。婴儿是如此奇怪的一种小东西，每隔两小时定时发出恼人的哭声，专注于把奶水变成屎尿，而且还全无说明书。如果没有父母的喜爱和认同，我们根本不可能活下来。我们逐渐长大，开始把寻求认同的目光转向老师和长辈，在青春期投向朋友、异性和偶像。在我们成年之前，我们一直都在寻找认同。

这也是为什么当爱情或友情破裂的时候，我们会感到那么痛苦。经历过真正爱情或友情的人都明白，心疼才不是一种文学的比喻手法，那是一种真实的生理体验。两个人互相用对方填满了自己的空洞，他们如此紧密地在一起，待了那么久，像一对连体姐妹。日子一长，你把这些被填满的部分认为是自己的一部分。这种感觉如此美丽，就好像"两个灵魂在一个身体"，而等到关系结束，两个人不得不分开，这种感觉又会如此痛苦——这种分离带来的强烈的撕裂感，就好像要扯掉一个已经长在你身上的器官一样。古往今来，已经有太多文字、歌曲、戏剧等艺术记录了这种情感的美妙与痛苦。

和上一个故事一样，当你的成长空洞被别人的认同所填满——你会感到安全和快乐——慢慢的，你开始认为这些都是自己的一部分。当你获得越来越多的人的认同，你就觉得自己在不断地"成长"，越来越"有面子有地位"。当这种外界的认同成为你自我的主要部分，你开始认为，那个"被认同"的部分、你的名声、地位，才是你真实的自我。从那一刻开始，你就被别人的认同绑架了。

灵魂只能独行。两个人格独立的人，无法永远一致。当方向不同、意见向左时，别人就会拿走填满在你的空洞里的认同而离去。这时，你感到巨大的空虚和疼痛——你会觉得"失去了自我""没有生活的意义"。为了继续保持这个你认为的"自己"，你只有两个选择——跟别人走，按照别人认同的方式来改变自己，或者迅速找一个一模一样的下家填充进来。

被认同填满的人，逐渐成为认同者的绑架对象

在家庭和社会关系中很容易看到第一种选择——我知道的一位母亲，为儿子安排好了一切人生选择，当儿子到了有力反抗的年龄，每次有冲突，妈妈就当场下跪，儿子便偃旗息鼓，妈妈最终站起来哭着说，你真是孝顺的孩子。这场景我想起来就不寒而栗。为了不失去父母的认同、做一个"好孩子"，很多人被父母绑架，一辈子按照他们的意愿来生活。为了不失去朋友或同事的认同，甘心一辈子做没有主张和方向的"老好人"，不和任何人冲突；为了不失去大众的认同，名人们甘心做一个粉丝眼中完美的"假人"，被粉丝绑架。这并非善良，而是无能的表现。

而在亲密关系中，第二种选择最为常见。我曾见过一个连续三场恋爱都遇到"文艺贱男"的优秀女子，每次的故事都如轮回一样——天崩地裂的失恋、突如其来的感动、众叛亲离的投入、令人窒息的24小时全天候连环夺命call（电话）、爱恨交加的离开——不是命途多舛，也不是因为自己点背，全因为她心里的洞，只能由那一类人填满。如果没有意识到你心里的洞、从内至外地去修炼，这个轮回会永无休止。所以，亲密关系中，你是谁，你就会遇到谁。你若盛开，清风自来。

寻求"被认同"是社会构成的基石，但是一旦过度追求"被认同的我"，真我就会遍体鳞伤。尤其在我们这个提倡以和为贵的文化中，每个人都乐此不疲，玩得好的甚至被称为美德。不知道你怎么想，看着那些被称为早慧、年纪轻轻就八面玲珑的孩子，我总觉得可怜又恶心。

玩"被认同"的游戏并不是自我成长之路。当认同一次次填充进来，你会上瘾一样地享受着这种既快乐又自虐的快感，渴求更多的自我妥协。正如席慕容在《独白》里面所说：

在一回首间，才忽然发现，原来，我的一生的种种努力，不过只是为了周遭的人都对我满意而已。为了要博得他人的称许与微笑，我战战兢兢地将自己套入所有的模式、所有的桎梏。走到途中，才忽然发现，我只剩下一副模糊的面目，和一条不能回头的路。

慢慢的，你会发现其实你并不是世界的中心，其实你谁也不是。你只是为别人认同而活的工具。

你以为大家都喜欢和离不开你，其实是你离不开他们的喜爱。

自残的人

"你看，这个地方没做好啊。"

"其实，我天生就不是做××的料！"

谁被夸的时候都很快乐，但是遇到批评或指责，很多人的反应总是破罐子破摔。

他们也用别人的认同填自己洞。当认同被拿走，他们感到痛苦，反应却和上一种不同——他们不愿意"懦弱"地继续寻求别人认同，于是"彪悍"地把和空洞相连的部分全部切掉。

"你这件事情做得不够好啊。"

"我本来就没有想好好做。"

"我觉得我们相处有些问题。"

"我们还是算了吧，我知道你看不起我。"

做得不好，暴露出你成长的空洞，而自残的人的回应则是彪悍地说：根本不是"我"的问题，不是我努力想做却还差一点，而是先天的问题、环境的问题，或者是我根本就不想做好！

破罐子破摔的回应虽然暂时能让自己舒服，但是相应地，成长的可能性全部破灭。从此以后，这件事情不可能做得更好，而关系也无法向前一步。不仅这样，在空洞旁边，已经培养起来的很多能力也忽然被割舍——因为手臂上的一个小地方发炎，你不愿意面对，就把整条手臂都剁了下来。

这比喻虽血腥却真实，这也是为什么我把这个类型的"假我"游戏叫作自残的人——为了逃避痛苦，他们不断地砍掉自己真实的自我的各个部分，最后缩小到自己都看不上的地步，自卑是自残者的必然结果。

你放弃了痛苦，但也放弃了自己。

挖另一个坑

朝三暮四的猴子的故事，你一定听过。

《庄子·齐物论》里说，"狙公赋芧，曰：'朝三而暮四。'众狙皆怒。曰：'然则朝四而暮三。'众狙皆悦。"养猴子的人把晚餐的四个果子放到早上，所有的猴子都很高兴，却看不到晚上的果子变少了——不是不报，时候未到啊。

人不见得比猴子好多少。我们总是挖健康的坑，来填事业的坑；挖自由的坑，来填安全的坑；挖自尊的坑，填成就的坑。当我们填坑的时侯，我们和早餐时的猴子一样，开心满足，认为这些都是白来的；而等到晚餐时分，当我们面对自己的坑洞时，会痛苦不堪，又希望挖下一个坑来填现在这个。

比猴子的故事更加可悲的是，生命并不如果子一样是个零和游戏。有些坑一旦被挖出来，需要10倍的力量去往回填——比如健康、自尊；而有一些坑则再也填不回来——比如说青葱的恋爱、孩子的10岁生日会、你生命里的任何一段重要时光。

拍《疯狂的石头》的宁浩，中专毕业后被分到话剧团做舞美。话剧萧条，他只能靠在自行车厂打工，有一搭没一搭地混着。父母看不下去，给他准备了几万块钱，让他开家小店过日子。他拿不定主意，找一哥们儿商量。哥们儿说，你要在太原开小店，什么时候都能开。但是你到了30岁，就闯不动了。两周后，宁浩毅然抵京。

填坑的人常常集中在25~35岁之间，这阶段人的角色暴增，从单一的工作者和儿女，慢慢地加入管理者、丈夫或妻子、儿媳妇或姑爷、爸爸或妈妈的角色，每一项角色的增加，都意味着全新的自我概念，也意味着新的成长的空洞。这个阶段的人有太多的东西需要生长出来。他们一旦乱了手脚，就会从其他地方挖出一个坑来，填满眼前这个。

事业出问题，牺牲身体；身体出问题，拖累家庭；家庭修补好了，孩子又出事；孩子勉强搞定，工作又开始亮红灯……挖了填，填了挖，你的生命就像一个永远无法停工的城市道路施工现场，四处救火，步步惊心。

我们渴望成长而产生空洞，我们用非我的东西填洞，我们逐渐认为填充物才是真实的自己，现在它们开始反过来占据我们，真实的自己被我们丢了。这就是虚假自我的游戏脚本。

当你把"成长空洞"换成"钱、爱情、关系、认同、自尊"，再填上年代时间地点姓名，就构成了这世间的各种悲剧故事。

那天是你用一块红布，蒙住我双眼也蒙住了天。

你问我看见了什么，我说我看见了幸福。

这个感觉真让我舒服，它让我忘掉我没地儿住。

——崔健《一块红布》

3 来玩一场"真我游戏"

虚假自我的游戏之所以引人入胜，在于这个游戏看上去非常诱人——疗效好，见效快，而且无痛。而社会也从小教育我们玩这个游戏——社会不断地告诉你考上一所好学校、找到一份好工作、一段美满的婚姻、一座大房子就等于幸福的人生，但这并不会带领我们走上真正的自我成长之路。

真我的游戏则完全相反，它总是以痛苦开头，见效不快，却带来长久的宁静与内心强大。找回真我的故事往往从移开填充物（这意味着一次痛苦的失去）开始，让空洞展现，然后让真实的自我从洞底生长起来。世界上很多伟大的艺术与文学名著，都在讲述同样脚本的故事。

以《指环王》为例，索隆魔王制造出来的至尊魔戒，能让佩戴的人隐身与长生不老，但同时也被魔性迷惑。霍比特人斯密戈尔受魔戒诱惑，后又失去了魔戒，成为可怕的怪物咕噜，这象征着虚假自我的游戏。小霍比特人比尔博受托把戒指丢入火山口销毁，各界神仙队友来打下手，但是无法代替他——因为他拥有最厉害的一项魔力：能不被魔戒诱惑（写到这里，感觉唐僧翻版出现）。等到他最后成功完成使命，才意识到，友谊和纯净的心才是真正的魔力。象征外界的魔力被销毁，而自己从心里升起真正的魔力，这就是一个魔力失去后自己重新找回来的故事。

顺着这个思路看下去，伟大何其相同：巴黎圣母院中的吉卜赛少女失去英俊的巡逻队长的爱情，却在丑陋的卡西莫多身上发现真爱；《死亡诗社》中学生们被正统教育的痛苦打压，最后被基丁老师引发心灵成长，理解了真正的教育；《笑傲江湖》中少侠令狐冲从"名门正派"中被赶出去，却兜兜转转地在"邪教"里找到了侠义，再到《鹿鼎记》里嬉皮笑脸的韦小宝重新解构了侠义精神；《这个杀手不太冷》中让杀手从恶警那里为小萝莉讨回正义；《牧羊少年奇幻之旅》中牧羊少年苦苦寻找却又失而复得的天命……这些都是真我游戏剧本的不同演绎。

失去、痛苦、面对、追寻、重获，这就是所有成长的脚本。一旦你不愿意演出前三幕，后面的故事也就无从开始。

4 给自己来场成人礼!

在远离文明社会的原始部落，到成人年纪的孩子会参加成人礼。

他们全身被涂满红色的油彩躺在床上，家人围绕在旁呼喊着孩子的小名，唱着送别死者的歌。这是个告别仪式——象征着孩童的你已经死去。

当告别结束，孩子需要完全独立地完成一项艰巨任务——正如你在很多奇闻逸事里听到的，杀死一头野牛，到某座悬崖跳海，甚至像《阿凡达》里那样骑一条龙，或者在你身上的某个地方不用麻药穿一个洞。所有这些任务只有一个共同点：你需要完全脱离父母、亲人的所有支持，独立完成。也就是说，你必须**脱离他人的认同，置身于真正的孤独，独立完成艰巨的任务**，你必须学会自己认同自己，与自己独处。

当他完成这个任务回到族群中，人们围着他欢呼雀跃，绾起他的头发，梳成不同的发髻，涂上独特的文身，呼喊他的成年名号，这个人就此才算成年。

所有的成年礼都有这样的结构，告别孩童——远离人群——独立完成任务——重回人群。成长就是一个完整的失去、痛苦、面对、追寻、重获的成长脚本。

可惜，在我们今天的社会里基本没有真正的成年礼，家长像宝贝一样拽着我们，一直到自己实在拽不动为止。而很多孩子不仅物质上啃老，在精神上也从未断过奶。

常有年轻人来对我抱怨："我父母亲总说我不成熟，我说自己想做的事，他们总不支持我。"

"为什么自己不干呢？干吗非要他们支持？"

这些人会惊恐地看着你："那钱从哪里来？"

"自己打工赚，实在没钱就从生活费里省出来。"

"但是他们还是会担心你的啊！他们肯定不同意。那怎么办？"

还有人反问："老师，你当年骑单车去北京，你妈同意吗？"

我告诉他，我提前半年查好了地图，花三个月存好了钱，花一个月跟一个老头儿学会了修车，然后在出发前给我妈打电话。

我妈在电话里面大吼说："不行！太危险了。有车匪路霸！"

我说："妈，我18岁了，我是来知会你的，不是请求你同意的。"然后挂掉电话，上路了。

你看，你经济不独立，精神不独立，失去家人的认同，你连事情都做不了，你还好意思说自己成熟？你父母的判断非常正确，你的确不成熟，你空有独立之心，却从来没有长大到能践行你的思想。

所以，如果你希望得到一种真正的精神独立，就需要给自己一个成年礼。

有些人的成年礼来自一项艰巨的任务。"新精英"的一位实习生琼琼是体育大学的学生，20岁的她已经是亚洲蝶泳冠军。她告诉我她曾经游泳横渡琼州海峡的经历：

四处没一个人，救生船在你旁边不近不近地待着，他们对你是否能游过去毫不关心。前后左右都是水，只能自己和自己讲话、自己给自己打气。

也就是从那一次之后，她认为自己"真的长大了"，能够独自面对很多事情。那就是她的成人礼。

有人则从独自进入一个陌生城市开始。一位海归说，他去纽约读书那天，家里安排接他的朋友不知道为什么没有来。他打电话回家报平安，听到电话那头妈妈激动又疲惫的声音，意识到那边是凌晨两点半。他对妈妈说：我很好，放心。然后拖着一个一人高的箱子（出发前他连这箱子的重量都不太清楚，父母为他装好了所有物品），操着一口在中国锻炼了15年谁也听不太懂的Chinglish，从纽瓦克坐大巴两小时到曼哈顿，然后倒了无数次错误的地铁，又用了两小时总算靠近了学校。他给那个人电话留言说自己已经搞定，然后自己找房子住下。一直到晚上九点半，他坐在那个临时房间的床上，隔壁传来黑人兄弟的音乐和嬉笑，右手搭着这个城市里他唯一拥有的箱子，觉得心酸又兴奋。也就是那一刻，他觉得自己长大了。

还有些人的成年礼，在逃离般的独自旅行中开始。在一个职位上和城市里老老实实干了许多年，突然有一天决定离开，独自旅行。有人说旅行有三种意义：看风景，发现可能，还有找回自己。最后那种，就是成年礼。

如果你实在没有时间给自己一次像上面几位那样的成年礼，也许你可以这样尝试：给18岁的自己写封信——以一个成年人的姿态，给没长大的自己写封告别信，告诉他童年美好而值得珍惜，并以新的姿态面对人生。

所以我还有一个观点：年轻的时候，不管是读书、游历、交友、搞对象还是读大学，野得越远越好，这种远不应该仅是地理上的，更是心理上和文化上的。我同情那些一出生就生活在最大最好的城市里，觉得这里最好哪里也不愿意去的孩子。

他们从来不明白，长大在远方。

成长脚本

从前面的故事里，我们能清晰地看到成长脚本，以及人们是如何成长为自己的样子的。

1. 拥抱变化，走出舒适

什么样的人永远不会成长？

第一是自我概念已经和真实自我完全重合的，他们完满了。

第二是虽然有成长的想法，但是不愿意冒险的人。他们怕疼，怕冒险，所以他们从来不愿意尝试自己不懂的事、玩自己不确定能赢的game（游戏）。他们先为自己玩不好的游戏找出各种理由，然后安心地躲在舒适区，只玩安全的游戏。

如果你在企业里做过绩效约谈就知道——我在每一个人绩效后面加上了三个维度：重要度、把控度和投入度。你也可以这样试试——列出自己所有的工作项目，排出其重要程度、把握程度和花费时间。你会很容易发现人的惰性本质——人们总是愿意在把握程度高的事情上反复花时间，而在真正重要的事情上不用力。慢慢的，他们自己停止了成长，然后找几个借口把重要的事情敷衍过去。

不冒险其实是最大的冒险。要持续舒服的最好方式是让自己不舒服。

	任务	重要程度	把握程度	花费时间
市场部	网站UV（独立访客）	5	6	3
	高质量数据	2	8	5
	新精英品牌	3	6	2

我们总在自己最有把握的事情上花最多时间，却不太愿意待在最重要却把握不大的部分

2. 接纳痛苦，不掩埋

空洞里的填充物离开，你失手、失败、被抛弃、被生活欺骗、被事情淹没。这时候，痛苦、羞愧、后悔百感交集，像在大广场被扒光了衣服一样尴尬。

但成长者并不会着急用别的东西掩盖和填充。他知道痛苦不来自填充之物，而来自自己对成长的渴求。一旦填埋这些空洞，真实的需求就会被深埋。接纳自己此刻的空洞与无能，是成长为自我最重要的一步。

3. 穿过痛苦，看到需求

成长者允许痛苦发生，好奇地看到空洞的底部真实自我的袒露，他理解每个痛苦都

源于强烈的成长需要。最好的方法是努力让自己从底部向上生长，把这个洞填满。

自我成长者总是能够读出空洞背后的成长希望——他们知道，失落越大，空洞越大，背后的力量也就越强大。

一位女士跟我谈起她失败的高考经历，在努力了整整一年之后，却在最后三天时间病倒、高烧、晕晕乎乎地考完试。当这所著名的重点高中的学生都奔往清华北大之时，她收拾行囊，去了一个连省会都不是的小城市的三流大学。

今天已经是名企高管的她，说起这段经历，依然唏嘘不已，认为那是人生最痛苦的一段经历……如果我当年……今天也许就……

我问她，如果我们能够回到高考考砸的那段日子，站在女孩的背后看看那个在欢呼雀跃的同学旁垂头丧气的剪影，请告诉我，那是怎样的一种努力和坚强，让她竟然能顶住这份失落，一个人拖着箱子，去那个陌生的南方小城市上学？又是怎样的一种勇气，让她慢慢地从不知名的大学毕业，拒绝了父母亲在家找好的工作，执意去省会求职？在稳定下来后，又跳到北京，然后打拼10年，成为今天这位令人尊敬的高管？

你永远也不知道自己有多坚强、勇敢和努力。如果没有那段经历。

那一刻，她泪水满盈。

为这事她哭过不知道多少次，但这是第一次，泪水因释怀而来，而非悔恨。

愤怒带出无能的空洞，也告诉我们需要提供能力。

失恋带来无价值的空洞，也让我们需要努力爱自己。

厌倦带来不新鲜的空洞，也提醒我们生命需要更多可能。

正如每一次新生都伴随着母亲的痛苦，每一种痛苦都是新生的启示，你要学会读懂它。

4. 玩成长的游戏

玩真实自我的成长游戏并不意味着你要放弃所有的物质享乐，远离所有爱你支持你的人，放弃除自我实现以外一切的小幸福。我们依然需要依靠外界的目标、他人的回馈和自己的快乐来标定自己的进步，但这些目标只是路标，而不是终点本身。

见过孩子玩过家家游戏吗？他们全情投入，扮演老鹰的人不可一世，而扮演小鸡的人则吓得吱哇乱叫。他们知道要全力投入，要努力获胜，才能享受这个游戏。但是等到游戏结束，他们又嘻嘻哈哈地在一起，完全看不出老鹰小鸡的区别，他们知道，游戏的目的是为了"好玩"。

孩子是天生的哲学家，他们懂得全力投入，却能不计较得失，在晚上的时候，他们记得的只是：今天真好玩！

在热爱的领域努力地玩。真实自我的游戏也如此，你应该像以前一样，甚至更加投入地生活。你只需要改变自己的观察点——从填充物的状况，到自己的生长。

这样一来，我们的关注点便从麻木的、患得患失的虚假自己，变成了真实的、慢慢成长的自己；我们计量自我价值的方式，也就从物质、成就和他人评价，转变为自己的成就感、充实以及学到的东西；当我们的立足点从不可捉摸的外界和他人观点，变成了稳定宁静的成长需求，当我们自己不立于流沙之上，就能看到实情——什么时候你该更投入，什么时候你可以撤回来。当成长比成功更重要、过程比结果更重要、价值比价格更重要时，你就拥有了**看透却不看破**的心态。

这种转变创造出一种**更大的格局和智慧**：以入世的心态来玩，却以出世的心态来发现价值。这格局孕育着更大的成长速度，成功是成长，失败也成长。

成功能让你获得成就，失败能让你获得智慧，智慧又在孕育新的成功；

赚钱当然让人快乐，五块钱高兴过一天的方法也不是没有，这让我们更会享受生活；

被夸奖获得了尊重，面对批评所表现出来的态度，同样能赢得别人的尊重；

房子能带来安全感，而没有自己的房子，充实的生活、稳定的关系同样能带来踏实安全；

能力能够改变世界，能力不大，你可以帮助他人；能力再弱小，先让自己活得幸福，也是对世界的一种改变……

这种立足点的转变也让我们**产生洞见，不被生活带跑**：当填充物消失，空洞出现，我们不会重新被带入另一场假我的游戏中，而是寻找更有效的成长方式。

当钱的增长不再能带来成就感，我们不会忙于给自己设立更大的财务目标，而是懂得去寻找更深的意义；

当爱人离开我们，我们不会花时间报复或自怨自艾，而是开始好好爱自己，填补自己的空洞；

当和父母的想法冲突，我们既能理解他们在以自己的方式期待我们幸福，又懂得用自己的方式寻找自己的幸福；

当我们看到一个洞出现，我们不着急在其他地方挖一个洞填上，而是找到生命的重心，寻求平衡稳定。

马斯洛不是也说吗，人生的巅峰体验来自"成长的过程中牵涉到自我与环境的配合……是'内在需求'与'外在需求'一致、'我想要'及'我必须'之间的协调。唯有如此，你才能自由自在、快快乐乐、全心全意地拥抱自己的志向。你的命运就是自己的选择及意愿。

当我们说一个人的内心强大，就是指这种永远能站在真实自我之上，对于痛苦强大的洞见和选择，在不确定的结果背后确定的价值汲取能力。真我游戏的修炼者终生在自己的道上修习这种能力，他们在任何情境中，都能收获自己想要的价值。

这样的人在顺境中成长，在逆境中也能成长；

在富足的时候幸福，在困苦的时候也幸福；

在被尊重的时候值得尊敬，在被攻击的时候更值得尊敬。

当这样的一个人决心要成长为某种人时，世上没有任何力量能够阻挡他。

5 亚当夏娃的价值观童话

你说，伊甸园的亚当和夏娃有没有价值观？

没有。因为那个时候他们不会死，伊甸园里要什么有什么，从来不缺。一旦生命无限长，也就没有什么事比另一件更重要——反正我们可以慢慢做嘛，在无限的生命里，连先后都是幻觉。

除了……苹果。上帝老头儿每次来，都指着树吓唬他们：单反穷三代，苹果毁一生！

结果他们什么都不要，就要苹果。

他们落入凡间，会生病，还会死。于是他们开始思考一件事：如果生命有限，那么做什么比较好呢？

他们发明了一个词：价值。如果一个东西比另外一个东西有价值，那就要做它。比如说夏天，游泳就比烤火有价值；比如晚上，睡觉就比跳舞有价值。这样，他们在有限的生命中，会赚到最多价值。

有了价值这东西，死也就没有那么可怕啦。

他们慢慢地又发现，他们俩对于价值的想法，实在是差太远啦！！那只把亚当狠狠地挠了几下、花一整天才被逮到打算用来做晚餐的野猫，居然被夏娃拿过来当成宠物；而第二天用来做早餐的蜂蜜，又被她用来做面膜。天！她居然认为这块不比屁股大的脸皮比肚子还重要（那个时候还没有第二个男人，可证女人爱美不为他人，纯为天性）；而夏娃花了整整三天才清扫出来的洞穴，亚当居然不洗脚就进来！还用他可怕的脏手掐小宝宝的脸，难道他看不出来，外面有——多——脏——吗？

那个时代的人都活得很长很长，亚当活了930岁，他们在大吵了113年14个月后发现，对于价值这玩意儿，每个人的观点都不同，谁也说服不了谁，吵也没有用。

只有一件事情，他们观点一样，而且用一种谁也看不懂的语言，刻在了洞穴墙壁上：每个人都有自己的价值观，既然说服不了，记得彼此尊重。

死亡是人类最好的礼物，当生命有了限度，每个人的价值就会浮现。

6 马斯洛需求高管会

你不妨想想参加一场马斯洛需求层次高管会——在一间高档的办公室里，你作为总裁兼董事长端坐在正中间的大高背椅子上，你的马斯洛需求层次总监们从左到右列席：管生存需求的财务总监，管心理安全的保卫经理，管归属感的人力资源总监，管被尊重的营销总监，还有你自己管的总裁办，负责干你最喜欢的事。右边也许还端坐着几位重要的董事，比如你的家人、父母、孩子等相关人士。

作为领导者，你手头资源有限——你需要合理满足所有人的需求，财务需要钱，保卫经理要增加设备，人力资源总监要更温暖，营销总监要更高调，董事们各有各的想法，而你对于公司有宏伟的愿景，你希望领导公司向那个方向前行。

你无法忽略高管们的需求，因为你需要他们为你工作，但你也无法一下子满足所有人，因为资源有限。这个时候，你会选择先满足谁？满足到什么程度？你如何让自己不被下属绑架，而是带领他们成为你希望的样子？

最好的领导者，他一定需要思考下面这些问题：

我到底希望做一家什么企业？

如果要做这样的企业，这家企业最核心的竞争力是什么？

对比现在，我最缺什么？

这位英明的人生总裁懂得用最少的成本迅速满足那些必不可少的需求，比如生存、安全，然后再根据前面的思考组建团队，投入明确的营销方向，做最重要的几件事，同时说服人生董事会里的成员支持。最后每一个高管和董事都认同了你的愿景，决心和你一起干——虽然他们的需求并不一定现在完全满足，但是他们愿意与你合作。

在这背后调控需求的，就是你的价值观。价值观就是你关于人生里什么"更重要"、更加"值得"的一系列观点。我们每个人都有很多洞要填，当生命的时间和资源有限，我们该填哪个洞？什么对我们更重要？用什么换什么更值得？这就是我们的价值观。

在一家公司里，并不一定每一个人的所有需求都被满足，甚至在某个阶段，工作强度相若的两个部门，工资却有高有低，但是好公司的员工满意度都很高，就是因为公司清晰地阐述了自己的价值观，让每一个人都理解：这个阶段，我们最需要做些什么，我们需要满足什么需求，我们应该做哪些牺牲才更值得。

在我们身边也不乏这样的家庭：老大老二在国内做着普通工作，日复一日地养父母亲，而老三出国留下来，每年除了寄点钱，几年才回来一趟。对于赡养父母一事，这明显不公平。但是大部分家庭依然很和睦，父母和哥哥姐姐很以国外的老三为荣，觉得自己的付出很**值得**，这也是中国传统家庭的价值观。

同样的道理，一个清晰的价值观，能让你重新管理你的需求，重新掌控自己的人生。

因为自我概念决定了你的空洞，所以**当你决定你希望成为什么样的人的时候，你就确定了什么对你的生命有"价值"、什么是"值得"做的；当很多事情都值得做的时候，你必须选出"最值得的"，这就是你的"价值观"**。有了价值观，你就找到了成长为自己的样子的最佳路径。

7 价值观——给生活来点定见！

心理学家罗克奇（Rokeach）在他的著名论文《人类价值观的本质》里面解释得更详细：

1. 价值是一种抽象的目标，超越了具体的行动和环境

举例言之：春雨老师热爱新鲜的电子产品，所以每当出款新手机，他都纠结半天，然后开始每天给自己做积极的、有催眠作用的对话："我也许需要一部备用机呢。""没电多不方便，耽误大事。""也许我爸需要一部手机。""实在用不了还能卖呢。"……终于有一天，他经过柜台，心里的小人一个说"买一部手机吧"，另一个说"好啊好啊"。于是，他就乐颠颠地买了部新手机嘚瑟了几天。

我们能说，春雨老师的价值观就是买手机吗？当然不是，他的价值观是新奇。"新奇"是一种抽象的目标，新手机是这个价值观在现实世界的具体目标。具体目标会随着你的行动和环境改变。如果春雨生在非洲大陆原始部落，就会满脑子琢磨怎么搞一只火

烈鸟春天生出的最新鸟蛋。

以后如果还有人跟你说赚钱就是他的价值观，就丢这种人去荒岛，他的"价值观"马上就会改变——在那里，钱不值一文。

2. 价值观来自对内心感受的评价，没有对错，只有真实与否

亚当想要晚餐，夏娃想要宠物，到底谁错啦？你想要自由，你妈妈想要你安定，到底谁错了？价值观来自自己的感受，没有对错之分。

那么"你应该听话""高富帅""女孩子要稳重一点""你都没有微信号啊，你太土啦"这些又是什么呢？这不是个人的价值观，而是社会流行的价值观。有的高尚点变成了"**道德**"，有的有地域"**风俗**"；有的很重要，被强制执行，叫作"**法律**"，你和小伙伴之间定的叫"**规矩**"，还有些三天两头变，叫作"**流行**"。

你可以接受这些价值观，也可以不理它们。如果你觉得非得一致，不然就活不下去，是因为你有个隐藏价值观叫"他人认同"。当你开始学会自己认同自己，他人认同也就没有那么重要了。所以特立独行的人只有两种：内心强大到不需要认同，或者自卑到认为大家都不可能认同。当然，做前者好些。

3. 价值观提供给你内驱力、道德和规则提供约束力

试试看，大声喊两句话：

"我要……"第一遍选择一个你觉得应该做，但是内心不认同的东西，比如"我要做个好学生"。

"我要……"这次选择一个你内心真正想要的东西，比如"我要自由"。

（如果你觉得这练习有点二，与本书高雅的风格水准不符，你可以找个没人的地方喊，但是要确保音量。如果你实在不愿意，反复抄写三次也有效）

如果你选择的是真的价值观，你会发现第一次没什么感觉，第二次你"七情上面"，心中的情绪被调动起来。甚至连发声的地方都不同，第一次来自喉头，第二次来自心里。

那个能感动你自己的，就是价值观。价值观不是上脑的，而是上心的，甚至是上身的。

一旦了解了价值观与情绪的关系，你就能明白为什么符合价值观的东西会成为你的核心发动机——来自情绪的动力比来自理智的动力强大一万倍。回顾一下你的赖床经历就能明白，如果你"不想起来"，你的大脑就会飞转，给自己找到千百种理由继续赖着。但是如果你有一件"特别想去干"的事，你根本就睡不着，清早醒来，绝尘而去。

我翻译的《适合比成功更重要》中提到，价值观（value）来自拉丁文词根valeo，意思

是"**坚强起来**"。当你找到真正有价值的事情，任何胆小的人都会坚强起来。即使看似温驯的小动物，也会在保护幼崽的时候变得强大无比；胆小的人在遇到自己坚守的事情时会变得坚忍强大。为什么伟大的公司必须有伟大的价值观？因为伟大之路障碍重重，非坚硬的价值观不能破。所以该走哪条路才能成功？走你"**最坚硬的一面**"的路。

不过，一旦一个人习惯于集体主义的环境，他们就很难区分"**道德**"和"**价值观**"，因为在他们看来两者是完全一致的，单一价值观和极端集体主义都会狠狠修理任何与道德观不同的价值观，一直到大家都老实为止——这个时候，"对的"就是"**你应该**"的，你应该的，为什么你还不做？

比如许多中年人，当他们认定一件事情是"**对**"的，就会持续地要求你去做，并且对你的不作为感到发自内心的诧异和困惑——既然是"**对**"的，你怎么可能"**不愿意**"呢？

仔细听他们说话，你就会发现他们的逻辑，先努力在脑中找到一个道德原则，让自己先爬到高处，然后转身以此要求你——如果不听话，就受"这是不对的！"的道德折磨、良心审判吧！比如我父母想有个小孩子玩，就绝不会说我想玩小孩，你快给我生一个，而是从"不孝有三，无后为大"，或者"让爷爷在有生之年四代同堂"，或者"我们的朋友都说30岁以后生孩子对身体不好"开始。

我从来不希望我父母改变，没有被烦到的时候，甚至还觉得好玩。因为他们也是受害者。在小时候，别人就是这样要求他们的；而当他们长大，他们也是在内心这样战战兢兢、如履薄冰地审判自己。道德是个好东西——但他们是被道德绑架的人。

不过，你可以选择是不是和他们玩。你可以选择遵从道德规则，获得认同；你也可以选择不要认同，坚持自己的价值观。你还可以选择提高自己的能力，找出道德和价值观都认同的方式。

但是你要对他们的愤怒做好准备。这样从小被道德绑架的人，当他们看到有人可以轻松松绑，不做"应该"做的事情的时候，你猜他们能有多愤怒！！

4. 价值观就是"什么是重要的"和"这些东西之间有什么关系"的观念

什么比什么更重要？到底是"精彩的生活"还是"助人"重要？每个人都有自己的观念。这就是"**什么是重要的**"。

到底是"智慧"有了，就会有"自由"，还是只要足够"自由"，就会产生"智慧"？"安全感"和"精彩的生活"是冲突的吗？有人说年轻要努力赚钱，老了才自由，还有些人说年少要游历，别总想着赚钱，到底谁是对的？关于生活，每个人也都有自己的想法，这就是"**它们有什么关系**"。

这种关于"价值"的"观念"，感悟、形成、冲突又汇聚，最后慢慢稳定下来，形成你的稳定的价值观，也就是你对生活的**"定见"**。

什么是重要的?

《六人行》(*Friends*)中有关于价值观的一集。罗斯从小一直暗恋瑞秋，但是瑞秋不太看得上他。罗斯在一次公干途中，遇到一个很喜欢自己的女孩茱莉。而瑞秋也在送别罗斯的时候，才意识到自己是深爱罗斯的! 面临两个女生的青睐，罗斯该选谁?

损友，就是那群给你无事生非、小事化大，而你还终生舍不得绝交的朋友。罗斯的损友团忽悠他做一个**"决策平衡单"**，列出来两个人所有的优劣势，然后对比，不就有决策了吗?

罗斯真的这么干了，他列出两个姑娘各自的优缺点——茱莉温柔美丽学历高而且对自己好，瑞秋虚荣娇纵富家女没共同语言而且脚踝有点粗（写这是死罪啊）……最糟糕的事情是，这份清单还被瑞秋发现了!

不过好歹故事最后以喜剧收场，罗斯和瑞秋在一起了。瑞秋发现茱莉的缺点栏里面只有一条:

She is not Rachel.（她不是瑞秋。）

这就是价值观。虽然茱莉在各个方面完胜瑞秋，但满身缺点的瑞秋还是让罗斯觉得"更重要"，即使有那么多缺点也"值得"。剧集会结束，红颜会老去，而生活中的真实关系，会面临比电视剧中更复杂、更琐碎的麻烦，只有最坚硬的价值观才能抵御。

正如瑞秋之于罗斯，你的人生指向，不一定是"大家都说好"的东西，也不一定是"完美"的东西，却往往是你又爱又恨的东西。爱是因为对你重要，恨则是因为你需要为此放弃太多（还记得亚当夏娃的故事吗? 如果资源充足，根本不需要什么价值观），但是你依然觉得"值"! 比如初恋，比如责任，比如青春。

那么谁能判断值不值? 只有你的真实感受。除了你的感受，谁都不知道"值不值"。**所以，价值观只有真实与否，没有对错之分。**我们可以在家里用10万字论述为什么"冒险是人类精神皇冠上最伟大最闪烁的一颗宝石"，但我们还是不敢冒险。

罗素也说:"'价值'问题完全是在知识的范围之外。也就是说，**当我们断言这个或那个具有'价值'时，我们是在表达自己的感情，而不是在表达一个即使我们的感情各不相同也仍然是可靠的事实。**"

而那些告诉你"你的价值观有问题"的人，其实在说:"你的价值观和我不一样。"

价值观根本就没有标准答案。**好的生活，不是对不对，而是值不值。**愿你如莎翁所说："忠实于自己，追随于自己，昼夜不舍。"过值得的一生。

价值观系统

"我们领导想赚很多钱，因为他想多要一个孩子。在国企，这往往意味着失去工作和党员资格。他的策略是赚钱。钱赚到了，就可以辞职出国生个孩子，这让他觉得自己需要很多钱。但是等他太投入去赚钱的时候，却发现，钱虽赚到了，但是年龄太大，来不及生孩子了。"

这是我的一个朋友问我的问题。

俗话说：压了葫芦浮了瓢，哪壶不开提哪壶。生活是个系统工程：如果过于钻牛角尖，往往就会忽略现实的其他因素；但如果过于散焦，又会牵绊太多，什么都得不到。这时候就要探讨价值之间有什么关系。**最高效率实现的价值观系统，就是最好的价值观系统。**

我们来看看"生第二个孩子"这个目标背后的价值观系统。

想宽些，要生一个孩子，除了钱，还需要什么？

思考之下不难理解，还需要身体、心情、出国时机，甚至是父母亲的身体状况等。

想深一步，要生一个孩子是为了实现自己什么价值？

追求的也许是自己心目中的"社会认同""内心和谐"。这个价值观系统如下图：

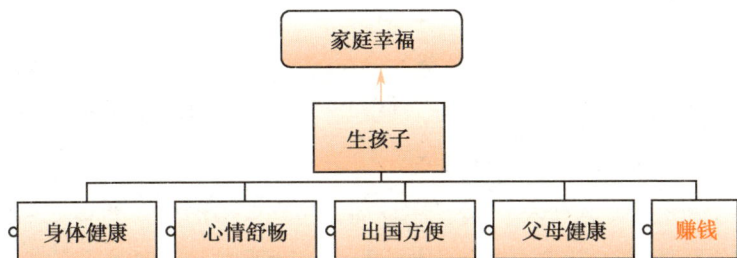

```
                    ┌──────────┐
                    │ 家庭幸福 │
                    └──────────┘
                          │
                    ┌──────────┐
                    │  生孩子  │
                    └──────────┘
    ┌────────┬────────┼────────┬────────┐
┌────────┐┌────────┐┌────────┐┌────────┐┌────────┐
│身体健康││心情舒畅││出国方便││父母健康││ 赚钱 │
└────────┘└────────┘└────────┘└────────┘└────────┘
```

所以正如你所见，很多人只能看到这价值观系统的冰山一角，就认为这是全部。因为"赚钱"而影响了身心健康甚至父母健康，恐怕永难达到目标。更危险的是，这个人没有对生孩子背后价值观的"社会认同"或"内心和谐"有觉察——当这个人放弃了那么多，但是在要第二个孩子后，却意识到这并不能给自己"社会认同""内心和谐"，或者自己想要的其实不是这样的幸福，这该有多可怕？

《了不起的盖茨比》故事中，盖茨比以为只要自己有钱有地位，就能重新获取黛西的爱情，但当他付出一切达到目标时，却发现这只是自己的一厢情愿——这是盖茨比的一套无效的价值观系统。西谚"小心你的梦想实现"就是这个意思——实现了却发现这并非梦想，比无法实现梦想更加可怕。

只看GDP的社会绝不是个幸福社会，只看业绩的企业也绝不是伟大企业，而只看单一价值的生活，也处处暗藏危机。人要活得明白、活得清爽，掂量得出好歹，就需要反复打磨自己的价值观系统。

价值观系统有两个重要的关系："谁更重要？"（重要性）和"有什么关系？"（相关性）。

1. 重要性：谁更重要？

鱼和熊掌，你想要哪一个？

前狼后虎，你往哪边冲？

想吃又怕胖，到底吃不吃？

我们身边充满了这样的选择，这些选择背后，就是价值观的排序。你生活得越来越久，独立思考越来越多，就慢慢形成自己的价值观排序——这并不难，只是需要阅历。就好像你吃了五六家馆子，慢慢意识到自己已把湘菜排到粤菜前面。而如果你刚刚经历了一场天雷勾地火的孽缘，你可能会认为："爱与宁静"比"激情"重要。

阅历阅历，第一需要经历，第二需要审阅。前者只能自己使劲，生涯规划师则可以加速后者，帮你照镜子，帮你更快地了解自己，不需要栽太多跟头。

重要性让你按照你认为的这些价值的重要程度排列：有什么是不可或缺的？有什么是没那么重要的？哪些即使不太满足也能生活？哪些是一旦抽离就会让生命大楼坍塌的？保护好最重要的，找机会做次重要的。

1632年，68岁的意大利天文学家伽利略因出版《关于托勒密和哥白尼两大世界体系的对话》，宣传日心说，被罗马宗教裁判传讯。第二年5月底，伽利略被软禁。此前两位同行的惨状历历在目：哥白尼被迫害多年，临终前才出版自己的著作；布鲁诺则因为坚持学说，被烧死在鲜花广场上。伽利略承受着巨大的精神压力。6月22日，罗马宗教当局审判，他面临的只有两条路：当众被烧死或者放弃自己的学说。

让众人吃惊的是，脸色苍白的伽利略在大庭广众之下，穿着代表悔罪的白色长袍，手执蜡烛，当众表示"公开放弃诅咒和痛恨地心说的错误和异端"，保住了自己的命。在接下来的九年里，作为宗教法庭的囚犯，他被软禁在佛罗伦萨城郊的一所农舍里，直至去世。他被软禁期间，凭借微光所写的关于力学与落体定律的《对话录》，最终由他的学生安德雷亚偷偷带出意大利。

据说，安德雷亚与伽利略有一段有趣的狱中对话。见到被软禁的老师，安德雷亚说："我们说，您的双手有污点。您说，有污点比双手空空要好些。"

伽利略说："这话听起来很现实，很像我说的话。"

安德雷亚："您还说过：'考虑到种种障碍，两点之间最短的线可能是一条曲线。'您赢得了闲暇时间来写只有您能写得出来的科学著作。倘若您在火刑柱烈焰的灵光中了此一生，那人家就是胜利者了。"

伽利略："他们是胜利者。没有什么科学著作是只有某一个人才写得出来的。"

安德雷亚十分费解："那么，当年您为什么要悔罪呢？"

伽利略："因为我害怕皮肉之苦。"

伽利略是位伟大的科学家，他的发现推进了整个人类的认知，在我看来，伽利略在定见方面的修炼也令人尊敬：他承认和接纳自己作为"老人"而非"科学斗士之神"的一面，保护一个花甲老人觉得更重要的价值——"安全"；保护核心价值观后，他依然用自己的方式来追求后面一点的"智慧与进步"，甚至也没有去争辩那个"谁的胜利"的问题。

从价值观来看，真实比伟大更重要。太极拳经云：守正出奇。一旦重要性确认了，我们就能找到生活的重心，一旦守住了重心，其他部分的价值缺失，即使摇摇晃晃，也能回来。

就算会有一天/没人与我合唱/至少在我的心中/还有个尚未崩坏的地方

——五月天

价值观的练习

下面是18种常见的生涯价值观，请仔细阅读每一条解释，并假设：获得和失去这个价值观的感受是什么？仔细掂量这个感受。在里面挑出你觉得自己此生最重要的八个，填写在后面的横线上。

舒适的生活：一种充足丰富的生活

平等：机会均等，人们像兄妹一样友好

振奋的生活：一种新鲜、有趣、有活力的生活

家庭安全：家人的身体、精神安全

自由：独立与自由地做选择

健康：身体和心理健康

内心和谐：没有内在冲突，宁静祥和

成熟的爱：精神和身体的亲密无间

国家安全：国土与家园不被攻击

快乐：一种享受和闲暇的生活

救赎与超脱：灵魂被救赎、解脱

自尊：自我尊重

成就感：持续地有所成就

社会认同：社会的认可与尊敬

真实的友谊：紧密的伙伴关系

智慧：对生命的成熟洞见

世界和平：没有战争和争斗的世界

美丽的世界：自然和艺术的美丽

（资料来源：*The Nature of Values* by Rokeach）

① 八项最重要的价值观：

_____

_____

② 如果发生一场变故，让你不得不失去其中两项，保留六项，你会选哪两项？

_____

_____

③ 如果发生一场变故，让你不得不再失去其中两项，保留四项，你会选哪两项？

_____

_____

④ 如果发生一场变故，让你不得不再失去其中一项，保留三项最核心的，你会选哪一项？

_____

_____

在微信公众号"新精英做自己"里输入"价值观"，推送给你一个"职业价值观"的在线测试。

8 为什么你总不知道自己要什么？

如果你是个总是不知道自己想要什么的人，其实你的价值观列表里面有两项"隐藏价值观"：求完美或追求认同。

1. 完美主义

你有一个虚幻的价值观叫"完美"。你希望"既可以要到这个，又可以保持那个""既学好，又不难""既可以获得，又不用付出"。

一个选择了"完美"的人，就是选择了"不损失"的人，背后真正的价值其实是"安全感"。因为值得去的地方永无捷径，困难重重，所以这种人也就是间接选择了"不可能"或者"累死你"的人。

我有一位朋友长年陷入这样的心智模式：

面对问题—安全—求完美—纠结不选择—拖延—事情变糟糕（要么就是必须选一个，要么就是两个都选不上了）—自卑—更不安全

这种模式每隔一段时间蹦出来一次，好像一个拦都拦不住的流氓，把她精心布置的生活场景重新打碎、扯烂。

一旦你有了"完美"的心智模式，就会看哪个目标都觉得不是自己想要的。你会一直等待一个"好的机会"，却在最后发现，因为常年纠结而无力，最后哪怕最差的都选不到了。不做选择往往是最坏的选择。

这些人也最容易成为各种成功学、伪大师或骗局下手的对象，因为他们自己在心里已经给自己摆了一道——他们还真的相信值得去的地方总有捷径，免费午餐会到处发。

安全感是重要的价值观，但是完美并不指向"安全"——**因为所有的完美都是减出来的，而不是加出来的**。不用取舍的完美不是一种目标，而是一种幻觉——即使生命真的有完美存在，那也是在做出巨大的付出和牺牲之后留下的东西。

很多强者也容易陷入这种心智模式，这必然是他们在更大格局上落败的前奏。即使你

的能力超群，是120分，别人的能力只是70分，但因为你要完美的同时达成两个目标，你的实力其实只有60分，最后你会被两个70分的选手同时在两个战场打败。

所有的完美都是减出来的，不是加出来的。

2. 他人认同

这种人永远也无法找到自己的价值观排序。你明明决定了说些什么，但是一看到大家略带疑问的眼神，你又决定把自己的想法藏起来；你心中无数次预演这个情景——你推开键盘，冲着老板大吼一声：要加班，毋宁死！但当你听到背后有脚步声、屏幕上有身影闪过，就马上转过身去堆起笑脸说："老大您来啦，我这儿正忙着哪。"当看到自己的价值观与别人不一样的时候，我们开始焦虑，偷偷地调整自己的价值排序。这种人其实有一个最深藏的核心价值——你把"认同"排在第一位。

你可以在一段时间获得所有人的认同，也能在所有时间获得一些人的认同，但是你永远无法在所有时间获得所有人的认同。因为每个人认同的东西，都不太一样。

"让所有人都喜欢我"这个想法，和"让我集所有的美德智慧与美貌于一身"一样荒谬。所以==一旦把"获得大家认同"的价值观放到首位，就等于你把"永远随着别人的要求来委屈自己"作为生命的必然脚本，而你如果决定出演这么一场戏，你死得一点都不冤。==

3. 相关性：它们之间有什么关系？

相关性是指价值观之间的关系。

看看你在重要性练习里留下来的三样，你会发现它们之间有内在的关系——有些人只有"自由"了，才有机会过"振奋的生活"，才会"内心和谐"；同样，在职业中，"智慧"会促成你的"成就感"；"工作生活平衡"可能是你"利他助人"的前提；"挑战"是"成就感"不可或缺的因素。这样的生活感悟，每个人都有一套自己的哲学，这就是价值观的相关性。

随便在身边找一个人，问"你想要什么？"如：

Q：你想要什么？

A：我想要1000万。

Q：如果你已经有了1000万，你的生活会有什么改变？

A：我会买一座大房子给我老婆。

Q：如果你老婆住进了大房子，你的生活会有什么改变？

A：这样我就觉得对她有交代了，我可以安安静静地不上班，天天在家里看书。

Q：如果你能天天在家里看书，你的生活会有什么改变？

A：那样我会慢慢成为一个智慧的人。

Q：如果那样呢？

A：那样已经很好了，我不想有什么改变，我就希望成为一个智慧的人。

当你这样追问到最后，总会发现对话指向某个让人觉得"这样就可以了"的"值得"的状态。这就是罗素所说的"知识之外的感觉"，是"与情绪相连的信念"，也被称为终极价值——所有对内心的探寻，都会走到一个终点：只要这样，本身就是价值。

为了达到这个状态，你需要达成很多外在目标——1000万、大房子、给老婆一个交代、不上班看书，这些都属于具体的目标，也被称为工具价值或替代价值。我们无法直接实现终极价值的时候，替代价值就是我们努力的路标。

把这些东西都连在一起，你应该可以清晰地看到这条价值链：

1000万—大房子—对老婆有交代—不上班看书—智慧

如果你稍加注意，就能看到生活中很多约定俗成的价值链条经常被当成生活的真理本身：

不孝有三，无后为大。你只有早点生孩子才算孝顺！（生孩子—孝顺—认同）

没有事业的男人叫什么男人？（事业—男人？）

劳斯莱斯，成功人士的选择。（名车—成功—有能力）

你上这么个二流学校，都不好意思跟人说！（学校—社会地位）

在北京收入至少要一万二，才有可能活得像个人样！（钱—舒适生活）

钻石恒久远，一颗永流传。（钻石—爱情）

办了健身卡，你就能有健康的体魄。（服务—健康）

爱她，就请她吃哈根达斯。（冰激凌—爱情）

我们在小的时候，接受过很多这样的"工具—目标"价值链条，比如父母对你说："成绩真好！真是我的好孩子！"你强化的就是"成绩认同"。这样的孩子会努力在各方面做到最优秀而期待认同，想象一下他们在不以成绩定对错的职场、感情中感到的无助——他们努力提高成绩，却发现并无认同；他们甚至不知道该提高哪些方面来获取认同——他们越努力就越远离。

今天，社会也在反复地给我们输入各种价值观链接，比如深深链接在我们内心深处的农业社会的乡土价值观"房子—安全感"，再比如在商业文化冲击下形成的"有钱—幸福"的价值链。这些链接如街道纵横交错，变成我们心中的世界地图。

这些价值观系统在我们生命中，有意、无意、善意、恶意地被传达、固化，并无数次被强化，就像分子的结构组合，在我们生命中慢慢地固定，形成我们对世界的看法（世界观）以及如何应对的心智模式（人生观）。如果缺乏有意识的觉察，我们不仅不会主宰自己的人生，反过来还会被这些地图主宰，带到沟里去。可悲的是，我们还一直以为那是自己想要的。

我们当然需要工具价值，它为我们指出一条实现价值之路。但是现代人的人生就像疯狂扩张的城市，而我们却往往拿着10年前的地图（以前形成的工具价值系统）。如果我们把过去的路标认为是唯一的通途，通还好，一旦不通，人生就会越走越窄。

今天的世界变化实在太快，我们从前积累的价值地图需要经常更新。屡次走不通的人会安静片刻，停下来思考一下，是不是路标定错了？此时我们的心智模式开始调整，我们的人生也会完全不同，这正是我在《拆墙》里所描述的情况。**我们需要明白路标并非终点，目标并非目的，月亮并非手指。我们可以走不同的路，达到最终的目的。**

比如说前面那个有着"赚1000万—智慧"的人，他会认为如果赚不到1000万，他永无可能成为智慧的人。这想法本身就缺乏智慧，1000万能否赚到，不仅取决于能力，还需要天时地利人和，他无法独控。他的人生梦想建立在一片流沙之上，他心里的焦躁可想而知。

他也许没有想到，成为智慧的人，除了在家里看书，还有很多很多方式。一个追求智慧的人，在生活的任何空隙都能找到智慧；他也能意识到，除了买座大房子之外，还有很多方式让太太满意。最后他也许会发现，智慧之路其实并不遥远，生活和工作中有各种通往智慧的路：可以在下班路上坚持听自己喜欢的有声书；可以空出陪客户喝酒的一天时间去附近大学蹭课；可以和太太做一次深谈，发现她最需要的其实是多陪陪她……他可以在这样的宁静和充实之下，慢慢地成为一个智慧的人。而且有这种心态的人，赚到1000万的概率也会大很多吧。

真的高手，总在城市的任何角落，找到回家的路。

9 假如你迷失了梦想的路

满月时，老和尚带小和尚们出庭院，指着月亮说，看月亮！

大家顺着老和尚的手指看过去。满月当空，月光洒向山里，把夜里深蓝色的山涂上一片暖色，庙顶的青瓦，此刻看起来像是冰凉的玉。

第二天，老和尚又指，看。

大家顺着老和尚的手指看过去，一片乌云遮住了月亮，月亮没有了。

但是，是不是月亮就不在了？是不是在所有的山、任何的手指那里，月亮就不在了？

智慧的人知道最近的能看到月亮的山头，而顿悟的人甚至无须手指就能知道，月亮还在。

但在真正的生活中，为什么人们总是只看到手指呢？

"老师，我很绝望……我一直希望自己能成为一个有能力、有学识的人，但高考没有发挥好……"这是一条发给我微博的私信，单看名字，发信人雌雄难辨。

月亮一直有，换个手指求

"我高考就差了三分，结果从北大掉到这个鬼学校。这是我生活悲剧的开始……这两个学校的水平差太远了，你要知道，北大图书馆有800余万册藏书，我们的学校只有五万本不到。所以我只能无所事事地打游戏。"

我问他："你看了几本？"

过一会儿他回："两本。"

寻梦路上熙熙攘攘，你却因为暂时没有资源（手指），就放弃了梦想（月亮），掉头直奔现实而去。这就和一个人本来要飞去哈尔滨，没有机票，于是就去了有票的海南一样荒谬。其实人们应该意识到，机票只是指向哈尔滨的手指，如果你真的要去哈尔滨，你可以坐火车去，你可以坐汽车去，你可以自己开车去，甚至骑单车去。当找到手指背后的月亮，然后从月亮往回看，你会发现条条大路通罗马。

生活的高手最常用的招数，就是"**价值探戈**"。探戈你没跳过也一定见过，先后退一步，站稳重心，然后找到节奏向前走一步。还记得前面谈到的价值链吗？比如"钱—幸福""房子—安全感""公务员—稳定""早结婚—父母安心"。当你想达成的目标暂时无力达成，不妨在价值链上后退一步，想清楚自己到底要什么，然后再找到可以实现的方式，向前一步。

名校的确是一个通往智慧的重要方式，但不是唯一的方式。如果你能看到"名校"背后指向的"被认同""智慧""成就感"等终极价值，你也可以选择在一所相对平凡的学校被认同，追寻智慧和成就，而没有必要把人生的全部得失绑定在一所大学上。

成功是一个重要的人生目标，但是如果你找到"世俗成功"背后指向的"成就感"和"幸福"，你将意识到，成功的经历带来成果，而失败的经历带来智慧，不管成功与否，都不要因此丢掉自己的幸福感。

买房是组建家庭的重要一步，但房子并不是家，我们感动于大街上抱孙子微笑的环卫工人，我们也眼睁睁地看着各种电视心理节目里为房子吵得不可开交的父母兄弟。我们知道，房子不是家，一段让你安心的关系才是家。

当你开着宝马穿过下雨的城市，走入酒店最豪华的包间，打开一瓶3000元的拉菲，并不见得你就真的令人尊敬——因为有人被你的车溅起的雨水打湿一身，因为你身边就站着一个饿得头晕的服务生，因为送你这瓶昂贵的酒的人省下了自己本应该给女儿买件衣服的钱——你的生活并无尊严可言。

所以，生活如城市的街道，街道不会欺骗你，只是你自己会迷路，忘记为什么出发。当洞见了目标与目的、路标与终点、手指与月亮的关系，别忘了在绝境时跳这曲探戈——我们每个人都能在或丰满或干瘪的现实里面，吮吸幸福，找到自己的人生价值。

10　生活高手的价值探戈

因为要认认真真地生个孩子，我太太辞职回家待产——这让她有点郁闷。她以前的工作是家庭教育，每天的工作都可以助人，这让她觉得有价值。刚回家的几天，她有点蔫，觉得自己越来越没有价值了。过去几周里，有个周末早上我要去上课，她突然高兴起来，大清早起来给我做了一顿丰盛的早饭。

像我这样经验丰富的已婚男，当媳妇莫名其妙地对你好时，就应该忐忑一下。我问她："有什么好事？"

她淡淡地说："我想通啦，你周六日去助人，我可以好好帮助你，这也是助人。"
我心中狂喜，努力现出禅宗大师的神秘微笑："嗯，你悟到啦。"

什么是生活的高手？真正的生活的高手掌握着这种技能——让自己在任何资源和方式中，都能吸吮到自己想要的价值。这是一种生活的修炼，有了这种技能，你就能随时活得幸福。

艺术是这种修炼之一，真正的艺术家都能感觉那个与现实平行的艺术世界，在黑暗的生活里，他们仅凭拿起画笔、奏出音乐、开始写作，就能找到自己最重要的东西。太极高手通过盘腿打坐就能入定。我书中记录的那些强大的人、在咖啡厅用旧打字机花费七年写哈利·波特的J.K.罗琳、耳朵里滚出字的金圣叹、之后会提到的卖羊肉串的阿里木、顶住巨大压力揭露丑闻的宋飞，都是这样的人。

越是生活的高手，他们越能找到各种通往价值的幸福之路，而这条幸福之路越不依赖外物，就越容易到达终点。没有可能，他们就用资源创造可能；没有资源，他们就把自己当作资源；即使一切都没有，他们依然可以选择面对苦难的态度。

我们不一定会为第一个冲过马拉松终点的人鼓掌，但是我们会为那个最后跑完全程的70岁老头儿鼓掌；我们不一定会被电视里大富之家的天伦之乐感动，但是我们会为清洁女工给孙子的一个拥抱而流泪；我们不一定从内心敬佩站在台前慷慨陈词的领导，但是我们会对背后默默维权的普通人心生敬佩。

他们展现出人类作为一种高级动物对于意义追求的坚定与智慧。而所谓强大的内心，就拥有这样一种技能，这种精神正如沙漠里盛开的花朵，它们无法选择自己播种的地方，于是深深地把根插入干涸的土地，吸取每一分养料。热爱生命的人，也应该有这种勇气、智慧和技术。

晚年的奥黛丽·赫本说：物质越丰裕，我要的越少；许多人想登上月球，我却想多看看树。

我很喜欢这首诗歌：

I Went to the Woods

——（美）亨利·戴维·梭罗

I went to the woods

because I wanted to live deliberately.

I wanted to live deep

and suck out all the marrow of life!

To put to rout all that was not life...

and not，when I came to die，

discover that I had not lived.

我步入丛林，

因为我希望认真地活。

我希望活得深刻，

吸吮生命中所有的精髓！

把非生命的一切全都击溃，

以免，当生命终结，

我却发现自己从未活过。

11 定见的修炼

周六早上，和好友永跃一起到郊外的农场玩。农场的正中有一个荷花池，天刚下过雨，天空碧蓝，绿色的树都好像镶嵌在天空里一样。我们就坐在荷花池边发呆，看小鱼游，看水珠滚莲叶。永跃突然说，我好想要一个荷塘啊——但是不可能。

我知道他的意思，以我们的收入，在北京附近搞个农场实在太难了。但是我和他开玩笑——我觉得可能啊。以你的资产，你回家就能了。

永跃，奇人也。在18岁那年玩《梦幻西游》网游，突发奇想想写一个关于龙太子的小说。人对于梦想，往往有三种态度——放弃、存着、追赶，然后成为三种人——庸人、抱怨者和梦想家。永跃是个梦想家——从东北的农村老家追赶到沈阳，然后从沈阳到北京。现在，龙太子的手稿已经第三版了。好，重点来了，他在农村的老家还分有一片土地，如果要荷塘，估计花他的半个月工资在村里就能挖一个。

永跃乐了，说那不行，在那儿得坐两小时车才能看到电影，永远看不到北京的话剧、文化展什么的，说自己不愿意。电影、话剧、文化氛围对于他实现电影梦，很重要。

我问，所以你现在其实拥有更加重要的东西，对吗？

永跃说，是的，我就是穷还要买iPhone但是又不愿意卖肾的人。

但我们总是会忘记最重要的东西，转而去羡慕那些看上去蛮好但其实不是核心的东西，然后我们就会活得特惨，捶胸顿足后悔说，原来失去才知道珍惜，对吗？我继续说。

那该怎么办呢？永跃说，人要知足太难了。

我接着说，所以我们得在没被勾引之前，提前想明白自己想要什么，然后排个序——比如说，对于你，电影比荷塘重要，吃饭比电影重要。所以你先工作赚钱吃饭，剩下的时间做电影，这就蛮好。今天你遇到个荷塘，我们就拿出来比一比，要电影还是要荷塘，最终，还是要了电影。

明白了，当我明白我要不成荷塘其实是因为我要了电影，心里就舒服多了。这就是知足吧。永跃若有所悟。

知足常乐。这就是 **舍得之乐**。

舍得：吃饭>电影>荷塘

嗯，永跃若有所思，但是假如我还是挺想要荷塘的，那怎么办？

那我们就选择一个调和的方式——平时上班，下班写剧本，周日过来看看荷花，像现在这样，不也挺好吗？这就是 **不完美的完美，平衡之乐**。

平衡：平时吃饭+电影；周六日荷塘

你别瞪我哈，永跃说，如果三样都想要呢？

那就从最重要的来——先写电影写到能吃饱饭，前面两个价值就同时拿到了。然后继续写，慢慢写成万元户。你就买个荷塘，坐在池边，你写电影，我吃饭。这就是 **付出与改变之乐**。

那样太久了，如果我希望是马上呢？

"如果你要求特高，那就得付出特多——生活就像减肥：如果希望一年减五斤，少吃；如果一月减五斤，运动；如果希望一周五斤，挨饿；如果一天五斤，估计只能手术了。比如说，你年轻力壮，谁还没有个小肝小肾的？再比如这个度假村的主人，不知是男是女，敲敲人家房门，估计有可能看对眼。然后你明天早上就做无辜状，说讨厌啦，人家就要这个荷塘。得手后就邀请我，坐在池边，你写电影，我吃饭。越高的要求就要有越多的付出。"

付出：疯狂付出，换回来所有——吃饭+电影+荷塘

"如果我还不愿出卖色相呢？尤其是在我还没有什么色相的情况下。"永跃说。

"那你就只有 **等待奇迹** 出现了。价值观冲突只有三条途径：**舍得、平衡和付出**。如果你既不愿意放弃，又要完美，还不愿意付出，那就只好等待奇迹出现——对此奇迹也表示很无奈。"

我有朋友准备开咖啡厅,有朋友准备离婚,他们听完这个故事,都说"我懂了"。

什么是好的选择? **付出自己最能付出的,换回来自己最重要的,就是好的选择。**

然而,我们什么时候才开始了解什么对自己最重要? 第一是当失去时,第二是当遇见诱惑时。请记得使用自己内心的价值尺子。不重要的东西舍弃,都重要的东西平衡,更重要的东西付出去争取——千万别等奇迹,奇迹都在前三个地方忙着。

生活中只有一种英雄主义,那就是在认清生活真相之后依然热爱生活。

——罗曼·罗兰

12 梦想与他人的期待冲突怎么办?

讲一个真实的案例:

小娟年近三十,在上海一家外企从事市场工作,白领丽人一枚。她家人希望她尽快结婚生子,每天一个电话如浪奔浪流滔滔江水永不休。各种相亲活动充满她的生活;她的上司希望她再冲刺一把,好让自己可以把一部分工作移交给她;而她内心渴望一次旅行。她的心理学老师告诉她要追随自己的内心,某段开车进藏在垭口看星空的文字打动过她,她渴望一次开车进藏。她还有一些闺密,分属上述三个阵营——女人三十,升职、生活还是生娃,永远是个大问题。

小娟开始思考这个问题,她首先需要明确的是哪些真的是"给小娟的建议",哪些其实是"给小娟其实是为自己"的建议。她慢慢理解到:

父母亲希望她生孩子,里面包含了给她的建议——希望她能够体会家庭的幸福,也有给自己的部分——希望有一个孩子带,自己会有成就感;

上司给她的建议既有"希望你可以成长,你很优秀",也有给自己的部分"希望你可以成长起来,我可以更好地向上发展";

心理学老师给她的建议既有"希望你可以追随内心的声音",也有给自己的小私心——当你这样优秀的学员成长,心理学就会更有影响力;

闺密们的支持或者反对既有给她的"希望你可以像我一样幸福"的建议,也许还有"这样可以证明我选择的生活是对的"的想法。

我把那些指向你的目标价值的建议，称为"给我的建议"，把那些其实是指向别人的目标价值的建议称为"他对你的期待"。你甚至可以将其简化为"他建议我"和"他期待我"。

当我们涉世未深时，大部分人会坚信别人的建议就一定是毫无私心的"给我的建议"，所以当发现背后还有"他期待我"的时候，我们会愤怒失望，觉得被欺骗和背叛了。慢慢的，我们习惯了，却又偏向另外一边——我们认为别人的建议一定另有其意，不会那么简单。

其实大部分情况下，别人的建议都带有"他建议我"和"他期待我"的因素，一旦想到我们自己都经常驾驭着欲望干点傻事，你就可以对别人的动机释然了。关键是接下来你对待这些建议的态度。在我看来，态度无非有二：

1. 照单全收：

照单全收者把"他建议我"部分放大，并且照单全收所有的"他期待我"。

"父母也是为了我好，他们辛苦一辈子了，所以我应该为他们生个孩子，不让他们伤心。"

"上司也是为我好，所以我应该懂得感恩，别让他失望。"

"老师是希望我过得好，所以我应该去实践他的想法。"

"闺密只是希望我可以像她们一样幸福，如果不是这样，我们就不是好朋友了。"

如果你懂得分身术，这样的处理就没有问题——可惜你没有，不过我想即使有，考虑到你爸妈老师闺密，你还是处理不来他们的加倍要求。事实上，我们不可能同时满足所有人的要求，最后的方案只能是谁闹得更厉害、谁的声音更大，我们就听谁的。在不同人的期望和建议中，我们疲于奔命。这深深伤害了你最好的朋友——"你自己"。当别人打着"为你好"的旗号伤害"你自己"这个朋友的时候，你不仅不让他躲开，还按住他说："别还手，这都是自己人。"

你不要忘记，**不管你要对爸爸妈妈、亲亲爱爱，还是小强小明好，第一步都是照顾好自己，因为这一切都是通过"你自己"来实现的**——一个伤心的母亲不可能教育出快乐的孩子，一个无奈哀叹的女子不可能带来家庭幸福，一个不幸福的上司也不可能带给下属幸福——一个对自己都不好的人，难道还期待他们对你比对自己好吗？

照单全收者期待自己成为太阳，普照世人，最后他们自己拔凉拔凉的。

2. 完全拒绝：

完全拒绝者则把"他期待我"的部分放大，并且完全拒绝整个建议。

"父母是为了利用我生孩子玩！老板还不是为了让我帮她赚钱！老师是为了让我支持她的那一套！而闺密则是希望自己有一个跟随者！想利用我？没门！"

你的确很独立，但是你也伤害了他们真心为你好的那些部分，同时也让自己失去了很多可能——仅仅是因为不想被利用，你失去了那些让自己幸福的机会，可你有没有发现自己被自尊利用了？叛逆和成熟最大的区别，在于前者并无主见，让往东偏往西，让往南则往北；成熟者则内心有定见，如果你说往西，他会继续往东，而如果你说往东，他仍继续往东。

完全拒绝者使自己成为被迫害的中心，他们愤怒地退回所有的期待，孤独地一个人远离人群。

父母的期待
接纳与共存

共赢

家庭的期待
接纳与共存　共赢　自我的期待
坚守　共赢　社会的期待
接纳与共存

共赢

接纳与共存
职业的期待

13　谢谢你，但我有更重要的事情要做

不是活在自我耗竭中，就是活在自我封闭中，我们还有更好的选择吗？在"他建议我"与"他期待我"之间，其实还留有空间——虽然不大，但生活的智慧能让我们游刃有余——不是每个期待都需要被满足：我们可以接纳他人的期待，但并不一定要满足它们。

父母亲期待你结婚生子，上司期待你助他一马，心理老师期待你践行理论，闺密期待你与她们一样，这些都是大家的期待，**但是你总有选择**——你可以选择收到他们的期待，满足他们；也可以选择收到期待，不满足他们。不过，你永远无法决定让他们不期待，因为那是别人的事。

比如你也许会说，我无法面对父母亲失望的眼神，所以我还是踏踏实实地尽快找个人结婚生子吧。这也是一种选择，在接起父母亲期待的同时，你必须同时放下对自己的一些期待：期待自己可以找到喜欢的人，期待自己有更

多的事业，期待自己有不同的生活……**但是你总有选择。**

又或者你可以选择接受他们的期待却不满足他们："我理解父母亲有这样的期待，但是我对自己有更重要的期待。"做不一样的事情，你必须承担父母亲的失望与压力……**但是你总有选择。**

唯一不太可能的，是质问"为什么父母亲要这样想"或者"为什么我会这样"。事实上，父母亲和你一样，都坚持自己的看法，而且由于时间更长，他们比你更加坚定。而你已经是这样了，关键是下一步——你会怎样。

生命不长，你会遇到很多很多的期待，但是能够满足的只有不多的几个，你会把谁的、哪些期待排在前面？我喜欢美国心理协会会长塞利格曼（Seligman）的说法，他认为人生只有两个时期，一个是扩张期，一个是收缩期。他这样描述一个人从第一时期进入第二时期的转变：

"你慢慢发现，你接触过的事物、你所爱的人，并非达成任何目标的手段，而是以这些事物本身为目的。你对那些新鲜、疯狂的事情不再感兴趣，你离别人的期望越来越远。"

定见的所有修炼，都是为了有一天面对他人的期待时，淡淡地微笑，说一句：

谢谢，这很好，但是我有更重要的事情要做。

14 成长为自己的样子

有人问我，你是如何找到自己的样子的？你为什么会那么坚定地相信？

正如我们在真我假我游戏中说的那样，找到的迟早会丢掉。自己的样子不是"找到"的，而是"生长"出来的。这种对于自己想要的生命的坚定想法，我称之为"定见"。

我们以《功夫熊猫》里的阿宝为例，熊猫是怎样相信自己就是武功高手的？理解了这个过程，也就知道一个人如何从不确信，到形成自己的定见了。

在片子开头的梦里，帅气的熊猫大侠走入小酒馆，胖爪直指欺负兔子的坏蛋："少废话，开打！"盖世五侠也是他的好友，并肩冲锋妖魔山，无人能抵挡他的荣耀。但是当阿宝

醒来，却沮丧地发现那只是一个梦。楼下的面条味传来，他是一只想鱼跃（熊跃）都起不来的胖熊猫，而且有一个当鸭的爸。

你是否也有过这样的经历？你曾梦到过你想要的生活，你曾见过自己的梦想在别人身上实现。这一切打动了你，也打开了你的幻想之门。你有那么一瞬间，那么清晰地确定过自己的渴望……但是当你从幻想中清醒过来时，你沮丧地发现，那只是一个梦，而你只是一个距离目标很远的人。别沮丧，那是定见的第一层修炼——体验。我们需要在生活中遇到自己的价值代表，然后**体验**它。

不知道阿宝是什么时候发现自己喜欢功夫的。时间一定很久很久了，他的窗前摆满了盖世五侠的雕像，他的床头有飞镖，他学过几个虚张声势的功夫架势，他每天都尝试熊跃起床，只是从未成功。我想，从发现"功夫"的那段时间起，阿宝就认同自己是一个喜欢功夫的人。他内心深深地知道，虽然是面条店长的儿子，但他喜欢功夫多于面条。这个时候，他就完成了定见的第二层修炼：**确认**。

现实中的我们并不会那么容易就**确认**自己的价值观，很多时候我们甚至无法接纳。我离开学校后用了几年时间，接纳自己其实也是一个"需要钱"的人。在职业规划课的价值练习后，我总会遇到有些惊恐的学员：我怎么会是把"经济报酬"或"名声地位"或"安全感"当成核心价值观的人？这是真的吗？我会告诉他们，价值观练习只是为了反映真实的价值状态，至少这个状态是真实的，作为一个阶段性的价值观，这并没有什么不好，关键是你能否接纳与认同。

就像做完整容手术的人不愿意面对镜子一样，我们往往不愿意认同自己真实的价值观。为什么？因为我们小心翼翼地保有太多的"应该"——男生应该坚强，女人应该示弱，年轻人应该顺从，老了应该安分，这些来自"社会"与"家庭"的价值观根深蒂固，势力强大，让我们不敢"接纳"原来自己不是这样。这个阶段的我们往往陷入深深的冲突，快乐与内疚交替出现，终于在经历了无数次的内在拉锯之后，我们开始"认同"其中一样。

回到《功夫熊猫》来，阿宝的父亲听说他做了一个梦，惊喜地问那是什么梦。父亲踮起脚，眼睛凑近，眼神中透出渴望（你有过这样的场景吗？）。阿宝说，嗯……是关于……面条的。有消息传来，要挑选神龙武士。

阿宝开始赶那些吃面条的人："你们还在干什么？快去看神龙武士！"——你在生活中见到过这种人吗？**一个人总在推动身边的人去做某事，其实那是他内心未竟的愿望，他只是暂时缺乏勇**

气自己主张——但是当爸爸问他要去哪里时，他会说："我要去……卖面条。"阿宝爱他的父亲，不想让父亲失望，几分钟后，他背上那愚蠢的面条车，出发去看神龙武士。

就像阿宝一样，当我们对生活有了自己的见解，却没有勇气公开表达，我们就遇到了定见的第三层修炼——**主张**。当你知道自己想要什么时，面对那些渴望的眼睛，你敢公开主张吗？你敢向父母主张自己的生活吗？你敢向领导主张自己的观点吗？你敢向同伴主张自己的与众不同之处吗？又或者，当与众不同成为一种潮流，你敢主张自己的平凡吗？主张是我们定见修炼的重要一关，决定我们是成为一个心怀不满、内在分裂的人，还是成为一个愿意尝试、身心如一的人。

所幸阿宝对自己的信念依然坚持，他发现自己无法带着面条摊爬上楼梯（面面俱到、完美太难了，不是吗？），便丢掉了面条摊，开始一个人前进，这是他的第一次主张。可惜他的觉悟有点晚，到达时大会已经开始，山门锁闭。阿宝用尽了所有的力量尝试多看几眼，他最后把自己绑到一张放满烟花的凳子上，准备点火的时候，父亲来了，吹熄了火苗，看着阿宝……"你不是刚做了一个关于面条的梦吗？"阿宝此刻完全明白自己想要什么了，他第一次对父亲大声主张："爸爸，我撒谎了，我做了一个功夫的梦。我！爱！功夫！！"……烟花爆开，他飞起来，开始**践行**他的功夫传奇。

在你第一次主张之后，命运之轮开始转动。在你第一次主张之后，压力与斗争也随之而来。害怕冲突的懦弱的人，无法前行。

接下来的故事，我想你们都非常熟悉了。阿宝开始践行自己的价值观，努力从面条熊猫成为功夫熊猫。这就是定见的最后阶段——**践行**。阿宝也想过放弃，他曾半夜逃下山未果，曾想过与父亲一起逃难，但是最后他依然坚持下来，成为自己希望成为的样子。践行这个阶段的最大困难是——我们总在等待一个救世主出现，其实到了最后，我们发现，从来就没有救世主——**我们必须亲身践行自己的生活选择**。正如特蕾莎修女所说："不要等待谁来带领你，先独自去做吧，从一个人到另一个人。"

功夫熊猫是生活中的我们的隐喻，定见不是一旦形成就永远不变的，我们在践行阶段会遇到各种打击，这些打击经常会让我们重回接纳的原点，我们会重新怀疑曾践行的一切，重新开始认知、接纳、主张与践行。但这并不是回头，而是重生，每一次重新开始践行自己的价值，都多带一分坚定与力量。一个坚定的信念与意志，正是如此形成的，也就是我们的定见。

体验、确认、主张与**践行**带来我们的**定见**。我们总羡慕

英雄横空出世、内心坚定，可我们真的不知道一个人曾经要多么在意，才会显得毫不在意。定见意味着一次次地发现、确认、主张、践行，生命不息，修炼不止。没有人会说做自己是一件简单的事，但是每个走过的人都说真的值。

成长，长成为自己的样子。

在《丑小鸭》的最后，安徒生写到：只要你曾经在一只天鹅蛋里待过，就算你是生在养鸭场里，也没有什么关系。我们每个人心中都有关于自己的天鹅蛋，即使生在现实的养鸭场，也一定能飞。

15 守住自己的金线

去年11月，我女儿出生，家里请来了月嫂田阿姨。刚来几天，大家就都很喜欢她，性格温和，有眼力见儿，对宝宝很细心。弯弯拉屎吐奶，半夜大哭，她都咯咯笑着，认为特别有趣。

但田阿姨只能待到年前，她也有自己的家要回。我太太一个人根本忙不过来，于是我们开始找下一个育儿嫂。找了多家公司，终于有一个答应可以来家里先"试用"三天，但是中介公司反复强调说，阿姨在北京没有家，一旦试用通过，需要马上直接住下，不能等。但这就意味着需要请走田阿姨。我们曾告诉她希望她留两个月，现在正好满一个月，她这几天回家休息。

这算是个好机会——田阿姨正好休息，新来阿姨的试用期，正好可以填补空缺。一旦错过这个机会，就只能等到田阿姨离开再说，但那个时候离过年只有几天，大过年的保姆更加难找。另外，我们不算富裕的家庭，一个育儿嫂的工资比月嫂便宜很多，一个月也能省下几千。但是如果让新的阿姨上岗，田阿姨就必须现在离开，可过年前很难找到下家。总之，这事虽然有点不太好意思开口，但是如果送她一点礼，说说好话，也马马虎虎说得过去。

晚上太太和我商量讨论出来几个观点：第一是我们还有20多天，也许还可以再试试看其他渠道，并不是只有她；第二是田阿姨一旦离开，年前就可能找不到下家，她过年回去的钱就会少很多，这对她很不利。第三是我们两个人有一个共同的价值观：助人。但是助人和这件事有什么联系？

我说："我们总希望去山里帮助农民工的孩子，帮助社会上的弱势群体。其实现在在我们面前就有一个劳动人民。两个月只是个口头协议，现在情况有变，貌似有了辞退她的正当理由。我们给田阿姨一些补偿，她也许还会感激。但是我们心里过不去那条线。那就是，事实是：我们在欺负她，欺负她没有签合同的意识，欺负她没有提前用各种方式让孩子离不开她。我们要出门助人，却在自己家里欺负人，这显然说不过去。如果真的让她走，我们应该把下一个月的工资给她，新的阿姨随时可以来，这才公平。"

我太太是何等聪慧又善良的人。她当即认同这个想法，打电话给中介公司，说我们无论如何不会放弃和田阿姨的承诺。那个阿姨能来最好，不能来，也希望能帮她找一个好下家。电话打完，我们都舒了一口气。这安心比少给一个月工资舒服多了。

这个故事有个有趣的结局，中介公司最后还是送了那个保姆过来，在田阿姨休息时实习。按照他们的说法，他们难得遇到这么为保姆考虑的家庭，和阿姨商量后，决定破例。当你坚持心里的线，世界也就在慢慢改变了。

我时常回想起这个故事，以及我们身边琐琐碎碎的说得过去但又不太舒服的小事。对我们普通人来说，价值观真正的修炼不在黑白分明、舍生取义的大事中，却藏在这些小事里。价值判断的金线离我们很远的时候，我们总是站在一边指指点点，觉得这边的人应该干什么，那边的人应该如何。但总有一天，这条线会穿过你两脚之间——你往左走一小步就对，往右走一小步就错——你的动作可以很小，小到谁也不会知道。你会怎么选？

请记得向对的方向迈一步，因为当你开始迈出这一步，这个世界的光明就变得大了一些，当越来越多的人迈出这一步，世界就会变得越来越好。而如果每个人都在这时候躲一步，世界就会变得越来越黑暗。

所谓定见，不是百米开外的指手画脚，而是指价值金线穿过两脚之间时你所迈的这一小步。

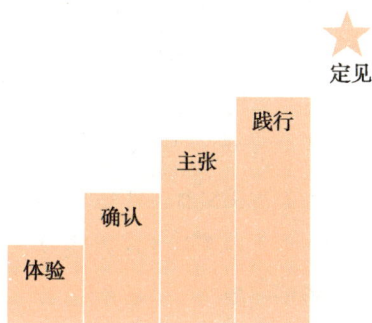

稳定的价值观系统的形成过程

关于价值观的总结

自我概念与真实自我之间有成长空洞，这空洞产生了需求；

虚假自我的游戏总是失去—填充—假我—失去，而真实自我的游戏是失去—接纳—追寻—获得；

价值观是关于人生什么是"重要的""值得的"的观念。它包括"什么最重要"和

"它们有什么关系"。

价值观的修炼在于：发现自己的需求，理解这些需求，选择自己的生活方向，并在实际生活中体验、检验和践行这种选择，形成对人生的定见，并且修炼出在任何情况下都能获取人生价值的能力。

16 外一篇：这世界有普世价值吗？

我们前面谈到了那么多价值观，以及人与人的不同，那么这个世界上有共同的价值追求吗？如果真的有，这些价值在任何地方都存在吗？抛开人种、文化的差异，在美国曼哈顿最高的楼层里的金领们，在非洲饱受饥寒的孩子们，同样相信吗？公道真的如我们说的那样——自在人心？

小说、宗教、美学认为这是人类的永恒主题，努力地一次次地表现和歌颂它们，哲学家、伦理学家都直觉般认为它们存在，写出百万字的巨著论述。而我最喜欢科学宅们的态度，他们尝试证明它，下面是他们做出的有趣尝试：

第一个用科学手段尝试探讨这个话题的是经济学者。在古典经济学里，我们假设人是经济人（Homo economicus），也就是在给定的条件中，我们是纯理性的自私的人。"人不为己，天诛地灭"——他们假设，人总是希望付出最少而获得最多回报的。

人性真的如此吗？他们设计出来一个叫"最后通牒"（ultimatum game experiments）的游戏。游戏内容如下：

在大街上随机找两个人，给他们100元，让他们两个人自己分。A负责分配方案，定下来各自得多少，而B则负责同意或者拒绝这个方案。如果B同意，就按照A的方式来分，而B一旦拒绝，A也分不到一分钱。

如果按照经济人的假设，不管A分多少，即使是自己得99元另一个人是1元，B都不该拒绝，因为毕竟自己能够白得一块钱啊！但如果人们遵循的不仅是自利原则，还追求公平，则会出现拒绝的现象——这就是这个游戏巧妙的地方——分配者和回应者都需要面对自利和追求公平的权衡，他们都需要在内心回答一个问题——你愿意损失多少私利来追求公平？

从1982年到现在，世界各地已经进行了上千次不同文化、不同版本的通牒游戏。这个游戏如此简单，你也可以在身边试试看。所有的实验数据都指向一个结果：人并不是纯理性的自私的人，无论是分配者还是回应者都考虑到了公平的原则。也就是说，"公道自在人心"的说法是真的。

2004年，Hessel Oosterbeek对37篇论文中的75个最后通牒游戏实验结果进行分析。平均来说，游戏中的提议者愿意提供40%的份额给游戏的另一方。而回应者B拒绝分配方案的比例为16%。大家一般认为，四六分是个挺公平的数。

2011年，密歇根大学的Joseph Henrich做了全球田野调查版的实验。他考察了五大洲12个国家中的15个小型社会，包括：采集型社会、刀耕火种社会、游牧社会和小型定居农业社会（我很好奇，这哥们儿是怎么跟当地人解释100元这个概念的）等。跨文化研究依然发现"公道自在人心"，但是在不同社会中，人的行为差异很大——秘鲁的Machiguenga部落最彪悍，提议者平均只愿意给对方26%份额，而被拒绝的比例只有4.8%；而印尼和巴拉圭的两个部落则最和谐，平均愿意给予对方58%和51%的份额。研究者相信，人们对公平的偏好和他们日常的生活经济模式相关。

无数证据说明，我们渴望获利，但是我们同时也渴望公平，人类并不是被自私占据的种族。

人是如此，其他动物会怎么样？人类学的研究者继续接过这个问题，开始琢磨给动物做通牒游戏。2007年，这群宅男怪叔叔把魔爪伸向了我们的灵长类近亲黑猩猩（因为只有猩猩们能明白啊）。

参与游戏的黑猩猩被分到两个隔离的笼子里，远处放着上下两套拉板，代表两套不同的分配方案。每个拉板上都有两个罐子，放着总数为10的葡萄干，只要拉近就能分吃。

猩猩A（proposer分配者）需要先拉动拉板到一半的距离，然后由猩猩B（responder回应者）继续拉，最后大家一顿猛吃，舔舔嘴唇等待下一次。但是如果猩猩B有点骨气，拒绝接受，就可以不拉近拉板，那么大家就都没得吃。

（资料来源：《经济学人》的文章《进化：宽容、公平和人类的处境》*Evolution: Patience, fairness and the human condition*）

你猜结果怎么样？

猩猩们一点骨气也没有，提议的猩猩每次都选择对自己最有利的，而回应的猩猩对于这种分配从不拒绝。它们倒是完美的"经济人"。所以说，一个唯利是图的人，和黑猩猩差不多。

研究到这里，我们能得出结论，追求公平是人类特有的现象。那么这种追求到底是先天基因，还是后天社会的影响？这个球又传回给经济学家，斯德哥尔摩经济学院的Bjorn

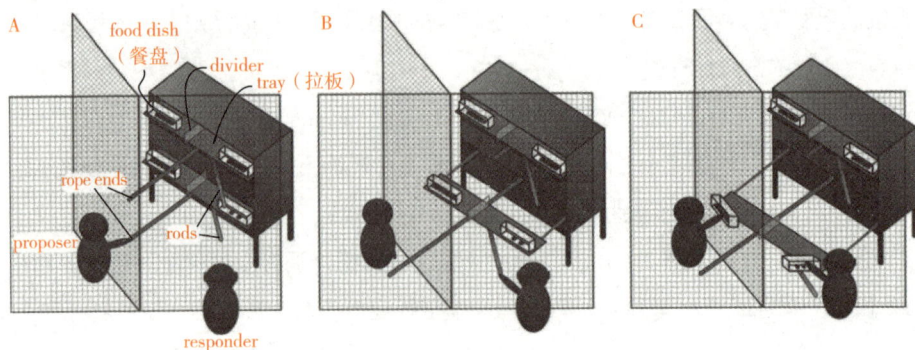

A food dish（餐盘） divider（拉板） tray（拉板）
rope ends
proposer rods
responder
B
C

Wallace继续带球突破——这次他运用了人类遗传学中最经典的方法，找同卵双胞胎和异卵双胞胎对照。同卵双胞胎的基因完全一样，而异卵双胞胎的相近性则和兄弟姐妹差不多，双胞胎都生活在类似的家庭和社会环境中——这样一来，他们基因的区别被凸显出来了。

［资料来源：《美国科学院院报》(PNAS), 10/2007, *Heritability of ultimatum game responder behavior*］

研究结果显示，同卵双胞胎不管是作为分配者还是回应者，都有显著的相关性，而异卵双胞胎则没有显示出相关性。换言之，对公平的诉求，深深根植于人类的基因之中。

列侬说："Imagine all the people, sharing all the world."这是对公平的乌托邦式的诠释。我想我们虽然还不知道，何时、为何、在何种状况下，这种基因出现在人类的基因深处，但是我们确知，正是这种对公平的追求让我们从猿到人，走向一个更加公平的世界。因为这是我们每一个细胞的渴望。

在微信公众号"新精英做自己"里输入"美德"，给你介绍心理学家们在六种文明、近千本古籍中统计出来的人类文明的六种共同美德——你有多少种？

Chapter

4

能力：
走上高手之路

1 知识、技能与才干——能力全息图

要谈能力，我们不妨先从一个记忆力游戏开始：

右面有一系列图形，每一个图形对应一个数字。给你15秒时间记忆（你可以以正常速度从1数到15）。然后翻到下一页首页，画出对应数字的图形。

| 1 | 2 | 3 | 4 |
| 5 | 6 | 7 | 8 |
| 9 |

也许你记忆力惊人，能把所有图形都记住，但这记忆能持续多久？我教你一个方法，能让这个记忆保持三年。（见下页右图）

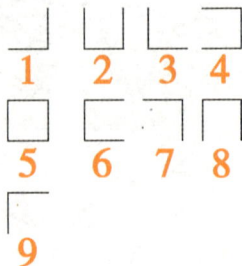

这样是不是好记多了？我从李仲秋老师的结构化思考课堂里学到这个游戏。这个游戏说的是：当你看到全貌，事情就变得容易多了。

能力也是一样。当我们看到了高手的能力的全貌，我们会大大加快自己能力的提升速度，成为顶尖的高手。

我们常说的高手，到底高在哪里？他们如何修炼能力？如果说每个人都有天赋，为什么有些人在方方面面都强？

拆分开来，任何能力都能分成：

知识：我们知道和理解的东西，广度和深度是评价标准。

技能：我们能操作和完成的技术，熟练程度是评价标准。

才干：我们无意识使用的技能、品质和特质。有强烈的个人特色，无评价标准。

我们把能力的三个核心要素称为"能力三核"。

任何一项工作的完成，都离不开能力三核，比如你现在看到的文字，就需要这样的能力三核：

知识：生涯理论基础、多年积累的案例、大量的阅读

技能：写作能力、分析与综合能力、概念化能力、数据收集、沟通能力（如和插图画手）

才干：好奇心、幽默感、求真

这些能力的差距也因人而异：任何人努力拿个认证，掌握些生涯理论基础知识，搭配合理的案例都不会太难，你去职涯网（www.zhiyeguihua.com）就能看到很多人写的诸

如此类的文章。但纵观这些文字，不同的人其风格千差万别：如果你写作能力强，你文章的阅读快感就强一点；如果你逻辑能力强，你的文章就精练一点；如果你数据收集能力强，你的文章就会有一堆好例子；如果你优势在于沟通能力，插图画手能彻底领悟你的意图，插图就会好看一点。这些技能每个人都在认真练习，也都能学得差不多。但是才干层面则完全不同，

1	2	3
4	5	6
7	8	9

王鹏的实用主义、赵昂的洞察力、老马的犀利、春雨的文艺、我的嬉皮笑脸，这些风格我们谁也置换不了，因为我们从小就开始练习啦。

有知识能干到40分，有技能就有60分，熟练能有80分，琢磨能有90分。而90~100分这段，就到了拼才干天赋的地步。

和专业棋手聊起来，他们的职业道路也大抵如此。一开始是比谁记得棋谱多，这是知识累积过程。慢慢地就要不断地通过下棋提升棋力。能和专业几段的选手下几个小时，算出接下来要走多少步，这是技能的进阶。但是高段位的棋手并不依靠棋力取胜，最后出奇制胜的一着儿，完全源自有浓厚个人特质的灵感——这就是才干。

能力三核——知识、技能和才干在任何职业中，都缺一不可。

2 如何炼成某一领域的高手？

知识、技能与才干组成了能力的三核，那么我们如何才能修炼成高手？

三核中，知识最容易习得。

往前追溯一百多年，知识分子的能力主要是拼记忆力，那个时候书不多且奇贵。清朝末年，曾国藩买了一套《二十三史》，花了他一百两纹银，这大概是一个七品官员两年半的俸禄。现在网上《二十四史》1300元人民币，大概是处级干部一周的工资。所以古人盛赞一个人一目十行且过目不忘，牛逼不说，这能省多少钱！

到了20世纪中期，书成为大部分人都消费得起的东西。知识的竞争力开始转向阅读量。这时候大伙主要拼阅读量和理解力。书上都是正确答案，你知道得越多，读的文献越多，就越能胜出——今天我们的学校教育，就是这个阶段的思路。

而在今天的信息时代，互联网上的知识简直不花钱（除了电费网费）。一旦载体便宜，知识总量就开始爆发。首先，知识本身变得丰富而廉价起来。如果曾国藩活在现代，他也许就会打"二十四史""免费下载"等关键词，然后偷偷搞到一套免费的盗版电子书。只要你的搜索技术好，基本上大部分知识是廉价甚至免费的。其次，搜索技术改变了知识存储的方式，人们只要记得关键词，知道在哪里找就好。最后，这个年代的人面对太多全新的问题，相关的知识也不断更新，以至于无法知道哪些是被验证过的、哪些是扯淡。这就需要我们有独立思考的能力。这个年代，知识的差距转向了能力的较量——搜索能力、好奇心、独立思考能力——谁能在同样的知识海洋中学得更快、更多、更精准，谁就容易获胜。

知识的差距变成了技能的差距，这也就让修炼转向了第二个层面——技能。当所有技能所需要的知识都存在的时候，谁先炼出来，谁就是胜利者。如果有一天《九阳真经》《九阴真经》《易筋经》都上网，谁会成为武林霸主？练习最快的那个呗。这个时候，知识的竞争就升级到技能层面了。

技能与知识的最大差别是，技能是以熟练不熟练为判断的。它没有知识那种知道或不知道，"Woo，原来是这么回事"的瞬间快感。任何人刚刚接触技能，都是笨拙而滑稽的。虽然26个字母清清楚楚地写在每一个键位上，但是谁也不会一开始就运指如飞。

拐个弯，谈谈中国式英语教学的问题，他们把英语当成一种知识来教——你清晰地知道[θ]是从喉咙发出的气流通过上颌冲出唇齿之间摩擦发出的清辅音，但是你不一定能发得标准。你可以对虚拟语气的12种可能了如指掌，但还是无法脱口而出：如果我是你，我死了算了（If I were you, I would rather die）。

语言是技能，而不是知识。知识能学到，而技能只能习得。知识学习是瞬间的，知道与不知道之间几乎可以瞬间转变。技能则需要漫长的笨拙期——如果你不接受自己笨拙的开始，你永远也不会学好任何技能。也正因为这面心智之墙，很多知识优胜者死死不愿走入技能的练习领域。这也是为什么"好学生"往往不如"坏学生"混得好的原因——"混社会"是门技能啊。

而当一门技能被反复地操练，就会进一步内化，成为才干。正如你现在打字不需要看键盘，正如你说话张

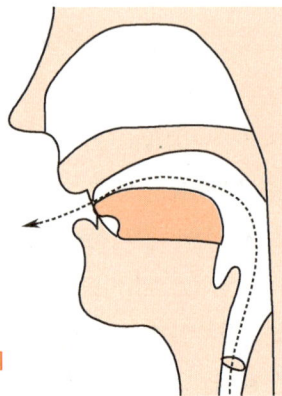

[θ]

嘴就来不用考虑发音，正如你骑单车不用想着保持平衡，这些技能都因为反复修炼，成为你不知不觉的才干。而才干一旦学会，就可以很迅速地迁移到其他技能领域中去。就好像今天的小孩子研究新电子产品一定比中年人快，他们与电脑的互动早就成为才干，又重新迁移到新的知识和技能领域中去。高手就是这样炼成的。

让**技能升级为才干**，我们就完成了最牛的一项能力修炼：才干是自动、自发的能力。无须过脑子就能直接使用这项技能，它似乎成为你的天生属性之一。一个魔术在上台前，需要经过近3000次的练习，所以当刘谦对着镜头变魔术的时候，他的大脑肯定不会过关于"如何拉动皮筋"这样的事，那些动作完全自动化，他的脑子则在想如何配合当时的机位、镜头、所有人的表情。时间一长，这些技能也变成"镜头感"被存为才干，他就可以发展新的技能了。

《一万小时天才理论》把这个能力的升级过程归功于大脑中的"髓鞘质"（我从未读准过），并且认为："所有的动作都是神经纤维间沟通的结果。……技能线路锻炼得越多，使用得越自如，大脑就能够创造出一种非常有说服力的幻觉：一旦掌握一项技能，就会感到收放自如，仿佛是我们与生俱来的。"

这就是"知识—技能—才干"的形成。明星有"明星感"，老师有"个人魅力"，商业决策者有"精准的直觉"，一流的运动员有特殊的"节奏"，好的员工有天生的"责任心"，这些不一定是"天赋"，而是经过大量技能练习后，才干与天赋交融的体现。人家是练出来的。

才干如此"自动自发，习焉不察"，以至于很多人从来不知道自己的才干——这真的是一种巨大的浪费。生涯规划师常用"成就故事"分析、英雄之旅等方式帮助人们发现自己的才干。

金庸小说《倚天屠龙记》中张无忌向张三丰学太极剑一段，就极大地体现了知识—技能—才干的升级过程。张无忌大敌当前，要与剑术高手比剑，却不会剑术。张三丰于是当场传他太极剑法，半个时辰后对敌。

张三丰当下站起身来，左手持剑，右手捏个剑法，双手成环，缓缓抬起，这起手式一展，跟着三环套月、大魁星、燕子抄水、左拦扫、右拦扫……一招招地演将下来，使到五十三式"指南针"，双手同时画圆，复成第五十四式"持剑归原"。张无忌不记招式，只是细看他剑招中"神在剑先、绵绵不绝"之意。

……只听张三丰问道："孩儿，你看清楚了没有？"张无忌道："看清楚了。"张

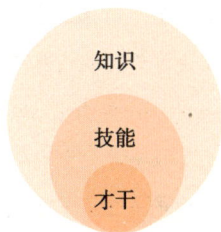

三丰道："都记得了没有？"张无忌道："已忘记了一小半。"张三丰道："好，那也难为了你。你自己去想想罢。"张无忌低头默想。过了一会儿，张三丰问道："现下怎样了？"张无忌道："已忘记了一大半。"

周颠失声叫道："糟糕！越来越忘记得多了。张真人，你这路剑法是很深奥，看一遍怎能记得？请你再使一遍给我们教主瞧瞧罢。"张三丰微笑道："好，我再使一遍。"提剑出招，演将起来。众人只看了数招，心下大奇，原来第二次所使，和第一次使的竟然没一招相同。周颠叫道："糟糕，糟糕！这可更加叫人糊涂啦。"张三丰画剑成圈，问道："孩儿，怎样啦？"张无忌道："还有三招没忘记。"张三丰点点头，放剑归座。张无忌在殿上缓缓踱了一个圈子，沉思半晌，又缓缓踱了半个圈子，抬起头来，满脸喜色，叫道："这我可全忘了，忘得干干净净的了。"张三丰道："不坏，不坏！忘得真快，你这就请八臂神剑指教罢！"

……要知张三丰传给他的乃是"剑意"，而非"剑招"，要他将所见到的剑招忘得半点不剩，才能得其神髓，临敌时以意驭剑，千变万化，无穷无尽。倘若尚有一两招剑法忘不干净，心有拘囿，剑法便不能纯。

金庸大侠给我们上了一门生涯课，剑招—剑术—剑意对应到职业生涯里面来，就是"知识—技能—才干"。这么短的时间里，"如何出剑"的知识和"出得熟练"的技能，显然不可能马上掌握，只有传递"剑意"才能成功。而才干的核心，就是自动自发、无知有能，所以"剑招"忘记得越干净越好。

为什么张无忌能够马上领会剑意？

显然与他之前已经踏踏实实地按照知识—技能—才干的规律，修习了九阳神功和乾坤大挪移有关。上乘武功的才干一致，技能相通，只是知识略有不同。正如当你站在17楼往下看，你就一定会比楼下的人明白，去某个公交站怎么走。当你在某一个领域做到顶尖，你就会很容易掌握另一个领域的知识和技能，在外人看来，就是一通百通了。

真正的高手，就是这样炼成的。

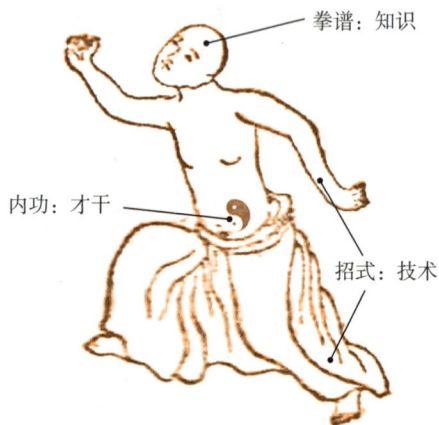

拳谱：知识

内功：才干

招式：技术

关于才干，还有一件事情要交代：

很多人一旦接触了能力三核，就会认为才干最重要，开始沉迷于各种评测与自我发觉，希望获胜。其实不然，才干虽然在职业优胜中非常重要，但是没有了技能和知识，也没戏。比方说我的才干：好奇、幽默感和求真，但这和你有什么关系？**只有结合了生涯和写作的技能，才干才能外化出职业能力——才干才有了被识别的价值。**

在我看来，对于大部分职位，知识和技能就已经足够，而对于刚一进公司就要发挥天赋、jump out of the box（跳出盒子）的小朋友，我要说，先进去你的盒子！知识、技能只需要认真和努力，所以对于大部分工作，认真努力就有80分。以大部分人的努力程度之浅，他们根本没做到80分。

如果你只是希望通过找到天赋少付出些努力来超车，你就根本没有资格谈天赋。

在微信公众号"新精英做自己"里面输入"张无忌"，推送给你关于张三丰和张无忌的这段原文，好玩至极。

3　好不容易炼出来的专业浪费了怎么办？

常常有人这样问："这有什么用？"如果我不做一个和自己专业相关的工作，四年的学习有什么用？

还有人会这样问："会不会浪费？"能力三核的修炼如此之难，隔行如隔山，如果我好不容易修炼出能力，却不干这个，会不会浪费？

知识—技能—才干构成了能力。这三个部分兼容性不同。

知识是最没有迁移能力的，即使你读到了医科博士，也照样不一定会做麻婆豆腐，隔行如隔山，说的是知识的差距。

但是到了技能层面，事情就变得不一样了。大部分职业技能都由70%的通用技能（如运营、执行、营销、沟通、管理）和30%的专业技能组成。你完全可以把以前学到的技能迁移到新的工作里使用，再加上新学习的技能，工作就能迅速上手。职业与职业之间并无太大的差距。

而到了才干层面，职业之间的界限完全被打破。不仅是职业的界限，工作中培养的才干会蔓延到你生活中的每一个方面，你不想使用都不行。

彼得·德鲁克在《管理的实践》中说，他认真地研究了当时（20世纪50年代）大学中所开设的课程，发现其中只有两门对培养管理者最有帮助——短篇小说写作与诗歌鉴赏。诗歌帮助一个学生用感性的、富有想象力的方式去影响他人，而短篇小说的写作则培养对人及人际的入微体察。诗歌和领导力、写作和管理，虽然知识和技能都相去甚远，但在才干上高度一致。

这就是一个领域的高手很容易在其他方面也非常优秀的秘密，他们先在一个领域"走"到才干层面，然后再带着这些才干与技能下来鸟瞰新领域的知识，这自然是一通百通，就好比你站在17楼窗口鸟瞰过，在周边的小区里走时，自然轻车熟路。

当你看到了能力的全貌，这个问题就会好回答得多——大学的学科学习不仅让你获得了知识，还有相关的技能和才干——即使你完全不从事这个行业，技能和才干也能迁移出来，用到其他工作上，同时加速你在新的领域的知识学习速度。

我毕业于湖南大学土木系，从大一开始，我就既不喜欢这门学问，也没有获得过什么好分数。毕业后，做了半年建筑工程师就彻底脱离了这个行业，再未回去过。但回头看去，我的确从建筑工程这门学问中获得不少好处——这门学科带给我理科生的思考框架、工科生的实用观——这让我在研究生涯的时候，一方面不会太文艺（我已经够文艺的了），能区分科学和忽悠；一方面很注意实用的技术，我宁愿设计一个简单能用的模型，也不愿复杂得谁都不明白。我大学时代的建筑施工图还处于需要手绘的时代，需要用2B铅笔画根粗线代表墙体，然后用2H在外面一毫米的地方画一根细线代表有抹灰，然后用3B铅笔在里面画一根粗的代表钢筋，最后还要在钢筋和墙体之间点上点、加上三角形，代表这里填满混凝土——所有这一切都需要用在键盘上不超过一个字母宽的宽度上完成。这个过程让我每次恨不得拿起铅笔出门插几个人。有细节控的人光削各种型号的铅笔就能用一小时。后来我上班，开始每天12小时的AutoCAD（用计算机辅助设计技术来绘图的程序），这让我今天在设计PPT时，觉得简单得简直要狂笑出来。我的MBTI（迈尔斯—布里格斯个性类型测量表）老师一直好奇我作为一个ENFP（外向、直觉、情感、感知，一种人格测试的术语，简单来说就是"伟大的激发者+著名的不靠谱者"），为什么对细节、字号、颜色、字体有那么多设计要求。她认为这和我的人格不符。我会告诉她，这是我在一个格子间里每天改12小时设计图，就因为一个破字号或者线条就需要重新返工练出来的吗？估计就是在那时，我人格分裂了，一个说："我要做伟大的激发者！"一个说："别瞎想，图又来啦，你还是靠谱点吧！"

那年我20岁，完全不理解什么能力三核。当时的我对未来全无规划，也不知道练习AutoCAD对未来有何用。只有一个朴素的信念：只要你认真做事情，总是有回报的。

推而广之，何尝有任何一件事是白费的呢？我写诗歌要做文艺青年，写长信和远方的女孩谈恋爱，这些经历成为我的文字启蒙。我和小明、王伯骑单车从长沙到北京，其间困难纠纷无数，而这是一次深远的团队组建。很多人夸新精英的战略布局稳健，项目虽然慢，但是出来一个就是精品，可他们知道我当年打《星际争霸》是使神族的吗？什么时候防守，什么时候进攻，什么时候攀科技树，什么时候开分基地（公司），都有规律。

当下即道场，把经历炼成才干带走，怎么会浪费？

4　职场的技能迁移策略

经常会有人过来问我："如果我努力做好现在的工作，把能力炼得很好，可万一这不是我要的工作，那怎么办？"

"如果你努力做好现在的工作，赚到了钱，万一这不是你要的工作，那怎么办？"我反问。

"那我就带着钱走，换下一份工作呗。"

"能力也一样。"我告诉他。

对于职场，我们脑子里总有一些与期末考试或《魔兽争霸》的类比（这也可能是我们成年之前，唯一体会过的两段职业生涯）。比如说在考试的时候，语文98分，英语却只有58分，可我们不能匀2分过去，这个学期的高分也不能存到下个学期去；同样的道理，在《魔兽争霸》里，如果你发展了一棵科技树，就意味着放弃了另一棵科技树，不能退回来。

学校里培养的思维，固化了我们脑子里对职场的想象——职业类似于一棵棵科技树，当我们攀上其中一棵职业树，如果还想爬另外一棵，我们需要先跳到地面，然后重新来过——就像你放弃物理转读金融一样。这样一来，最好的策略就是，留在地面上，先看好了树再行动，免得多费力气。

但是你到底适合哪一棵树呢？你总得做几次模考，才知道考试大概能考多少分；你得玩几局，才知道自己适合玩哪个英雄，是不是？职场这棵树也是这样——枝繁叶

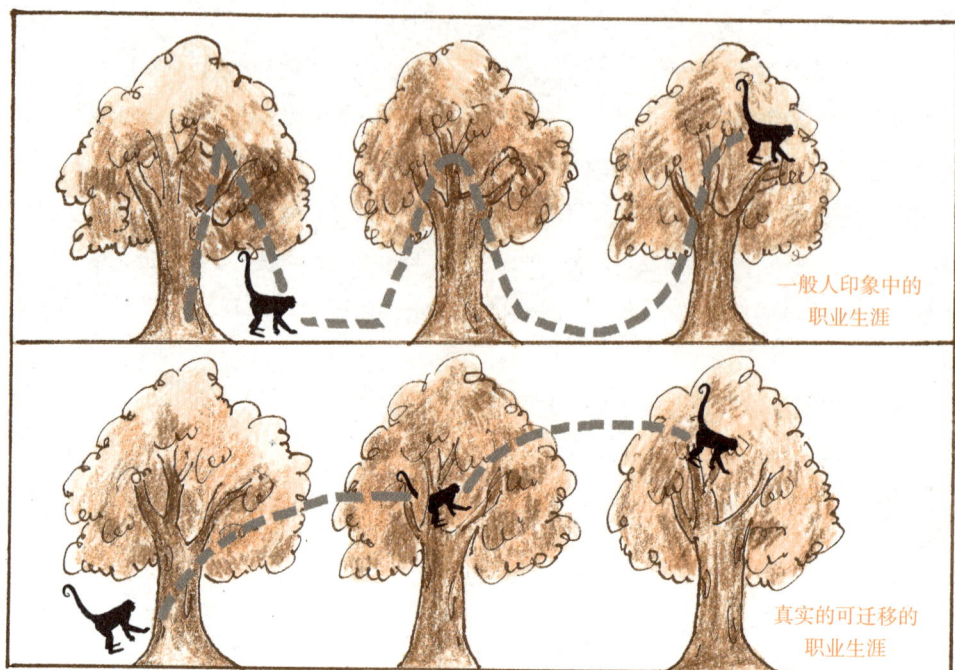

一般人印象中的
职业生涯

真实的可迁移的
职业生涯

生涯

茂，你站在下面，永远只能看到上面几米的风景——如果你不试着爬一爬，你永远也不知道自己适合哪棵树，即使你在树下做再多的测评、看再多的帖子，也不行。很多人都在树下等待一个最好的答案，等到某一天被当年的同龄人的"猿粪"砸到，才追悔莫及。

如果不试着爬几米，你永远也不知道自己适合哪棵树。一旦你开始决定爬几步，那个问题又开始浮现出来：万一我跑到树顶，发现不是自己的树，那我岂不是在浪费时间？

对于这个问题，生涯学里有很好的解决方案。你这只猴子可以从一棵树直接跳到另外一棵树上，而没有必要下地重新来过。我们可以很容易地从一个行业转入另外一个行业，而不需要从头来过，这个技术就是：技能迁移。

技能迁移是职业规划中一项重要的技术：如何把从上一份工作中学习到的能力，无损地转换到下一份工作里去。这意味着当你做好了某一项工作，你就可以在你现在的工作和你理想的工作之间找到链接，然后把很多技能迁移过去——就像出国前你把人民币兑换成美元一样方便，就像你可以把一部AVI格式的片子转换成RMVB格式的，但内容一样精彩。这也意味着，以前一维到头的工作观可以改变——只要你懂得技能迁移，就可以从一个貌似完全没有关系的领域，一步步迁移到自己喜欢的目标职业。

技能迁移的故事并不新鲜，事实上所有行业的第一批先驱者都是转行而来，他们是技能迁移的应用者。他们把原来的行业的能力迁移到新的行业，形成新的竞争力。零点研究咨询集团的老总袁岳先生原来是国家司法部办公厅的笔杆子；柴静恬静温情的访谈来自之前电台节目主持经验的迁移；奥巴马和马云的演讲技能，都来自他们的大学讲师身份——马云是杭州"十大优秀青年教师"，而奥巴马在芝加哥大学法学院当了两年宪法讲师；而马丁·路德·金在成为伟大的民权领袖之前，是亚拉巴马州蒙哥马利市浸信会教堂的一名牧师，《我有一个梦想》只不过是他的又一次布道而已。

我最想讲的是下面这个技能迁移之神的故事：他用了将近60年的时间，横跨七个完全不同的行业，一点点积累自己的能力，从一个贫民窟的小男孩，到演员协会的会长、《GE剧场》的主持人，继而到州长和美国总统。我想你也猜到了，他是美国年龄最大的总统——里根，在他70岁成为总统的那一瞬间，没有人知道他走过了漫长的迁移之路。

5 六次转行成总统——技能迁移之神里根

先来看里根的职业发展年表：

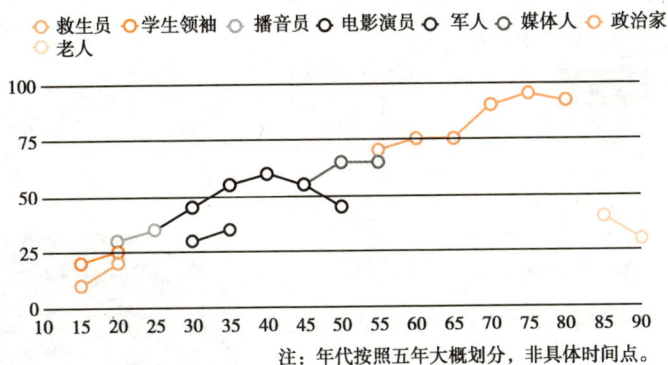

里根（Reagan）的职业生涯发展图

1911年出生	
16~23岁	救生员七年，总共救起77名溺水者，还被当地报纸报道
17~21岁	读大学，做学生领袖四年，锻炼了领导力
21~26岁	在WOC广播电台和WHO广播电台当体育解说员四年，学会演讲、表演
26~30岁	二流演员（B级片）
29岁	结婚。1941年女儿出生，1945年收养男孩，1947年次女出生（早夭）
30~34岁	24岁成为美国陆军的预备役军官；30岁入伍（1941年11月入伍，12月爆发了珍珠港事件，同期的还有飞行员老布什），由于眼睛散光（乱视），没有到第一线；珍珠港事件后，调入好莱坞做教学影片；1945年退伍
36~41岁	1947年成为备选主席，因为在二战中的履历，在1947—1952年、1959—1960年成为美国演员协会主席
37岁	离婚
41岁	再婚，与夫人南希生下女儿Patti，南希在1958年生下他们的第二个孩子Ron
44岁后	慢慢退出电影圈，专注于媒体工作，签约《GE剧场》——成为公众人物，每年需要在GE演讲16周
53岁	1964年，最后一次作为演员出现，完全告别演员生涯
56岁~64岁	两届加州州长（1967—1975年）
70~78岁	两届总统（1981年1月20日—1985年1月20日，1985年1月20日—1989年1月20日），后遇刺，幸免于难
83岁	被确诊为老年痴呆症
93岁	去世

里根1911年出生于贫困白人家庭。16岁时，为了15美元的周薪，他成为罗克河（Rock River）畔的Lowell Park救生队队员。在能胜任更好的工作之前，他干了七年，是名挺出色的救生员。七年里他救起来77个人，受到了当地报纸的表扬。和所有人成功后最怀念的就是自己的屌丝岁月一样，16岁的屌丝里根不知道他未来会多自豪于这

里根在罗克河

段工作，不知道多年后他成为总统，会向白宫的访客展示挂在椭圆办公室里的罗克河照片；他也不知道自己有一天会老年痴呆，而那时他唯一记得起来的职业就是救生员。

　　救生员的收入让里根次年（1928年）自费进入伊利诺伊州的尤雷卡学院（Eureka College），主修经济学与社会学。对于自己的大学，里根回忆说，他花了很少时间在课业上，却担任了大量俱乐部和运动队的领导人角色，被称为"校园里的大角色"。健壮的救生员身板让他顺利进入运动员俱乐部。那时候，里根最崇拜的就是罗斯福面对电台的演讲功夫。他开始在运动员俱乐部平台上锻炼自己的演讲能力。等他毕业的时候，他希望成为一名电台播音员。

　　由于"运动员+演讲"的背景，他先后成为WOC广播电台和WHO广播电台的体育解说员，负责芝加哥杯棒球赛。里根在体育解说员的位置上工作到第三年半时，一个机缘巧合，让他对自己的能力有了惊喜的发现。

　　当时电视尚未流行，所谓的体育直播是从现场把比分用电报发到播音室，然后播音员按照自己的想象力来解说具体细节——如果今天你打开网页的文字直播，然后试着给你周围的朋友做一个现场直播，你会发现这不是件简单的事——这几乎是在自编自导自演一场比赛，你需要用想象力填满所有比分中的空白。有一次，当棒球比赛进行到第九局的时候，收报线突然发生故障，收不到任何信号。混乱可想而知，而里根继续清晰流利地"播报"这场比赛。一直到半个小时后，收报线重新恢复，里根才开始把剧情往回圆，没有人听出来发生了中断。

　　台里的人拍手庆贺，而那天的里根懵懵懂懂地对自己有了一个全新的发现：很有表演天赋！

　　表演天赋、清晰稳定的嗓音，加上救生员锻炼出来的运动员般的体格，26岁的里根下一步成为演员变得顺理成章。他在一年后辞去了播音员的工作，在1937年与华纳兄弟公司签订了七年的合同，成为一名演员。

　　接下来里根的成绩表现平平，在演员圈混了三年，主演了几部不温不火的电影。那个年代，秀兰·邓波儿六岁拿到奥斯卡奖，费雯丽出演《乱世佳人》和《魂断蓝桥》，而里根几乎完全没有实力进入一流演员的圈子。

　　1939年，二战爆发了。

　　1941年11月，30岁的里根作为预备役军官入伍，但又因为散光没有奔赴前线。一个月后，珍珠港事件爆发，他又从军队被调回到好莱坞，从事军方的教学影片录制——因为他是电影人中的军人，也是军人中最懂得电影的人——里根把演员技能迁移到了军

成为SAG主席（左二）

队生涯中，帮他获得了新的机会。同年，由于在军方和演艺圈的声誉（二战中的军人是全国偶像，而里根是演员里面的军人！），他成了美国的电影演员协会SAG（Screen Actors Guild）备选主席，六年后，他正式成为美国电影演员协会主席。这也给他带来不菲的收入，在20世纪50年代后期的某一年里，里根的收入高达5000美元（约为2006年的80万美元）。至此，里根的政治道路徐徐展开。

里根意识到自己在演员行当没有走上顶峰的能力，他决定换条路试试看。44岁的他开始把目标转向传媒。当时的GE公司（美国通用电气公司）有一档很受欢迎的周播节目《GE剧场》，里根因为演员的外形与演讲力被聘为主持人。合同要求他在通用电气下属公司中，做每年10周、每天平均多达14场的演讲。这让他每年进账12.5万美元（大概相当于2011年的107万美元）。在《GE剧场》，里根接触到了商界、政界人物，更重要的是，他获得了公众认知度，成为公众人物。现在的里根，可以尝试闯荡童年羡慕的政治道路了。

70岁，里根就任美国总统，成为美国年龄最大的总统。两个月后被刺，奇迹般存活，连干两届，一直到78岁卸任。

1966年，55岁的里根当选美国加州州长，连任两届。57岁成为共和党候选人提名，失败。65岁再参与，仍失败。69岁，第三次竞选党内候选人，终于成功提名。

和之前六次漂亮的技能迁移一样，里根的总统生涯也是技能迁移技术派典范。里根用以前的各种经历

里根在《GE剧场》当主持人

和技能组合出自己独特的政治魅力：穷孩子、电台节目解说员、电影演员、电视节目主持人——这使里根成为历届总统中政治技巧一流的人。他会用播音员一样清晰有力的声音，对国会和民众讲述自己的童年故事：自己如何在河边赚到15美元的周薪；如何在30岁的时候还穿着内裤给一群学雕塑的大学生做模特儿（身材不错嘛）；如何作为一个二流演员一年接拍七部电影，却大部分用于缴税，让妻儿吃苦。这些苦难也被他变成了有力的政治武器，让老百姓笃信他的观点——一个"大政府"是可怕的。他是美国战后历史上少有的既能同媒体又能同美国国会保持良好关系的总统，这为他赢得了极好的声望。

正是因为在国会与民众中间游刃有余，里根得以在国会通过一系列对抗"大政府"的法律，他削减税收，降低政府开支，刺激经济的发展，抑制通货膨胀和加强国防，还有美国人认为的搞垮苏联——老美一直认为，在军备方面的竞赛是最终导致苏联经济垮台的主要原因。在里根推动下，"冷战"结束，美国从此成为唯一的超级大国，美国世纪（American Century）来临。20世纪80年代被称为"里根年代"时。

卸任五年后，里根被确诊为老年痴呆症患者。再过10年，里根以93岁的高龄离开人世，是美国总统中最长寿的。

行笔至此，我对里根的崇拜之情犹如黄河之水滔滔不绝：他简直是职业规划之神、乾坤大挪移之父，以一手技能迁移绝技行天下。他的一生有六次职业迁移：

第一次：他用救生员赚来的钱读大学，用大学生涯修成领导力与演讲能力；

第二次：凭借演讲能力成为播音员，在播音间抓住机会展现了表演才能；

第三次：凭借表演能力成为演员；

第四次：战争来临，在军队中用演员身份发展权力，成为电影演员协会主席；

第五次：利用主席的名声成为主持人，赚钱的同时，获得商业经验和公众注意力。

第六次：带着这些经历，55岁进入政坛，连续努力15年，最终成为总统。

当他走上权力的顶峰成为总统时，他依然在使用技能迁移大法，演技、演讲能力、煽动力、奋斗史，足以弥补他的其他缺陷——最后顺带说一句，里根是美国历史上五个被刺杀的总统中唯一没有身亡的总统，其中三位——林肯、麦金莱和肯尼迪——当场死亡，加菲尔德卧床79天后因感染并发症一命呜呼，只有里根歇了12天，起来伸个懒腰，拍拍屁股又上班去了——这，你敢说和他的七年救生员生涯无关？

里根的故事对我们有什么启发？与我们父辈终身从事一项工作的情况不同，我们很难一开始找到"最适合"自己的那棵树，并且一爬到顶。这个时候，**找到自己最有可能进入的领域，在其中积累新的能力，在恰当的时候迁移到"更适合"的新的工作中去，通过不断地修炼、迁移和组合，找到你最适合的领域，同时也就拥有了你独特的竞争力**。这是在今天这个多变的职场中发展的最好策略。

里根不是一个天资过人的人，作为播音员，他不算太出名；作为演员，他的演技三流；作为主持人，他后来被《GE剧场》主动放弃；而作为政治家，甚至连盟国的首脑也认为他智商不高，知识有限。撒切尔夫人1986年在英国会见他之后曾评论道："在他的两耳之间空无一物。"（指他没有脑子。）

他不是一个拿着一手好牌的天才，但是他把这手牌打到了极致。

（资料来源：维基百科"Ronald Reagan"词条 http://en.wikipedia.org/wiki/Ronald_Reagan; 部分图片来源：李文波博客）

6 功不唐捐卡梅隆——《阿凡达》为什么这么牛

"功不唐捐"出自《法华经》。意思是：你付出的努力和功德，从来不会白白地付出，终有一天，会回到你身上来。胡适先生给人题字，除了喜欢写"为者常成，行者常至"，另一个就是"功不唐捐"。

在职场中，这需要定力——当我们把自己的时间和精力"捐"给职业的时候，我们总是希望获得迅速的回报。越年轻，越浮躁，这个

所谓功不唐捐，就是努力地做好每件小事，回头发现自己无意中做了件大事

忍耐期越短。在这个昨天播种今天就要挖开来看是否发芽的社会，要相信功不唐捐，真的需要很好的案例。

《阿凡达》导演卡梅隆的故事就是个好例子。我想试试看倒叙，一方面挑战自己的写作功力，另一方面，我想只有倒叙才能说明白这个传奇导演独特的工作原理。

2009年，《阿凡达》横空出世。39天后，全球票房18.59亿美元，打破《泰坦尼克号》保持13年的全球总票房第一的纪录。我记得那年的春节前后，北京一票难求。放小众电影的电影博物馆第一次排起长队，只因为这里的IMAX屏可以看3D的《阿凡达》。

《阿凡达》在全球的成功绝非偶然，卡梅隆自上一部电影后沉寂八年，一直在为它做准备。为了让故事真实可信，在拍摄之前，他先带领设计团队描绘出整个潘多拉星球的生态环境：卡梅隆亲自手绘了30多张外星动物的效果图，由动物学家修正不符合科学的细节，然后反复修改定稿。他找来语言学家，专门为这个星球的人创造出一种语言，并要求配音人员学会。如果你对此感兴趣，卡梅隆电影主创团队甚至出了一本200页的书《阿凡达：潘多拉星生物和社会史机密报告》为你解释。

他在世界各地寻找景点——登上张家界的山，潜入深海观海沟（发光的大地、飞翔的神树种子，其实都是他在深海海沟里面的灵感）。最令人记忆深刻的是那场烧掉母树的大火——为了抓住这个画面，这"老疯子"放火点着了自己在加州的别墅，搬个凳子坐在后院，看火焰慢慢燃尽自己心爱的房子、生活用品和收藏品，并用摄像机记录下来当时的景象和心情——这些记录变成了我们在影片中看到的火焰余烬漫天飘舞的画面。

即使是这种近八年疯狂的努力，也依然无法解释为什么卡梅隆这么牛——他怎么能够拿到像管理那么多的投资（一共花费近五亿美元）？他怎么可能做出那么好的3D特效？他脑子里怎么可能有对整个外星世界的细微想法，这些到底是从哪里来的？

答案的线索可能在他的上一部电影——《泰坦尼克号》里。43岁的卡梅隆让这部电影成为史上投资最大，且最成功的电影。14项奥斯卡提名，赢得11项大奖。正是《泰坦尼克号》的商业成功，让他证明了自己有使用特技与资本的能力，才让《阿凡达》爆出五亿投资，还有足够疯狂的人肯陪他玩——疯子不要紧，只要是能赚钱的疯子就行。

顺着这条线索追溯，《泰坦尼克号》成功的资本又从何而来？最关键的三个因素是特技、沉船与爱情——它们共同打造了一个沉船悲剧爱情故事。而特技效果的应用则应该再往前追溯：归功于他10年前拍摄的《真实的谎言》，片中他成立的"数字领域"特技公司第一次在片中小试牛刀。还记得施瓦辛格在飞机上的一场打斗吗？三年后，就是这个团队打造了"泰坦尼克"号沉没的场景。卡梅隆对特技细节的狂热在当年就有苗头——他几乎亲自操办了每一件事情，从给特技人员画受力分析图，解释大船沉没原理，到为杰克画素描。

有一个故事能佐证这种疯狂。为了节省开支，影片中的"泰坦尼克"号其实是一艘只有半边的道具船。等拍完船离港的画面后，卡梅隆才在历史调查中发现，当年船头离港是朝另外一个方向。于是他要求用特技让画面左右对调。这样一来，所有行李上面的字就变反了，于是剧组成员花了三天时间，把所有行李上面的字反过来写了一遍。这么宏大的镜头，哪个观众会注意这样的细节？卡梅隆不管，他就是要尽善尽美。投资方的冷言冷语、手下的怨声载道、酷寒的海水拍摄，这一切让卡梅隆团队吃尽苦头。

这种偏执让卡梅隆的预算大大超标，电影公司要求他削减开支，他放弃了800万美元的导演费、制片费以及日后所有的分红，只留下100美元的剧本费，就是不愿放弃特效开支。当然，后来《泰坦尼克号》卖座得惊人，电影公司实在不好意思，又分给他一亿美元。

"只要听到'你不行''你不可能''你办不到'这样的字眼，他就会兴奋。"与卡梅隆相交多年的演员比尔·帕克斯顿说，"外界的质疑声一直是成就卡梅隆电影帝国的基础。"

水下拍摄的控制力来源于他35岁（1989年）拍摄的一部电影《深渊》，这部电影讲述了一艘潜水艇遇到外星生物的故事。《深渊》当年虽然一片叫好，却并不叫座。但两年后，《终结者Ⅱ》（1991年）红遍全球，揽得视觉效果、音响、化装、音效剪辑四项奥斯卡大奖。影迷后来发现，片中液体机器人的雏形就是当年《深渊》中的外星人水柱。有一次，《深渊》的制片人兰道被卡梅隆训斥："为什么你的皮肤晒黑了？这里不允许这样的事情发生！我们一天在这里工作14个小时，只能在开车上班的路上和第二天早上看到太阳。"《深渊》中的水下拍摄也让卡梅隆在《泰坦尼克号》中对拍摄海难驾轻就熟。

卡梅隆本人对水下拍摄的热爱一发不可收，他耗费七年时间研发自己的私人潜水艇"深海挑战者"，并且在2012年成功地下潜到10912米，进入马里亚纳海沟。他在自述中说："我经常一个人下潜到泰坦尼克号的海底残骸，在海底看着这艘沉船，想象当年船上会有什么故事。"

有人去山里寻找灵感，有人与人交谈寻找灵感，卡梅隆这种找灵感的方式，伟大而疯狂，让人望尘莫及。在安静的海底，他注视着泰坦尼克号的残骸，杰克和罗丝的爱情故事如海草般慢慢浮上来。

《深渊》+《终结者Ⅱ》+《真实的谎言》=《泰坦尼克号》

《泰坦尼克号》+之前的所有积累 =《阿凡达》

当然，这三部电影的成功，绝非凭空而来。它们从《终结者》开始。

卡梅隆导演的第一部电影是你肯定记不起来的烂片《食人鱼Ⅱ，繁殖》，全程在意大利拍摄。卡梅隆与一口意大利语的工作人员相处得并不愉快，拍摄完毕，制片方因轻视这个导演，不让他参与影片的最终剪辑。

卡梅隆当年27岁，人不轻狂枉少年。他一气之下，用一张信用卡撬开了工作室的门，也不知道用什么方式学会了使用意大利语的剪辑机，用几个星期的时间在晚上偷偷剪完了全部影片。

在意大利期间，身在异乡，语言不通又备受歧视。卡梅隆有段时间发高烧，躲在剧组安排的小旅馆里起不了床，有天他做了一个清晰的噩梦——一个来自未来的杀手追杀他。他以此作为灵感，写下剧本《终结者》。

回国后，这个才华横溢的剧本引起好莱坞的注意，但是他的"神马"《食人鱼Ⅱ：繁殖》实在没有为他赢得什么好名声，制片人高尔·安尼·赫特一开始不准备让他执导，一直到卡梅隆提出用一美元卖出剧本，但条件只有一个——让他以自己的方式导演这部影片。高尔答应了他的要求。

卡梅隆得到的投资只有640万美元，没法儿找一线演员。于是他开车去找当年还未成名的施瓦辛格。1984年，施瓦辛格36岁，还是个顶着健美冠军头衔的非著名龙套，卡梅隆希望他主演这部电影。在一番讨价还价之后，两个落魄的家伙在一家破饭店里达成共识。施瓦辛格主演里面的未来战士。为了庆祝这次伟大的合作，卡梅隆忽悠施瓦辛格为这顿饭支付了饭钱。

《终结者》的成功拯救了两位难友——票房7800万美元，十大经典科幻电影之一——从此卡梅隆一炮而红，而施瓦辛格的身价上了千万级别。

卡梅隆也摸索出自己的导演风格：不用著名演员，把所有钱都花在特效上。《泰坦尼克号》中的两位主演莱昂纳多·迪卡普里奥和凯特·温斯莱特虽年少成名，但也不是商业巨星。而《阿凡达》里的澳大利亚人萨姆·沃辛顿，更是陌生脸孔，一般人闻所未闻。

你看出来了吗？《食人鱼Ⅱ：繁殖》带来了《终结者》，《终结者》则成了后面电影的台阶。

再往前呢？

他父亲是电气工程师，母亲是艺术家，卡梅隆的生涯几乎是父母亲的结合。

12岁　写科幻小说，被认为是《深渊》的原型

14岁　看到电影《2001太空漫游》而迷上科幻电影，开始尝试拍短片

17岁　上大学读物理系，然后辍学

23岁　看到电影《星球大战》，决定从事电影制作

26岁　为《星球大战》《杀出银河系》等影片制作模型与特技

27岁　导演《食人鱼Ⅱ：繁殖》

我想看到这里，你也许会明白什么叫作功不唐捐了。我不相信卡梅隆能有一个神一般的职业规划——从小就有一个想拍《阿凡达》的梦想，冲着做了个有灵感的噩梦去意大利，然后在《终结者》积攒特技经验，用《深渊》积累水下经验，在《泰坦尼克号》学会捞钱，最后从《阿凡达》里大赚一笔，实现梦想。

《阿凡达》

资本+品牌+特效

《泰坦尼克号》　　科幻　　积累

海底　　特技　　爱情

海底拍摄

《终结者Ⅱ》　　《真实的谎言》

液体机器人

品牌效应　　施瓦辛格

《深渊》　　《终结者》

旅馆里的灵感

《食人鱼Ⅱ：繁殖》

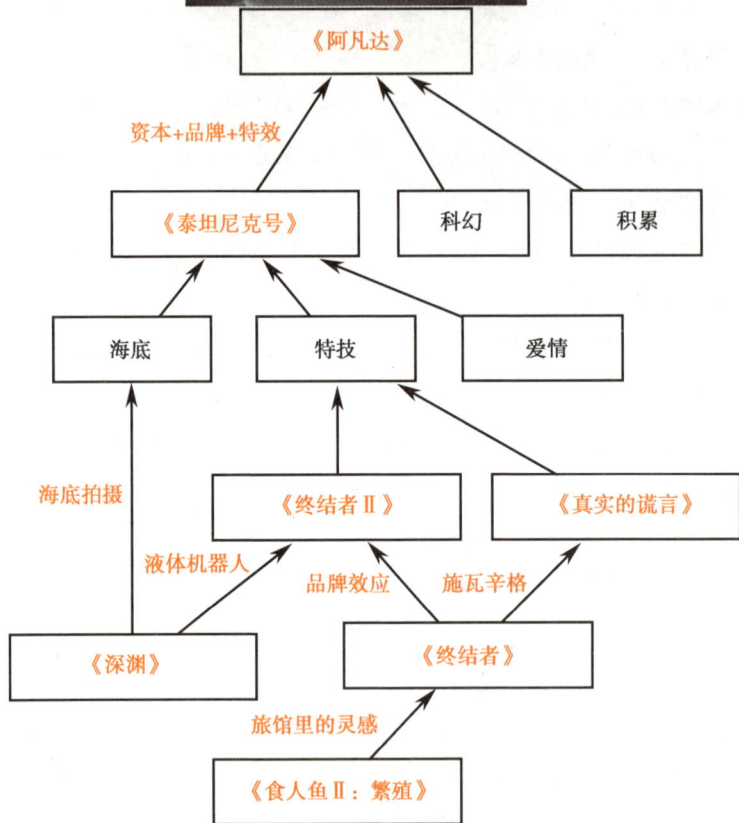

《阿凡达》是怎样成功的？

　　我更加相信卡梅隆秉承这样的工作原理：什么都不想，全力把眼前的事情做好，做到更好，做到极致的好，然后总有一天会有回报。

　　或者回报也不重要——当你全心投入，这过程就值回票价，回报只是个惊喜。越是在遥远的未来，你越会发现当年所有的功夫都没有白费。不知道什么时候，以前的经历就派上了用场。这就是功不唐捐。

　　在真实的生活中，很多人即使有卡梅隆的天赋与机会，也会对自己说："现在这么努力有什么用？等到有一天我有机会……"

等待一个确定的机会才开始投入的人，机会永远等不及你。卡梅隆的工作方式，就是**把当下当道场，在任何时候做到极致，看似最笨，往往却是最聪明的。**

所谓功不唐捐，就是努力地做好每件小事，
回头发现自己无意中做了件大事

洋葱、萝卜和西红柿，不相信世界上有南瓜这种东西。他们认为那是一种空想，南瓜不说话，只是默默地成长。

——舒比格《当世界年纪还小的时候》

7 新喜剧之王黄渤

黄渤第一次击中我，是从《上车，走吧》开始。那天下午，我在女友租的房子里看这部电影。她在上班，我则在封闭式的出国备考中。每当我恶心自己一分钱不赚还整天学习不专心时，我就开始给自己做宏伟的人生规划——考学，出国，去最好的大学读建筑学，三年后海归，结婚，努力工作，成为中国建筑大师。

人的确需要梦想，但是如果这个梦想没有让你想起来就起鸡皮疙瘩、汗毛倒竖，那梦想基本上只是个你编出来让自己安心地无所事事的华丽剧本——那时的我也在时常问自己，出国是一个梦想，还是一个逃避？

正当我百无聊赖地换台时，黄渤出现了。如果不是后来的大红大紫，我一直以为他就是个本色出演的群众演员——杀青以后，他会重新回去开小巴。当最后《和自己赛跑的人》歌声响起，我心里的什么东西被触动了。两个月后，我离开深圳，来到北京，也住在一个类似的院子里，成为一个"北漂"。后来在《天龙八部》里看到高虎，再很久以后，在《疯狂的石头》里看到黄渤。他们都比原来成熟很多，但我记得最清楚的，还是那个票贩子黄渤。

等到再一次认真看黄渤，他都已经成为中国喜剧之王了。他的拥趸认为他是喜剧第一人，叫他25亿先生。影评人士认为他的表演"热烈张扬，形体有趣，与上任葛优风格迥异"。而这个时候，阴差阳错，我也从迷茫的青年（天，真感谢那段迷茫的日子）变成职业规划师，对于黄渤的职业生涯发展，也有了仔细研究的想法。

下面是我做的功课。

黄渤，1974年出生于青岛，父母是公务员。先天长着一副坏学生的样子＋脑子。学习差，受歧视，唱歌成为他唯一的自尊来源。初中开始参加歌唱大赛，高中在餐厅做起了伴唱歌手。每天"下班"后偷偷溜回家，怕吵醒爸妈。一个高中生，每场能挣15块钱，一个月下来，收入已经是父母亲的好几倍。时间一长，上大学的想法，大家都打消了。

14~17岁　唱歌、教跳舞、表演。

不以上大学为目的的高中，就是耍流氓。黄渤的高中基本算耍流氓。他的全部心思都投入了音乐和舞蹈上，"小时候那种痴迷，一首歌练一天"。电视上放的迈克尔·杰克逊、小虎队的舞蹈，他录下来一个个地学。青岛健力美学校的校长看到他的演出，邀请他去教课，这段舞蹈教学生涯持续了七年。

但歌手才是黄渤的梦想方向——他还一直认为自己挺帅挺柔美的，是未被发掘的蔡国庆。（可见在年轻时，人的自我认知能偏差到何种地步！）当时的歌手有两种，一种是做"驻场歌手"，在一个场地唱好几首歌；另一种叫"嘉宾"，需要不断串场，在场地不仅需要唱歌，还需要负责一个时间段的现场气氛。

"一场15~40分钟，要求气氛特别好，简单鼓掌不行，必须唱到沸腾。观众简单地鼓掌，这歌手就要走人了，必须全场欢呼，嗷嗷乱叫。"

蔡国庆VS黄渤

嘉宾的收入是歌手的四五倍，但是难度也高很多，需要应付各种突发现状、插科打诨，甚至酗酒闹事。黄渤当然选择做嘉宾。其间黄渤还组织了一支"蓝色风沙"乐队，一边旅游一边演出。

他未来在演艺圈出名的主持与应变能力、表演能力、舞蹈和歌唱水平都在这个时候锻炼出来。2012年49届金马奖，黄渤顶着质疑去台湾做了次主持人，拿出当年舞厅那套，完胜。

17~19岁　1990年之后，广东的太平洋影音公司捧红了毛宁、杨钰莹。黄渤也从青岛南下寻找机会，未果。

20~21岁　1994年，广州歌厅由盛转衰，北京逐渐成为流行音乐重镇。黄渤继续北上。此时，他已经是唱歌、编舞、主持样样精通的老油条了。那时的北京也的确机会满天飞——有次一个酒吧老板给他打电话，让他过来驻场，说满文军要离开半个月。黄渤过去顶上，零点乐队伴唱。不过，满文军没有再回来——他在青年歌手大赛以《懂你》一举成名，再也没有回去过。但是对于黄渤，机会始终没有降临过。

22岁　1996年，黄渤觉得这样漂下去没有前途，身边的兄弟一个个离去，自己也渐生退意。他偶然遇到一个做韩国工厂的中方代理的机会，回青岛开制鞋机械厂去了。

"订单、技术都是韩国人的，我只出厂房、工人，再雇一懂管理的。跟政府、企业、税务、工商、原材料供应商打交道……每天夹着包出去，在酒桌上点头哈腰。'这是某某老板，做机械的。'……渐渐肚子也起来了。"那是他最富裕的一段时间，他却认为不好玩："除了挣点钱，其他任何快乐带不来，每天缠在事务性工作里，不是自己想要的。"一年后，他不做了。

26岁　参演电影《上车，走吧》。

2000年，当年一起搞乐队的高虎给他打来电话，说有部电影需要个会讲山东话的演员，问他去不去。黄渤寄过去自己的照片，导演一看不行，太帅了。高虎急了，说，你放心，肯定没这么帅。导演说，那就来试试看吧。

黄渤赶到北京，开始了他第一次为期11天的拍摄。《上车，走吧》讲述了两个农村小伙在北京自己开小巴拉活的故事。《上车，走吧》成为当年电视电影大奖第一名。黄渤第一次演戏就有机会走上红地毯，他一进闪光灯噼里啪啦乱闪的颁奖现场，就发现这边坐着巩俐，那边是周星驰……心里暗想：我成明星了啊！没想到唱歌没成，演戏竟然成了！

28岁　考上北京电影学院。

既然开始演戏，总需要往北影混一混吧。他连续两年考表演系未遂，招生可以黑，但总是有下限的是不是？黄渤终于对自己的帅有了正确的认识，决定转战配音系（声音帅

北影表演系班级合影

可以不？）。2002年，他终于如愿考进了北影表演系配音专业高职班。两年后毕业，成为一名职业配音演员。你听过《麦兜响当当》里开头的那段四川话吗？那就是黄渤干的。

32岁　出演电影《疯狂的石头》。

2006年，黄渤真正意义上的电影作品出现，他在《疯狂的石头》里扮演的小偷黑皮，让很多人记住了他。

35岁　出演电影《斗牛》。

2009年，这部电影获得很了多学术界奖项，黄渤因此成为金马影帝。

38岁　出演电影《人再囧途之泰囧》《杀生》《西游·降魔篇》《黄金大劫案》。

2012年，黄渤开始成为一线明星，被多家媒体追捧。他"成功"了。

我之所以不厌其烦地把黄渤的每一个脚步写出来，配上年龄，是想告诉你，一个人要达到高峰，需要做多少准备，走多长的路，承担多久的不理解——**如果你每一步都希望听到掌声，那么也许你只能永远在自己舒服的小天地玩**。只有那些敢于走得更远的人，才知道自己到底有可能到哪儿。

4次喝彩，18次起哄

说黄渤是胡打乱撞进入自己天赋过人的表演领域，然后就一帆风顺，未必——黄渤的电影之路并不平顺。从2000年第一次触电，2006年的《疯狂的石头》开始小有名声，2009年通过《斗牛》获得金马奖，一直到2012年的"火"，黄渤一共拍了22部影视作品。（列

表如下，资料来源于百度百科"黄渤"词条）

黄渤影视剧作品			
电影作品	•上车，走吧（2000）	•无人区（2009）	•蛋炒饭（2011）
	•疯狂的石头（2006）	•倔强萝卜（2009）	•人再囧途之泰囧（2012）
	•每当变幻时（2007）	•疯狂的赛车（2009）	•杀生（2012）
	•爱情呼叫转移2（2008）	•假装情侣（2011）	•西游·降魔篇（2012）
	•斗牛（2009）	•饭局也疯狂（2011）	•黄金大劫案（2012）
电视剧作品	•黑洞（2002）	•田教授家的二十八个亲戚（2008）	•民兵葛二蛋（2011）
	•生存之民工（2005）	•外乡人（2009）	•火线三兄弟（2012）
	•末路天堂（2006）		

22部影视作品，我看过的只有5部，认为好的只有4部。如果我的水平和大家差不多，那么在4次喝彩背后，应该是18次被骂"烂片"！其中《倔强萝卜》《饭局也疯狂》更加被认为骂都是一种浪费。

如果你是一个依靠别人评价而活的人，你从理想中获得的痛苦远远比快乐要多。因为大众往往不寻求品位，也看不到成长，只是寻求刺激，他们夸或者踩你，并不意味着他们真的有什么坚持的观点和品位，他们评价仅仅是为了排遣自己的寂寞。当他们发现下一个目标，就会集体奔腾而去，你的光荣和耻辱都不值一文。一朵花开需要一个春天，而其间有多少人路过会停下来，又笑着摇摇头。

2007年的黄渤已经33岁，高职配音班刚刚毕业三年，七年前拍过的《上车，走吧》早已过气，从14岁开始努力想进入的唱歌行业在中国全盘衰落，干过点小生意却又实在没有兴致。如果是你，会如何看待自己的人生？过去做的一切好像毫无作用，你又回到一无所有的状态，对吗？

乔布斯在他那场著名的斯坦福大学的演讲中提到："你不能预先把点点滴滴穿在一起；唯有未来回顾时，你才会明白那些点点滴滴是如何穿在一起的。所以你得相信，你现在所体会的东西，将来多少会连接在一块儿。你得信任某个东西，直觉也好，命运也好，生命也好，或者业力。这种做法从来没让我失望，也让我的整个人生不同起来。"

回过头去，才能连点成线。

当回顾黄渤"成功"的一瞬，你会发现他所有的经历都被穿了起来：唱歌和配音的经历让他台词功底深厚，舞蹈经历让他喜剧表演有形体感染力（还记得《西游·降魔篇》中他教舒淇跳舞吗），多年走穴经历让他对小人物的喜怒哀乐揣摩得异常到位，当年唱歌的战友们——杨钰莹、毛宁、沙宝亮、周迅……也给了他业内很好的人缘和口碑，两年的电影学院的配音专业训练也让他在电影圈拥有一群小伙伴。

黄渤自己也清楚地意识到这些。当被问及自己的优势时，他说："我的优势就是我成名的基础，我的生长、生活、受的教育、中间的朋友、我从小树立起的世界观、我对表演本身的观点，这是我的优势，同时也是我的劣势。"

其实每个人都是这样，你最大的优势不在于你的学校、学历和专业。你的优势在于你的生活、生长、受的教育、朋友、世界观，还在于你对待周遭世界的认真程度。真正优秀的人，会认真做好每一件事情——因为他们知道**即使老板不为认真发工资，未来也必会给认真发工资**。

当下即道场。每个人、每分钟、每一瞬间的生活，都在修炼你的内功，提升你的可能性。你没有必要等到走上自己设定的道路才全力以赴，你要做的事情是把当下这个道场修炼好。当然，同时也别忘了去其他道场看看。

因为你知道有一天，连点成线，功不唐捐。

Blowing in the Wind 答案随风飘

——Bob Dylan

How many roads must a man walk down 一个人要经历多长的旅途

Before they call him a man 才能成为真正的男人

How many seas must a white dove sail 鸽子要飞跃几重大海

Before she sleeps in the sand 才能在沙滩上安眠

How many times must the cannon balls fly 要经历多少炮火

Before they're forever banned 才能换来和平

The answer，my friend，is blowing in the wind 那答案，我的朋友，在风中飘

The answer is blowing in the wind 答案在风中飘

How many times must a man look up 一个人要仰望多少次

Before he can see the sky 才能看见苍穹

How many ears must one man have 一个人要多么善听

Before he can hear people cry 才能听见他人的呐喊

How many deaths will it take 要带走多少生命

'Till he knows that too many people have died 才知我们已经失去太多

The answer, my friend, is blowing in the wind 那答案，我的朋友，在风中飘

The answer is blowing in the wind 答案在风中飘

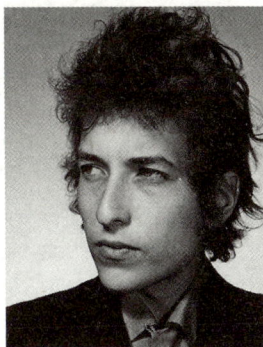

How many years must a mountain exist 山峰要屹立多久

Before it is washed to the sea 才是沧海桑田

How many years can some people exist 人们要等待多久

Before they're allowed to be free 才能得到自由

How many times can a man turn his head 一个人要几次回首

And pretend that he just doesn't see 才能假装视而不见

The answer, my friend, is blowing in the wind 那答案，我的朋友，在风中飘

The answer is blowing in the wind 答案在风中飘

Bob Dylan

8 不想当飞行员的程序员不是好老师

小时候的你，有没有过飞行梦，幻想自己开着飞机从蓝天上划过？

张育森是第二届"做自己"论坛的讲者，他讲的故事是《平民子弟的飞行梦》。在高中的时候，他希望成为一名飞行员，参加了飞行员的考试。他初试过关斩将一路顺利，却在最后一轮莫名其妙地被刷下来，不知道是不是因为实力不够。

张育森出生在哈尔滨附近的一个小城，那里的孩子能够接受这样的命运。考试回来的路上，他爸爸说计算机应该有前途，报个计算机专业吧。四年后，他从一所大学的计算机专业毕业回了。这几年，他爸爸自己开了一所英语培训学校，做得很红火。爸爸又说，家里比计算机有前途，回来接班吧。于是育森又回到老家，成为一名英语学校的培训老师。人就是这样——人算不如天算，四年前踌躇满志地参加飞行员考试到最后一关的他，怎料到自己会成为小城市的一名英语培训老师呢？

育森自己当年就不是个传统意义上的好孩子，可这样的培训老师让孩子喜欢，上课幽默有趣，下课后，他就带着自己的学生滑旱冰。这样的生活很逍遥，但好像总缺点真正的刺激。那些年的城镇很安乐，人们懒洋洋地上班、工作，每个人都知道外面在发生惊天动地的变化，却提不起劲头来参与。年轻人在夜里都能听到变化生长的吱吱声，这

声音扰动了育森这个不安分的人。

育森跑到新东方，希望学习更多的教学技术，正好在教师培训班遇见了我。后来他从内蒙古仅凭打电话"骗"到一个女朋友，轰轰烈烈地竟然准备结婚了。但有些人生来就不是为了安安稳稳过日子的。头顶有飞机飞过，在北大荒蓝色的天空中划出两道线，然后久久地散去。普通人只会抬头一看，有飞机，而张育森则是那个会久久站着不眨一眼的人。

在26岁生日那天晚上，他和当年一起考飞行员被刷的哥们儿喝酒到半夜。两个人红着眼睛搂着脖子问："我们这辈子还能不能上去了？"他哥们儿突然说："好像有一些民办航空也招人。"

两个人说干就干，打开所有的民航网站，研究到凌晨三点——这些网站都是他们以前常去的地方，也许只是需要这点酒精，才真的能够认真点击进去报名。你的梦想其实就在你生活的不远处，只要你稍微"迷一迷路"，就能进入。

最后张育森选定了北京的一家民航机构。第二天电话过去，对方说很抱歉，第一轮面试已经过去了，下次再来吧。育森急了，他说："等等，我就是你们要找的人！我有优势！真的！"多年的讲师生涯培养了他滔滔不绝的才干，一着急他就逮什么说什么。

"我本科学计算机，所以我操作仪表什么的很轻松，而且我是英语老师，出国培训口语完全没问题。加上我一直在教小孩滑旱冰，我的平衡感是最好的……事实上，我真的很想当飞行员。"张育森给他讲自己的高考，讲自己对飞机有多痴迷。

那边答应了。第二天，他去北京，赶上了复试，顺利通过考核。三个月后，他前往加拿大飞行。在我这本书出版的时候，估计他已经回来了，你看到飞机横空而过，也许有一架就是他开的。

人生过往的经历好像散落的珍珠，而机会好像一条线，把所有的可能性穿了起来。这并不是命运的神奇，因为这神奇的命运其实是他努力而就的。我想赞颂的是他的韧性，一个人在没有看到线的时候，依然能够好好地孕育珍珠，才能够在线出现的时候，有东西可以穿。

我还是再说说张无忌，他落入悬崖，不知道什么时候能离开山崖，也不知道出去会遇到谁，还不知道自己立志手刃的大仇人在哪里，可他用了最好的策略，在山里修炼内功——因为张无忌知道，有了内功，其他的招式都能很快驾驭。你在生活这个道场中遇到的所有问题、掌握的所有能力，都能在未来帮助你更好地成长，因为你知道，所谓功不唐捐，就是如果你不知道未来要去哪里，最好的方法就是把手头事情做到最好，因为

现在，连接着未来。

在微信公众号"新精英做自己"里输入"飞行梦"，会推送给你张育森和另外四位讲述者亲自讲述的梦想实现经历视频，记得有Wi-Fi（无线网络）时再试哦。

9 三种未来职场的核心竞争力

从里根、卡梅隆和黄渤传奇的职业生涯中，我们能看到除了把一条道走到黑让别人无路可走的专业策略外，职业发展的另一种可能——迁移策略。在一些变化不多、规则清晰的领域，比如哲学、硬科学、中医，坚守是重要的手段；而在变化快、多学科交融的领域，如商业、政治、艺术等，整合与迁移显然是更聪明的做法。

未来10年的中国，人们需要学会新的能力发展策略，因为未来的20年，中国的职业将会面临前所未有的变动：

① 互联网、移动互联网带来的全球化和全国化。

② 中国的人口红利消失，从中国制造变为中国创造。

③ 中国经济腾飞，从Made in China（中国制造）到Made for China（为中国制造），这也意味着全球化竞争的开始。

在未来的20年里，依靠行业、学历、专业、企业、地域的职业资源和能力会慢慢减弱；改变越来越快，成功与失败都会更快；人们越来越开始为自己的职业生涯负责，每个人都需要学会新的能力策略。

下面是未来的职业能力提升的三种重要策略：

1. 终生学习

未来10年会是一个职业和职业需求都迅速变化的年代。先把学历读到无比高，然后一辈子靠这个混的策略早就过时了。未来的职业发展大概以3~5年为一个阶段，每个阶段之间需要系统地重新学习新的领域。在职培训、证书与学历教育将会成为常事，间隔年的旅行和学习会成为潮流。企业也会逐渐在内部建立学习中心甚至企业大学，同时送有潜质的员工出去学习。

欢迎来到终生学习的年代。

2. 整合

既然没有人能够单凭一段时间的能力就获得竞争力，那么竞争力一定属于整合能力最强的人——能把过去的所有资源和能力都整合起来，能找到自己零散的能力珍珠里的线头的人——未来的职场中，整合是非常重要的能力。

能整合自身的能力，叫竞争力；

能整合团队的能力，叫组织力；

能整合公司的能力，叫领导力；

能整合行业的能力，就是改变世界的能力。

3. 翻译能力

你一定知道格式转码这回事，这在电脑上经常出现——有些播放器不能识别WMA或者MP4格式的文件，你就必须用一个转码软件转码，电脑才能读出这段视频。

同样的道理，很多人的职业发展不顺，不是因为能力不强，而是不知道如何把过去的能力和资源"转码"出来，让新的东家能读懂。

以家庭妇女重返职场为例，很多女性生完孩子，重回职场，都面临尴尬的局面：过去的职位不太喜欢，或不再适合职场妈妈；新的职业看上去门槛很高，自己缺乏专业能力；离开职场的两年间，社会发生了很大变化，觉得自己跟不上节奏，于是只好不甘心地重回家庭。

其实职场妈妈不缺乏能力，只是缺乏翻译。因为生孩子前后一年，实在是一个复杂的多边关系、高难度、多任务团队管理项目，妈妈正是这个项目的产品经理加项目负责人。比如说，你迅速读完了《怀孕大全》《如何成为新妈妈》《好妈妈胜过好老师》之类的育儿书，还自修了发展心理学，这叫"**快速学习能力**"。你需要在一天时间里起床、喂奶、做饭、洗衣服、晾衣服、睡午觉、看书、发呆、换尿片、打电话、上网、买菜做饭、洗碗……这是不是"**多任务管理能力**"？你管理家庭花销，洞悉各种水费电费物业费，精通各大超市和菜市场价格动向，在各种网站比价购买各种婴儿用品食品，还不忘了给老公在能送话费的时候充钱，这叫"**预算与财务管理**"。你每天和婆婆就育儿理念方面做出艰苦卓绝的斗争，但是又不能撕破脸，还要保护丈夫的面子，这是不是"**高难度多边会谈**"？做妈妈的晚上，你需要每两小时起床喂次奶，没睡过一个好觉，孩子走路前你需要时时刻刻抱着，练就一双汉子般的臂膀，这是不是"**高度责任心**"？有没有磨练你的"**耐心和毅力**"？

从这一点来说，任何一个称职的好妈妈，都已经是伟大的项目经理。你需要的只是把你的经历转化成对方能听懂的语言。

学习、整合与翻译将会是未来的20年职业能力发展的重要策略。以管理学大师彼得·德鲁克为例，他是一个典型的终生**学习**者，一辈子做咨询、教书和写作，著作39本，论文100多篇，92岁还出版了《德鲁克日志》。更有趣的是，他每隔三四年就换一个爱好领域深入研究，统计学、中世纪史、日本艺术或经济史……三四年也许不至于成为专家，但可以获得全新的视野、能力以及资源。三四年后，他带着自己在上一个领域的感悟和人脉，迁移到下一个圈子。上下两段专业领域的知识和人脉往往相互呼应，互相印证又彼此不同，而渐渐**整合**成一通百通之势。这种学习他从20岁就开始了，一生坚持了70多年。当所有领域的感悟迁移到管理领域，被**翻译**为管理学的专业术语，彼得·德鲁克的文字就变得更有历史纵深感，成为当之无愧的管理学大师。

能力的总结：功不唐捐、连点成线

我们在这一章谈到关于能力的很多话题：能力的三核，能力的迁移，能力的厚积薄发。我们看到很多在这些方面优秀的人：里根的整合能力、卡梅隆的极致、黄渤的努力和韧性……

最后，总结一下从生涯规划来看的能力观：

1. 能力三核：能力由知识、技能和才干三者组成。知识无法迁移，技能能在大部分职业中迁移，而才干则贯穿人的所有部分。越高度提纯，越内化。

2. 把知识炼成技能，使技能内化为才干。一通百通。

3. 功不唐捐，连点成线。正是因为能力可以迁移，我们没有必要找到最终boss（首领）才开始修炼能力。最佳的策略是在每个阶段都全力投入，提高能力，遇到新的挑战再重新整合。

4. 未来的三大能力策略：学习、整合与翻译。

Chapter 5

关于成功这件事

首先讲好：这一章我说的成功，全部都是世俗的成功、赚钱的成功、上市的成功、功成名就的成功。不感兴趣的人可以不看，但是我依然想把这个事情讲明白。我还觉得，如果你期待自己的物质生活更好，或者希望亲爱的人过上更好的日子，或者你就是那种人生为做一件大事而来的人，你都应该好好研究这章。

1 扎克伯格的成功之道：修炼内职业生涯

为什么有些人会默默无闻，却一飞冲天？

比如说facebook（脸谱网）的创始人扎克伯格，2004年从哈佛退学，创办facebook，在2012年5月18日，他28岁生日后的第三天，公司在纳斯达克上市，身家192亿美金。而在这之前，已经有一部好莱坞的电影以他为主角了。

扎克伯格的创业路

1984年5月，扎克伯格出生于纽约的一个富人区。父亲爱德华是一名牙医，母亲则是精神病医师。同比尔·盖茨一样，扎克伯格在很小的时候便对计算机技术痴迷。10岁的时候，父亲送给他一台电脑作为生日礼物。

11岁时，他找了一名计算机软件工程师大卫·纽曼（David Newman）做家庭电脑教师，每周上一天课。很快，扎克伯格显现出的编程天分让纽曼感到吃力："扎克是个神童，想要难倒他可不是件容易的事情。"

12岁那年，父亲向他抱怨接待员通报病人来就诊的方式：他们往往只喊一句，来病人啦！医生坐在里面，不知道到底是谁、第几次复诊。扎克伯格为父亲开发了他人生中的第一款软件ZuckNet，解决了通报病人情况的问题。

自从难倒自己的家庭教师后，扎克伯格开始每周四在附近的默西学院与计算机的研究生一起上课。这对他的计算机技能是一个提升。在高中时，他和朋友一起创建了Synapse，这个插件能收集用户的音乐爱好，然后为用户选择适合的歌，就如你今天在豆瓣音乐听到的那样。

好程序和好文字一样，需要天赋和努力，但是一旦功成，美感就无法隐藏。Synapse获得技术界一片盛赞。AOL（美国在线）与微软也注意到这个天才，他们希望高价购买此插件，但扎克伯格坚持免费共享。微软收购不成，于是抛出95万年薪"招安"。扎克伯格不接招，一年后，到哈佛心理系上学去了。

选择读哈佛而非年薪，我想这是扎克伯格职业生涯道路上第一个明智的选择。他表现出来的技术水准以及对于需求的理解和实现，已让他跃身最佳技术高手之列。但这时候的他离创业者尚远，除了技术，好的创业者需要人的部分——更深刻地理解他的未来用户：最精英的一群年轻人需要些什么？真正理解人们的需求，需要和他们泡在一起、混在一起，甚至成为其中一员——哈佛大学的学生宿舍恰恰给了他这个机会。

在哈佛的扎克伯格也没闲着——2003年他破解了学校的档案库，把里面学生的照片调出来，做成Facemash网站，内容就是你在女生宿舍楼下等人时曾经千百次干过的事情：随机找两个女生的照片比对，大家投票哪一个更hot（热辣）。一周以后，这个软件被学校关停，一方面有人投诉隐私权被侵犯，一方面因为其火到服务器几乎瘫痪了。扎克伯格因此在校园内名声大震，两个高年级的同学找到他，邀请他参与编写一个叫作Harvardconnection的社交网站。

2004年，Harvardconnection项目还未结束，扎克伯格自己的网站facebook就正式上线了。吸取了前两个网站的精华，网站火爆了！

因为起先并不准备把网站商业化，上线头几个月，这网站仅供哈佛学生使用。直到半年后，有一半以上的哈佛学生都注册了这个网站，脸谱网开始向全国大学生开放。2004年年底，facebook的注册人数超过100万，扎克伯格从哈佛退学，全职管理网站。2005年，facebook逐渐开放给高中生。（在我看来，互联网能力最强的是处于叛逆期又需要同辈认同的大中学生，而抓住了高中生，等于抓住了源头。）一直到2006年，网站建立两年后，全美几乎60%的大中学生都有了自己的ID（账户），这个网站才迟迟地对全社会开放，之后势不可当。

2007年，微软以2.4亿美元赢得脸谱网1.6%的股份（终于买到了啊！微软都是泪）。2012年5月18日，脸谱网正式在纳斯达克上市。扎克伯格也被《福布斯》评为"史上最年轻的亿万富翁"。

假如创业也需要投简历，那么回到扎克伯格建立facebook的2004年，他的简历应该这么写：

超过10年的成功的互联网产品开发经验

微软95万年薪的offer（纳贤帖）

名校人脉（Harvardconnection让他手上有近七成的哈佛学生资料）

两次创业"失败"经历（被关闭的Facemash和退出的Harvardconnection）

这样的人创办一个伟大的网站，绝非偶然。而专门报道人咬狗的媒体基本上不会说这些，他们只会告诉你："哈佛大二学生"辍学创办facebook，28岁身家192亿美元。而大众的归因是：技术天才、哈佛辍学、他爸有钱能让他学电脑和搞互联网肯定发达。

扎克伯格的内功和外功

大众很难看到扎克伯格的第二个最明智的决定：稳扎稳打，小步前进。我觉得扎克伯格创业中最聪明的一步，就是让内功大于外功，先关起门来，完全搞定一小群最高端人士，然后以过人的小心，慢慢展开。他通过Facemash了解到学生的喜好，通过参与Harvardconnection项目学习（模仿？剽窃？外人永远不知真相）社交网站的思路。当自己能力还不太强的时候，先研究哈佛大学学生的需求，然后才慢慢开放给波士顿其他大学，等到这群最精英的大学生已经稳固，再延展到其他大学，并进一步将用户扩展到高中生、美国、全世界。

跟今天很多互联网一上来就要"做行业平台""颠覆产业"的叫嚣不同（但愿互联网思维是跨越时间和空间的服务，而不是跨越时间和空间的忽悠），扎克伯格展现了跟他年龄极其不相称的稳重。他以惊人的更新速度不断地修改产品，一直到手上这批最高端的用户成为脑残粉（哈佛大学学生一半以上的注册率啊），才开始小心翼翼地开放给另外一小群客户，然后是下一群。但正是这样的永远让内功高于名声的策略，使其在推向世界（不包括中国）时，令新用户一见倾心。脸谱网大器晚成。

从生涯规划的角度看来，扎克伯格的案例很好地解释了内外职业生涯的关系。

一个人的职业发展取决于两样东西：**内职业生涯发展和外职业生涯发展**。外职业生涯意味着从事某种职业的时间、地点、单位、内容、职位、工资等外显因素的发展和变化。而内职业生涯则意味着从事某种职位时的知识、观念、技能、才干、经验和资源等因素的发展和变化。我常常把它们比作武术里的招式和内功。

如果用红色来表示外职业生涯，用灰色表示内职业生涯，扎尔伯克的职业生涯发展能用右页上方的图来表示。

我们很容易看到一个人外功（外职业生涯）的飞跃——拿出某个成果、职位升迁、成功上市，却很难看到内功（内职业生涯）的发展——他从哪里积累到的知识、如何识别机会、怎样获取资源……我们被闪亮的红色高度线闪瞎了眼睛，却看不见灰色苦涩的深度线。

扎克伯格管理下的脸谱网，也有类似的商业逻辑（见右页下图）：先深刻地满足最

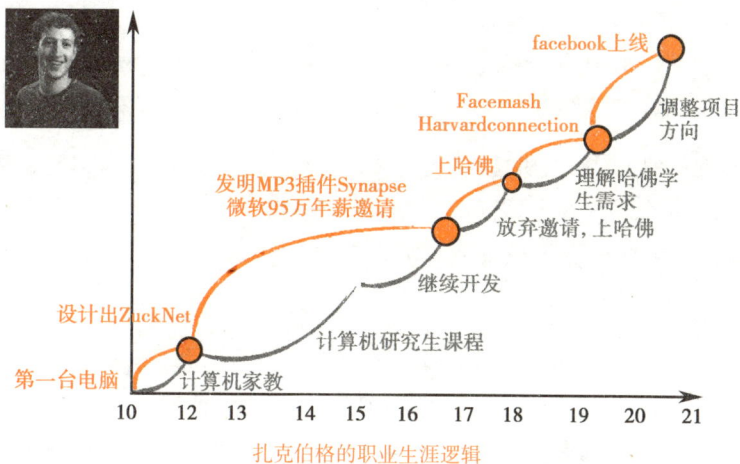

扎克伯格的职业生涯逻辑

图中标注：
- 第一台电脑
- 设计出ZuckNet
- 计算机家教
- 计算机研究生课程
- 继续开发
- 发明MP3插件Synapse 微软95万年薪邀请
- 放弃邀请，上哈佛
- 上哈佛
- 理解哈佛学生需求
- Facemash Harvardconnection
- 调整项目方向
- facebook上线

横轴：10 12 13 14 15 16 17 18 19 20 21

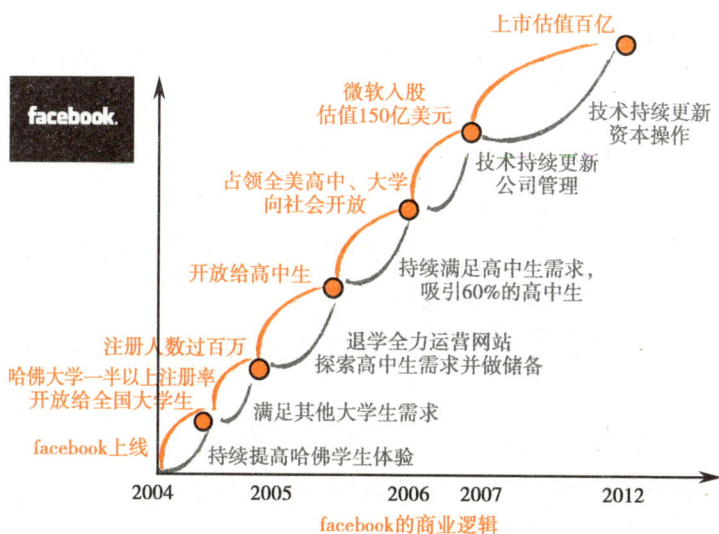

facebook的商业逻辑

图中标注：
- facebook上线
- 持续提高哈佛学生体验
- 哈佛大学一半以上注册率 开放给全国大学生
- 满足其他大学生需求
- 注册人数过百万
- 退学全力运营网站 探索高中生需求并做储备
- 开放给高中生
- 持续满足高中生需求，吸引60%的高中生
- 占领全美高中、大学 向社会开放
- 技术持续更新 公司管理
- 微软入股 估值150亿美元
- 技术持续更新 资本操作
- 上市估值百亿

横轴：2004 2005 2006 2007 2012

高端的客户，然后逐渐放开，小步尝试。首站必胜，在有绝对把握的积累时，才扩大范围。不鸣则已，一鸣惊人。讲起来容易，操作起来需要过人的耐心和定见。

从内外生涯的关系，你能看出成功的某些规律——红色的外职业生涯有两个特点：

1. 跳跃前进：外职业生涯的上升是跳跃性的r型，往往是一鸣惊人，八方震惊。看上去得来全不费功夫。

2. 迭代效用：这意味着成功最慢的是前面几步，越到后面，资源越密集，发展越快。

这两者结合起来使得成功人士的履历（外职业生涯线）往往很容易给人飞黄腾达、连升三级的感觉。

而内功（内职业生涯）则恰恰相反：

1. 稳重潜行：内职业生涯呈现U型，这意味着在上升之前，需要经历一个漫长的积累期，才有可能跃升一个台阶。这期间需要巨大的耐心与毅力，才能量变引发质变。

2. 主要靠前期积累：内功越靠前越重要，越到后面，跳跃的周期越短，越缺少机会积累。主要靠职业前期的能力的微调，后期很难再积累。

这两个特性结合，使成功人士的内功修炼（内职业生涯线）故事往往显得厚重而无趣、理所应当。

回想一下你听广播练听力，第一周没有提升，第二周没有提升，第三周还没有提升，很多人就此放弃，认为自己"没有英语细胞"；而有些人不小心坚持到第四周，突然有一天早上，发现自己很多词语"不知不觉"地听懂了！真正的英语学习者都有这样的经历，坚持很久，突然上了一台阶。你不是没有英语细胞，而是不懂得生涯发展的规律。

演讲、太极、咨询、冥想、看财报……大部分内职业生涯的高手，都会过这种漫长的平台期后，突然跃升的快乐。

这也是为什么大部分的"成功学"故事只会告诉你这个人遇到什么机遇，不告诉你为什么机遇只垂青他；只告诉你他有多激扬潇洒，不告诉你他有多厚重坚实；只告诉你他收获多少，不告诉你他付出更多——一种可能是，如果告诉你，你就不上他的课了，这过程可真比"努力就能成功"难一万倍，也不好玩一万倍！另一种可能是他们也把自己催眠了，无法透过闪闪发光的外职业生涯线，看到背后那条真正坚实有力的内职业生涯线。

外职业生涯修炼犹如翅膀的上面一弧，内职业生涯修炼犹如翅膀的下面一弯，两者合围的生涯，才能成功起飞。

2　好东西就是聪明人下的笨功夫

"我最想不明白的是，为什么媒体都把我说成一夜暴富的主儿。"江南春，31岁，身家2.72亿美元。他积10年之功才打造出分众传媒。

从大三开始，他就创办自己的广告公司，做了11年的CEO和销售冠军，日夜冥思苦想，才捕捉到了给电梯旁边加上一块LED屏幕的创意。从想到到说服商家花了半年时间，从群雄割据到统一市场，又用了三年。"……世界上最可怕的两个词，一个叫执着，一个叫认真。认真的人改变自己，执着的人改变命运。"

香港的陈奕迅是位天才歌手。之所以说他是天才，因为他演唱会时嬉笑耍宝，平时顶着各种搞怪发型服饰，没事还提个袋子下楼买菜，但只要开唱，声音便销魂入骨，直指人心。但是谁能看到他的内职业生涯线？他12岁被送往英国留学，因为寂寞开始学习乐器，一口气学会钢琴、小提琴、口琴、手风琴、吉他、鼓、萨克斯风、喇叭等，从金斯顿大学建筑学及正统音乐课程毕业。其间考得英国皇家音乐学院八级声乐证书。根据我的不完全统计，陈奕迅从1996年出道到现在近18年，发行国语专辑9张、粤语专辑13张，演唱会92场次，共发行200多首歌。而你记得的畅销金曲《K歌之王》《你的背包》《浮夸》《十年》《因为爱情》……有多少首？占到百分之几？付出这样的努力，你说人家是天才？

职业生涯的成功犹如熔岩，在地下奔腾积累多时，一朝爆发，于是无可匹敌。而我们往往只看到别人走到山顶，在地上挖个洞，就火山爆发了。能不浮躁？

只有他们才知道，**需要多么努力，才能显得毫不费力。**

3 职业生涯的内功与外功

当我们能看到辉煌背后的付出时，就可以把这个思考推进一步——内外职业生涯之间，到底是什么关系？

1. 内职业是外职业的前提，内职业生涯带动外职业生涯

假设有两个人，小明和小强。小强更关注内职业生涯，而小明这个永远的反派更关注外职业生涯。他们同时进入一家公司，接手同样难度的任务。

企业按照小强的职位，给他一个难度为10分的任务，由于小强的内职业发展快于外职业生涯，他能做到12分。企业尝到甜头，于是尝试给他20分的任务（外职业生涯上升），而他的能力发展到可以回馈24分，于是企业决定给他一个50分难度的职位。

而小强的外职业生涯比内职业发展得要快。当企业也给他一个10分的任务时，他觉得自己的能力被低估了，他应该做一些更大的事情，于是他心不在焉地做出来8分。企业看到10分的难度做不到，于是主动下调到6分，小明彻底觉得自己被愚弄了，于是回报4

分。最后企业只好给他4分的职位了。

希望得到明确的职场目标和许诺才开始学习，这种"不主动"是职场新人常犯的毛病。无论是职业还是商业，都是一门先给后得的艺术，而越是大的跃升，需要给的就越多；越是完美的商业模式，就需要越长的回报。这需要源源不断的内职业发展来支持。

同样的问题出在大学生求职之中，大学生求职有个常见误区——太过于关注待遇：

"一个月多少钱？多久会涨工资？"

"有员工宿舍吗？有免费Wi-Fi吗？"

"有带薪假期吗？如果我工作不够一年，有探亲假吗？"

很多HR隐隐约约地反感，却说不出个所以然来。其实这是注意力太放在外职业生涯的表现。一个过于关注外功的人，往往看不到内功的发展，即使刚开始能够胜任，也会在一段时间的发展后败下阵来。

相比之下，职场更加喜欢专注于内职业生涯的人——这些人更加关注的是：

"将来谁来带我？与谁共事？有什么项目可以做？"

"这个职位都需要什么能力？我能从哪里学到？"

持续关注这些问题，会让你的职场竞争力不断上升，发展力度坚挺，路途一帆风

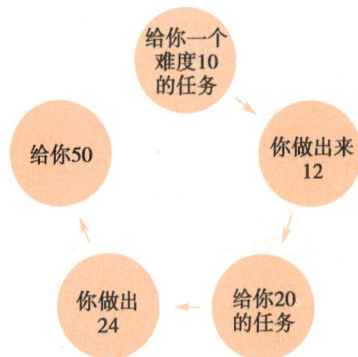

要有多努力，才能显得毫不费力

给你一个难度10的任务 → 你做出来12 → 给你20的任务 → 你做出24 → 给你50

先给后得的人

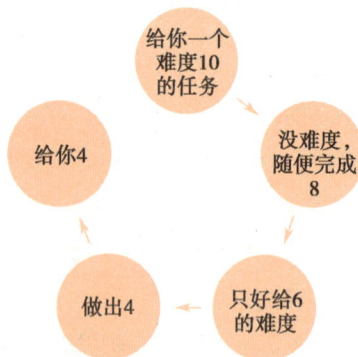

给你一个难度10的任务 → 没难度，随便完成8 → 只好给6的难度 → 做出4 → 给你4

先得再给的人

顺。即使这企业不给你机会，你也会像袋子里面的锥子，总有人会给你机会。

所以，在企业中，不管你处于何等职位，请务必保证你的内职业比外职业强一些，这样你才有持续上升的能力。

2. 外职业生涯超前

外职业生涯远远超前于内职业生涯，就如企业的支出常年远大于收入，这是件危险的事情。

当外生涯微微超前内生涯的时候，很多人感到的是明确的目标和**动力**。这一般会发生在进入新的职位半年之内。

当外生涯超前内生涯一大截的时候，很多人感到焦虑和**压力**大，急需学习和充电。

而当外生涯超前内生涯太多，这个时候你压力巨大，**无力**应对，处于崩溃边缘——很多快速成长的公司或部门会出现这种情况——这时候你应该重新调整一下自己的外职业定位，或者停下来把提高内生涯作为首要大事来做。

3. 内职业生涯超前

是不是内职业生涯越超前越好？也不尽然。如果那样，大家应该坚持读到博士后才开始工作，这显然行不通。

原因有两个。

首先，内职业生涯需要外职业生涯的指导。只有定期了解企业和行业需要什么样的人，才有可能方向正确地培养自己的内功。

其次，内职业生涯的套现往往会吸引来很多资源，而资源会重新导入内职业生涯，形成下一轮的职业发展高潮。

想想扎克伯格的职业发展经历：他懂得定期套现自己的内职业生涯——他的编程能力外化成Facemash网站（外化），这个网站让他有了参与Harvardconnection网站编写的机会（内化），而这个机会又让他孕育出facebook（外化）。

所以，较好的状态是，内职业生涯保持超前外职业生涯一步，这样的状态最**舒心**。内职业生涯超前一大段时，你会容易出现职业倦怠，比较**虐心**，觉得无趣，打不起精神，觉得没有价值感。而当内职业生涯超前太多——这是企业和你的双输，你真的应该认真思考这一点——你就会想为什么企业看不到我的能力？到底是我的问题还是企业的问题？如果是前者，你需要认真地思考一下自我营销的话题；如果是后者，你真的应该**动心**，和自己甚至其他更多企业谈谈，转换个岗位或者职位，否则对双方都是损失。

4　努力就一定有回报吗？

在前面几篇文章中，我们探讨了如何努力套现内外职业生涯，接下来我们尝试探讨一个话题：社会中的两个人，拥有一模一样的能力、素质和投入，他们会获得相同的成功吗？他们的成功概率一样大吗？

或者进一步说，这个世界对同样努力的人，真的会给予同样的回报吗？

如果你是一个真诚、勇敢同时又有一定阅历的人，你一定无法回避这个事实：我们这个世界，不是一个公平的世界。

这个社会有很多资源稀缺，且分配不公。这些资源有的可以通过努力获得，比如说眼界、工资、能力；有一些需要几代人的努力，比如说更好的教育、平台、名声、地位；还有一些则完全无法通过后天的努力弥补，如天赋、体质和机遇。

如果你是一个真诚、勇敢同时又有一定阅历的人，你会清晰地意识到，如果人生是一场长跑，我们就是站在不同的起跑线、穿着不同的鞋的人——有人打赤脚，有人穿回力到最新款耐克跑鞋，还有人甚至根本不跑，而是开着法拉利——向着不同的终点奔跑。

正如在操场上跑圈，当你第一圈超过前面那个看起来比你健壮得多的男生，你千万不要窃喜。你不是比他强，只是比他的起步线靠前一点。他已经跑了15圈，这是他最后一圈的冲刺。而后面那个看起来文弱的女生像小鹿一样轻松地点着地滑过你，你也不要沮丧——她出身体育世家，六岁开始田径训练，每天以你想象不到的毅力跑10公里，至今已经12年啦。

还是安心算你的圈，跑你的步吧。

5　贫富由什么决定？

歌路营的杜爽老师推荐我看一档2011年的香港真人秀节目《穷富翁大作战》，她说这个节目对她的公益之路影响很大。我很尊敬她正在做的事情，就赶紧回家补课。

我本来以为会看到一部严肃的纪录片，看无数打着专家头衔的人蹦到字幕上，却没想到这个节目做得非常有趣。一群香港的有钱人，包括G2000品牌创始人田北辰、某跨国公司亚太区主席之女模特儿Juju、富家太太Cisy和谢瑞麟副主席黄岳永，自愿参加一档真人秀节目。这群社会精英被收走手机、信用卡，不能靠原来的人际网络，24小时摄像机跟踪，在一个社会底层人士的工作岗位上工作五天，分别做流浪汉、茶楼妹、新移民妈妈、清洁工人。他们要感受低收入家庭如何在三顿饭生存线上耗尽心思，体验流浪汉怎么在晚上找到一个栖身之地。

他们要用五天的时间去思考和回答一个问题：

贫富由谁来决定？

A 靠双手

B 命中注定

之前，他们都把自己的成功归功于A，他们都认为，今天的成功是自己亲手一点点做出来的。田北辰，新民党副主席、哈佛大学MBA，笃信市场竞争与弱肉强食，他在开始时对自己很有信心，说："如果有斗志，弱者也可以变强者。"

五天的艰辛在此不表，你可以自己搜索来看。真正有趣的是他们的答案：在五天的穷困生活中，这些商界高材生和名门贵族无一能凭自己的能力"翻身"，他们也看不到任何的希望。五天以后，四个本来想证明自己的成功是通过智慧和努力获得的富人，全都改变了主意，急切地想要结束这段生活。

富家太太Cisy被分到一个从内地到香港的妈妈家帮忙。这个家庭有一个和她女儿Tifany年龄相近的女儿海萍。

Tifany的理想是写书赚钱。当节目组问海萍她的梦想时，她回答是当医生，因为能赚大钱。

节目组继续问，你觉得你父母可以供养你成为一个医生吗？

海萍笑笑说，应该不行吧。

Tifany从小坐飞机环游世界，而海萍连地铁都不会搭。

Cisy说："起跑线相距很远，如果他们在跑100米比赛，我相信我女儿的起跑线是在200米。"

这让我想起一个有名的帖子：《我花了18年，才能和你在一起喝咖啡》。

G2000品牌创始人田北辰参与体验的角色是流浪汉，他在街头流离失所了三天，终于找到一份工作，不到一天就被开除了。

"流浪者的生活，不是像削铅笔那样慢慢削尖，而是慢慢钝了、断了，最后剩下的只有笔头的橡皮了。流浪者不说改善生活，就是维持生活也得每天每天不停地工作，人的意志可能就在其中慢慢消磨掉，就算有机会，也未必有信心去挑战原有的状态。我知道自己是在做一个真人秀，有五天的期限，但是对其他人来说，可能没有期限。"

讲完这段，他哭了。

最后这些精英与富人一致投票，答案是B。无论是他们的商学院知识、斗志、商业模式，还是精英思维，都无法让他们抵御穷困起跑线带来的绝望。今天如果你把那些成功人士拉到社会底层，也许有三分之一的人永远无法回到原位，还有三分之一的人甚至不及他看不上的穷人。富贵靠什么？努力只占一小部分，命运比努力要重要得多。

请尊敬你身边的穷人们，他们也许不比你懒惰，不比你无能，仅仅是因为命运的安排而活得不如你光鲜。如果你陷入过命运的深渊，你也一定能体会他们的绝望。

如果他们活得比你差，请理解他们的困窘，感恩自己的幸运；如果他们活得和你一样快乐，请为他们感到高兴；如果他们活得比你还要好，请学习他们的智慧，他们用比你少的资源，换回来比你多的快乐。如果你帮不了他们，至少还他们以敬意。

简爱对庄园主罗切斯特说的话，我也替穷人说给富人听：

你以为我矮小、卑微、不美，我就没有心、没有灵魂吗？……

如果上帝给我点美貌和一些财富，我也会让你难以离开我，就像我现在难以离开你一样。我不是凭借习俗、常规，甚至也不是肉体在这里与你对话——我凭借我的灵魂与你的灵魂对话。就像有一天我们死去，一同站在上帝面前，彼此平等，就像我们原本那样。

幸福，没那么贵

在微信公众号"新精英做自己"输入"穷富人"，给你推送这档改变我人生观的真人秀节目。财富到底是天注定还是靠双手？让四个有学识、生活无忧的富人像穷人一样生活五天，他们有没有可能翻身？无论你是穷人还是富人，都一定要看看的片子。

6 巨大财富背后的巨大好运

有一次为了去北大光华讲《创业者的生涯》，我专门对那些顶级的华人成功者——进入福布斯排行榜的华人做了一个生涯研究。

本着大家对于巨款和富翁的八卦精神，我罗列一下所有入榜的人。

富翁们平均年龄56.6岁，财富为60.94亿美元。所以我们所谓的富"翁"，看来财富的积累的确要到近60岁才到顶峰。但是当把大陆、台湾、香港三地的富翁数据分开来看，则开始出现好玩的规律：

大陆富翁们平均年龄47.6岁，净资产40亿；

台湾富翁们平均年龄56岁，净资产49亿；

香港富翁们平均年龄71.8岁，净资产99.8亿。

台湾富翁们比大陆富翁们平均年长约9岁，而比香港同行们年轻约16岁。为什么三地的创业者会有这么大的年龄差异？难道大陆的富翁们更加聪明？还是大陆的富翁们比其他两地的更加努力？

我们可以继续从他们的创业史里面找答案。当你观察他们的创业史，你会发现除了顶级成功者们自身的努力，他们还有一个共同点——他们幸运地在恰当的时候，遇见一个前所未有的经济发展高潮，抓住了自己的机会。

大陆的经济发展高峰期从20世纪90年代开始。马化腾在1998年创业，一年后QQ上线，那一年他28岁。20世纪90年代，大陆的创业者们的平均年龄为28~38岁。

台湾的经济发展从1974年10项基础建设时打下基础，到20世纪80年代成为亚洲四小龙之一。郭台铭在1974年创立"鸿海"，1977年扭亏，1982年进入计算机线缆装配领域，奠定现在的地位，那一年他32岁。20世纪80年代，台湾的创业者平均年龄是27~37岁。

香港的经济从20世纪70年代开始腾飞。李嘉诚1950年创立长江工业有限公司，在1958年投资地产，1967年地价暴跌，长江工业收购大量地皮储备，五年后公司上市，股票超额认购65倍，他因此奠定江山。那一年，他44岁。香港的创业者那个时期的平均年龄为32~42岁。

三地的顶级者有几个共同特征：

第一，恰逢一个百年不遇的经济高增长时期。

第二，他们都在增长的关键行业（大陆的互联网和台湾的电子、香港的地产），抓住了一个机会。

第三，他们当时基本都在27~40岁之间，而且在这个关键领域已有一段时间创业积累——等你看到机会再开始往往就跟不上了。

以上三条，成就了他们的财富传奇。

从生涯的角度看，27~35岁是人们开始创业的最好时机——此时人的智力、社会视野和眼界慢慢成熟，人脉也渐广，同时还没有太多的家庭和思想负担，正好可以开始。一旦过了这个时机，不是负担太重，就是害怕失败，很多人宁愿做职业经理人。

如果第二条"在关键行业抓到关键机会"考的是后天的眼力的话，第一条和第三条则有很大幸运成分在——谁也无法独立掀起大潮，而谁又能管得住自己的年龄？

他们恰好在百年不遇的经济腾飞时期（天时）、在合适的行业（地利）、在最合适的年龄（人和）做好了准备，才成就了他们幸运的财富传奇。这让我想起中国一句古话：

生死有命，富贵在天。

机遇、天赋与勤奋是获得巨大财富的必要条件，缺一不可。成功者一定都是努力奋斗的，但是努力奋斗不一定就能获得巨大的成功。我们的确可以通过努力获得应得的财富，甚至走上时代的顶峰，但是那些走上顶峰的人，需要多一分幸运和机遇。

只要努力，定有小成，但是极端的贫穷和富有很大程度由机遇决定，成功路上的竞争，并不公平。

世界排名	姓名	地区	年龄（岁）	净资产（亿美元）
14	李嘉诚	香港	81	210
22	李兆基	香港	82	185
103	宗庆后	大陆	64	70
106	郑裕彤	香港	84	68
129	刘銮雄	香港	58	58
136	郭台铭	台湾	59	55
176	张近东	大陆	47	45
189	王传福	大陆	44	44
197	蔡衍明	台湾	53	43
197	吴光正及其家族	香港	64	43
212	许家印	大陆	51	40
249	梁稳根	大陆	53	36
249	马化腾	大陆	38	36
258	冯国纶	香港	62	35
258	李彦宏	大陆	41	35
297	刘忠田	大陆	46	32
307	吕向阳	大陆	48	31
307	周成建	大陆	44	31
			56.61	60.94

（资料来源：福布斯富豪排行榜）

7 成功可以复制，可没法粘贴啊

如果巨大的成功如此依赖机遇，那么模仿成功人士的故事，似乎是最好的方式——毕竟这些方式他们尝试过。这也是成功故事如此泛滥的原因。

但是大部分的成功故事可以复制，却无法粘贴到你身上。听听这个生涯案例：

志明22岁毕业，父母帮他在家乡电厂安排了一份不错的工作，但是他想要离开这个安逸的二线城市，去大城市里尝试一下。他找周围的人寻求建议。

他的二姨，一个在电厂工作多年的会计，告诉他："没意思，外面还是一样，我好多朋友都出去又回来了，混得还不如我。叶落归根，你最后还是要回来的。"他在老家地税局的发小儿则劝他说："去吧，一定要出去看看！我这一辈子就这么完了，特没意思。"他来自上海的室友告诉他："肯定是大城市啊，大城市发展机会多，而且眼界也不一样。年轻时多体验比什么都重要。"他的母亲很心疼他："傻孩子，外面哪里有那么好混？物价高、房价贵，还是回来吧。你爸给你安排的工作多好啊，回来离我们也近，你以后就会知道，好好过日子比什么都强。你从小就没有离开过家，一个人照顾不好自己，当爸妈的不会害你啊……"说到这里，妈妈哭了。

志明很困惑：**我到底该过什么样的生活？**

正在读这本书的你，有没有过类似的困境？在每一个人生的十字路口，我们都会遇到这样的情况——我们像站在任何一个城乡接合部的车站，这里停着无数快载满人的车，在每一辆车上，都站着一个人在卖力兜售：快上快上，马上走了！这个时候，你会上哪一辆车？到底哪一辆车，是你的命运终点？

我们有理由相信父母、二姨、发小儿与室友都是真心为志明好，他们也给出了自己所相信的最真实的看法，但是为什么他们的建议那么不同？哪个才是最合适的？他又该怎么办？

还记得《小马过河》的老故事吗？小马希望过河又不敢，老马建议他问问朋友们。老黄牛说河流很浅，过河就是a piece of cake（小菜一碟）；小松鼠说河水深不可测，有去无回。小马困惑了……回去问妈妈。

老马鼓励小马自己试试看——当然老马自己走过，知道那条河不至于把她亲儿淹死——最后小马成功渡河，并且理解到：

别人的建议，总是别人的。主意只能你自己"生成"一个。

智慧的老马懂得这个秘密。当人们告诉你"你应该……"的时候，他们其实真正在说：**"如果我是你，我会……"** 我把这个思维模式称为"建议翻译器"，你可以自动把他们的话改个内容，很多事就会豁然开朗。

一听到：你应该……

就换成：如果我是你，我会……，因为……

让我们翻译一下对志明的建议：

二姨说："如果我是你，我还是要回来的！我喜欢宁静的生活，我在这里过得很好。"

发小儿说："如果我是你，我当年就会离开的！我渴望激情的生活，在这里过得很无聊，真的不想一辈子这样过下去。"

室友说："如果我是你，我一定会去大城市！我喜欢未知的可能性，从小在城市长大，觉得机会和视野非常重要！"

母亲则说："如果我们是你，就选择安安稳稳的生活。我们事业上已经没有新的可能，所以觉得家庭最重要。"

当你安装上**建议翻译器**，你会发现他们每一个人都希望你"好"，之所以建议不同，是因为他们对"好"的标准完全不同，因为他们本身就是不一样的人啊。就像那些拉你上车的长途汽车售票员，他们每个人都希望你坐上他们自己的车，这天经地义。问题是：你自己想去什么地方？

我的一个兄弟来深圳玩，他发现周围的人都叫他"靓仔"，问之，和帅哥同义，狂喜。终于邂逅能欣赏自己气质的审美群落，让他卸下多年不堪重负的压力。第二天，我们去机场接宿舍公认的猥琐男，他一出机场，就被一群浓妆艳抹的大妈拿着小旗子围住——靓仔，要不要住旅馆？

每个人对"靓仔"的评价标准不同，其实大家对"好"和"幸福"的标准也各异。二姨觉得"少走弯路"是好，发小儿认为"精彩的生命"是好，室友认为"更多的可能"是好，而父母则认为"家庭和谐"是好。所以虽然每个人都很真诚，但他们都在说"如果我是你，我会……"的建议。

这些建议都没有问题，而志明之所以困惑，背后真正的问题是：我到底是谁？我想要什么？

志明和你们每一个人一样，都是独特的。你们有自己独特的人生意义，有独特的能力、天赋和独特的思考方式（上帝保佑你真的有），对未来也有各自不同的期待，你们还有独特的能力和资源，能创造与其他人不同的自己的生活。

在人生的十字路口，每一辆车都在喊"马上走"，但是哪一辆才是你的车？你要和谁一起？你要去哪里？

到底哪一个是"对"的？其实每一个都无比正确。正如没有人会一大早起来伸个懒腰，然后说"我决定过×蛋的一天"，没有人会在内心深处希望自己的人生像狗屎一坨。回归到终极价值，"宁静""精彩""自由""家庭"，每一种终极价值观都无比正确，都有各种经典与哲思作为支持，有无数名言与传奇在背后做注脚，也一定都有路径可以到达。

从绝望中寻找希望，人生终将辉煌。但是你选择哪一种颜色的辉煌？是耀眼，是气质，还是精彩，抑或是宁静？这才是个问题。所以，别人的成功可以复制，但是不能粘贴！很多时候，甚至连操作系统都不同。

每个渴望成为独立个体的人，都需要创建自己的定见——一开始肯定没有，那么就多收集各路信息，小范围地试试错，先上一辆最想上的车，舒服就坐下去，不舒服尽快下车，然后回到车站，这次你的选择一定会更加精准——**定见不诞生于别人的建议之中，而是在自己一次次的试错里**。我们不是"**找**"到自己的样子，而是"**成长**"为自己的样子。

什么？你问，如果是我，我会如何回答？

我也有自己的定见。我会说，如果我是你，我会尽快开始尝试一下。因为如果不尝试，我们永远也不知道前路是否适合。我痛恨像傻子一样站在路口等待答案，期待某一天会出现大师般的人告诉我该如何，我也痛恨某一天我随便上了一辆车，仅仅是因为那一瞬间有人声音很大，而我又恰巧寂寞难耐。

后悔没试过和后悔做砸了的量级永远不一样，前者让你更懦弱，后者让你更智慧。

不过即使你此刻再认同我的说法，也请你记得，你不是我，永远不是，也不应该是。

尝试梳理一下前面我们得到的结论：
- 所有的建议都是"如果我是你……"的建议；
- 你的人生方向是你自己"找"出来的，不是听回来的；
- 你得知道自己想要什么，至少你应该开始试着去知道。

但是我们会不会遇到这样一种情况：有这么一个人，与我完全没有利害关系（无期待），神奇的是，他完全就是我希望成为的那个人（人生方向完全一致），我是否可以不用自己创造点什么，而去粘贴他的成功之路呢？这样的成功是否能够复制？

我们身边这样的人并不少，我们奉他们为人生偶像，看他们的传记，仿他们的言行，追随他们的道路，希望成为他们那样的人。这是件挺好的事，因为目标一致的成功，至少复制起来比较容易。

但是我依然要说，这样的成功可以复制，却无法粘贴。

8 如何再造一个乔布斯？

1. 经历无法复制

既然那么多人要当××界的乔布斯，我就来谈谈乔布斯，以便更好地解释我的观点——成功即使能复制也没法粘贴。

乔布斯成长于嬉皮精神盛行的伯克利附近的一个寄养家庭。继父是当时最好的汽车机械工程师之一，非常善于将不同的配件组装起来然后卖掉，他从小教育乔布斯关于好产品的理念，也就是今天被盛赞的工匠精神："一名好的木匠会在壁柜的背部也用上最好的木板。"

这种秉持细节完美的理念，让乔布斯坚持在苹果的产品上不断尝试最好的配件，当人们打开用户自己无法打开的iPhone手机，他们会被里面精致的线路设计和布置感动——即使在没有人看到的"壁柜背部"，苹果也一如既往地呈现出无与伦比的美感与精致。

乔布斯的青春期，也是美国互联网革命的青春期。他是第一批参加黑客（互联网的第一批天才）聚会的人。在聚会上他结识了沃兹，后者成为他的好朋友和商业合作伙伴。当沃兹设计第一台Mac的时候，乔布斯做的更多是"买买汉堡与薯条"的工作。他从利兹大学退学后四处晃荡，之前在选修课上接触到书法，让他意识到"工具不仅应该传递信息，还应该传递美"，这也成为他在苹果产品设计上坚持的理念——手机作为一个通话工具，不仅应该能够通话，还应该是美的。

那个年代的嬉皮士集体对西方文明感到失望，一起向东看。乔布斯辗转去印度修习禅学，禅学的苦修与极简主义深深影响了他。他认为极简使人敏锐，这让他终生坚持每天一小时的冥想与素食主义。他笃信"less is more"（少即多），这让他敢于推出只有一个物理按钮的iPhone。

乔布斯的才干，从他不可复制的生活经历中打磨出来。

什么？你决定现在就背井离乡，先认个东风一汽的高级工程师做义父，参加黑客聚会，退学学书法，然后去印度拜师然后回来吃素？如果你真能做到，请务必微博私信我，我们交个朋友。不过即使你做到上述一切，你也无法复制出一个乔布斯来，因为才干无法复制。

2. 个人才干无法复制

先放一下乔布斯，讲一个我们永远的男二号小明的故事。

小明回家路过邻居姐姐家窗口，看到她脱光衣服躺在床上，摸着自己的胸说："我要一个男人，我要一个男人！"

第二天，小明回家，发现姐姐果然有了一个男人。

小明冲回自己家，脱光衣服，摸着自己的胸说："我要一辆单车，我要一辆单车！！"

这个故事告诉我们什么？

这个故事的真实寓意是：也许别人的成功模式你能学会、经历你能模仿，但别人有些你永远不知道的才干。

什么叫才干？在"能力"一章里我们提到其定义："个人所展现的自发而持久的并能产生效益的思维、感觉或行为模式。"才干常用来形容人的个性、品质和特征，它对职业业绩优秀有很大的贡献，在生活和工作中被无意识地使用。

这些才干有的是天生的，有的来自数万小时的练习，让某些能力习焉不察地融入你的能力中。最要命的是，正是因为这些能力如此习焉不察，很多时候使用者并不自知，只能通过测评、亲友认证，加上自身体验交叉验证。所以即使在他们本人亲笔撰写的回忆录中，也不会提到自己的才干。你只能从一些旁人的描述了解到这一切。

还是拿乔布斯来举例子。乔布斯的审美是书法课培养的，还是有天生的成分？大家都知道乔布斯是养子，亲生母亲在他之后又生了一个妹妹。当乔布斯知道这件事，他决定去寻找他素未谋面的妹妹。在《乔布斯传》中，他这样描述与妹妹的第一次见面：

"我们非常之像。"

他们相约去了附近一座教堂，在那里他们发现他们喜欢同一个细节，对于美有非常类似的观点。他们都表现出类似的审美才干。而后天的生活让这种审美的才干开出不同的花朵：乔布斯的继父是机械工程师，乔布斯选择了退学，专注于艺术和科技的融合，渐成iPhone；而妹妹跟着妈妈，她拿到了文学硕士，成为作家。

这种对美的判断在乔布斯的职业生涯中起到过巨大的作用，这才干到底是天生，还是有什么小概率的后天巧合，让他和从未见过面的妹妹拥有类似的才干？真的无从得知。

但有一点是可以确定的，虽然并未受过系统的美术教育，乔布斯却无比依赖这种才干。前段时间爆出乔布斯曾经对Apple TV的界面说过"不"，但是在他离开以后，再也没有人对产品说过"不"。所有乔布斯年代的设计师，都对乔布斯说"不"的速度与坚决感到震惊——而正是那种斩钉截铁的审美能力造就了今天的苹果店、iPhone和iPad，这种果断背后凭借的不是某种训练出来的能力，而是一种才干与直觉。

我自己有过类似的例子。有一次在与朋友闲聊的时候，他们开玩笑说你可能是"世界上最有亲和力的生涯导师"，我觉得很好奇：我从不觉得自己有亲和力，在我的自我概念中，我可是一个长发迎空、桀骜不驯的少侠（说到这里大家都建议我照照镜子……）。后来我看自己的咨询与培训录像——看到自己很自然地在上课前走到陌生的学生堆里面去聊天，看到自己蹲下来听某个人说话，看到自己舒服地坐在咨询椅上，对面的来询者逐渐放松下来……我深深地意识到我真的有"亲和力"的才干。而我竟然20多年对此一无所知！

如果我在有生之年能牛×到值得被写传记的程度（我宁愿被归为"少儿读物"，也不要被放到"成功励志"那一类），我一定会语重心长地告诫我的后人：做培训与咨询时，讲话一定要犀利，笑话可以再贱一些，全然不顾那是因为我有很好的亲和力在托着。

所以即使你读完了名人所有的故事经历，他的天赋和才干你也很难觉察，更不要提复制了。最诡异的是，很多时候，不是他们不说，而是他们自己都不知道。与其说乔布斯改变了世界，不如说是世界选择了让乔布斯发动这个改变。

3. 时代无法重来

好的，我们大胆狂想一下。这个叫小明的家伙，坐时光机，回到20世纪60年代完成了关于乔布斯所有的不靠谱的修炼，拿到乔布斯的DNA给自己注入审美的才干，然后带着这一切回到现在这个时代，他能通过复制乔布斯的经历成功吗？

答案还是：不行。

比起乔布斯的个人经历，对他的成就更为重要的是，他生活在20世纪60年代的硅谷，这让他与世界上最伟大的IT领袖成为朋友或者敌人。他的导师是甲骨文公司的拉里·埃里森，他的敌人是IBM和微软的比尔·盖茨，先友后敌的是百事可乐CEO史考利和Google的拉里·佩齐……

一个人伟大，往往不仅因为他的经历，更因为他的伙伴、他的对手，还有他的时代。

伟大从来都是天时地利人和交集的东西。

在今天这个时代，经济、互联网、移动终端以及信息技术的发达，正在以一种前所未有的方式创造和改变这个世界。各个行业随着不断地网络和电子化，边界逐渐融合，形成新的商业版图——这也意味着，即使乔布斯本人直接复活，也无法以相同的方式取得成功。

如果你在20世纪80年代照过照片，你一定还记得柯达这个品牌。柯达胶卷以化工产业起家，以色彩还原逼真为竞争力，与颜色鲜亮的富士公司分割了世界几乎90%的胶卷市场。从1888年生产出世界上第一个感光的胶卷，一直到2012年9月19日宣布破产之时，柯达已成立130余年，业务遍及150多个国家和地区。

柯达的破产主要是因为跟不上数码相机的潮流，但讽刺的是，数码相机技术正是柯达自己在1975年发明的。不过当时柯达的胶卷实在是卖得太好，所以一直没有真正关注过数码技术。

几年后，当柯达惊觉数码相机渐成趋势，自己大势已去，尼康、佳能、索尼等品牌早已占据市场。从此开始了数码相机群雄割据时代。一个做胶卷的化工公司，却受到来自电子产品的围剿，估计是谁也无法想到的吧。

好景不长。很快，数码相机厂商也遇到了强劲的对手——智能手机。诺基亚在2004年推出第一部百万像素级的手机7610。当手机也能拍出好照片时，谁又愿意专门带一台累赘的数码相机？自1996年以来，诺基亚连续14年占据市场份额第一名。数码相机除了高端的数码单反一支幸存，其他都慢慢衰落。

但历史总是惊人地相似，诺基亚代表的传统手机也没有挺多久。2007年iPhone横空出世，五年后其市场份额超过诺基亚。诺基亚这个北欧"贵族"放不下身段，既不愿意抄袭苹果，也不愿意投入安卓门下，而选择了和另一个迟暮的巨人微软合作，推出了WP（Windows Phone）系统，结果反响冷淡。

在2013年9月3日，诺基亚的手机部门正式被微软收购，一代巨人从此倒下。诺基亚的塞班系统的理念是"最好用的手机"，而iPhone的理念则是"能打电话的随身电脑"。虽然一直到今天，诺基亚Lumia的信号和结实程度依然一流，但人们还是难以抵挡在手机上使用各种软件的诱惑。

在20年前，商界人士无法想象：一个百年的化工公司竟在10年内被数码产品商打败，手机厂商则在10年之内逐渐取代数码产品，而一个硬件厂商在五年内动摇世界份额第一的手机厂商。这个世界变化越来越快，而且不可预测。

再回观苹果，它现在面临几大强敌——做搜索引擎的Google、做手机的三星（以及中国市场的小米），还有做电子书的Kindle。乔布斯改变了世界，他猜到了开头，却没有猜到结尾——这个世界改变得比他想象的快多了。

几年前，杂志社的编辑永远无法想到网络媒体（我曾经在2003年遇到过一个名刊的编辑，谈到网编，他翻白眼、咧嘴、嗤之以鼻：那也叫编辑？）会如此迅速地取代纸媒。而由网编摘录来提供内容的网站，几年之内迅速被博客所取代。博客写手的热气未散，有一天突然又成为播客的天下。然后是140字的微博，然后是读图时代，最近大家连140字都不愿意写了，点赞就好。这个世界将会变成什么样？

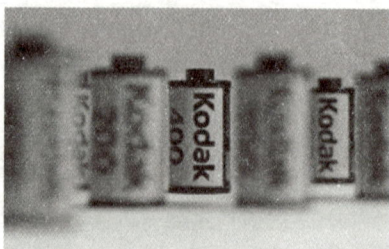

当年如日中天的柯达

我也不知道，崔健说："不是我不明白，是这世界变化快。"

我的很多读者来自教育培训界，我再来谈谈关于教育培训的可能性。我在2012年见过当时还很新鲜的3D录像机和投影仪——今天的技术已经能够把这样一套系统做到10000元以下，如果配以相应的编码技术和网速，通过网络的两地3D同投变得非常可能。

第一部百万像素级的诺基亚7610手机

培训界很少有人意识到这意味着什么——这意味着几年之内，只要有一两台投影仪，我们就能够在全世界范围内，以栩栩如生的3D效果，看到最好的一个老师站在你身边同步讲课，而不需要邀请他到现场！更好玩的是，如果听课的学生在自己的手机上安装一个提问的App（应用），就可以随时与老师或者同学互动互通，比举手都方便。只要网速够快，与真实的课堂没有什么区别——相比10年前那种巨大的500人教室，效果甚至还要好。

这又意味着什么？首先意味着讲课的成本越来越低——想想企业省去的差旅、接待、吃饭的费用，还有老师本人来回的时间成本，以及可以多个子公司或者不同公司分摊的费用。其次意味着在未来的培训市场，每一科目都会慢慢洗牌，成为只剩几个巨人和一群"侏儒"的世界——如果在本地能轻松廉价地听到顶级老师的课，还会有人以高价去听一个不那么好的老师的面授吗？

如果只剩第一名，其他人的机会在哪里？第二名的机会在于与第一名完全不同，第三名的机会也许在于服务比较好，而其他人的机会则在于更细分的市场，或者让那些无法取代的、针对个体的服务或咨询必须出现。这是我看到的趋势，也是新精英现在努力的方向。

回到关于复制成功的主题，即使两个一模一样的人，也无法通过模仿对方获得成功，因为这个时代变化太快。那些当年让你成功的因素，也许会让你在10年后的社会惨败。

成功无法复制

比尔·盖茨出生在美国爆发IT革命的初期，又有个与IBM董事长共事于同一家基金会的妈妈；巴菲特的职业生涯正好横跨美国百年不遇的经济大腾飞30年，如果换到现在这个时代，即使他本人向天再借500年，也未必能保持恒定的回报率；林书豪爆红于姚明离开NBA、以此为生的媒体焦虑地寻找下一个华人明星时期；李宇春等超女蹿红在唱片业尴尬时期——由于MP3盗版泛滥，推出的唱片无人购买，而粉丝当然支持自己选的偶像，音乐从唱片经济转为粉丝经济。而出于某种阴暗的集体潜意识，国内的互联网每隔段时间，就要集体嘲弄一个女性供大家消遣，芙蓉姐姐、凤姐等的出名正属此列。

大部分人的耀眼成功，都是汇聚了天时地利人和。即使他本尊亲临，也无法复盘。不管如何努力，再造一个乔布斯的计划，一定会全盘失败。

如果有人问围棋大师，哪一步是你下出的最好一步？大师也只能摇头无语——最好的一步只有在那盘棋局中才能显现，脱离棋局去说"最好"毫无意义。成功人士的巨大成功，也许就是那个年代的棋局里最好的一步。

你与成功者经历不同、内在才干不同，最后即使你能搞定前两者，能让你成功的环境和时代也早已改变。所以成功无法复制。齐白石说"学我者生，似我者死"，就是这个意思。这个世界上只有一种方式一定不能成功，那就是模仿别人的成功。

成功的道理，追忆起来头头是道，面对未来如履薄冰。

9 成功漏斗模型——成功人士看不见

难道那些名人说的"努力就一定能成功"是假的吗？他们好像没有必要骗我啊？

我想你说得对，主张这个观点的人，虽然不乏欺世盗名居心不良者，但还是有相当多的成功人士是发自内心的，他们依然坚信"只要做你热爱的工作"或"只要努力"就能成功。

事实上，成功人士有自己的视觉盲区。他们往往会陷入一种叫"成功漏斗"的心智模式。

什么叫"成功漏斗"？从前面的分析我们能够知道，成功事件虽然不太可能完全复制，却有各自的模式。

第一步：看到趋势，朝传球的方向跑

在我还没有发育到完全展现出不适合打篮球的少年时代，我参加了年级篮球队，并且学到了篮球第一课：第一，打篮球不光是投篮，重要的是要跑位；第二，不要朝球的位置跑，要朝传球的方向跑。

职业生涯规划多年，我深深理解这个道理。尤其对于"体力"不好的职场新人，不要向现在的职业最高点方向走，要向未来的职业方向走；不要做现在能兑换价值的事情，要做未来能兑换价值的事情。一个职业经理人，如果没有生存问题，30岁前，不要想着赚钱，而是要赚本钱。

我的一位朋友被邀请参加奥运会的演播，但是他正参与汶川地震的一个救灾活动，所以婉言谢绝，回来以后，失去了电视台的编制。我告诉他未来的趋势在互联网，如果你想重新赶超同事，现在可以去视频网站应聘，他们肯定稀罕死你了。时值2009年，优酷土豆等网站并不算太火，而且也远不及电视台的气势。最后基于很多理由，他还是没有下定决心。几天后的课堂上，我举例子提到这事，说者无心听者有意，其中一位听众暗暗做出一个决定。他几个月后从地方电台离职，进入视频网站，三年后该网站上市，前段时间又收购了另外一家门户网站，而那位同学，早已位列总监仙班，职业收益也颇丰。

所以，刚进入职场，体力和能力不是最强时，记得向传球的方向跑。也许对行业趋势的分析能帮你看到前景。如果你期待更大的成功，则需要看到更大的格局与趋势，耐心下一盘更大的棋。

第二步：拥有才干与能力

仅仅看到趋势与定位，绝不会让你成功。

我爸有段时间总在抱怨，说我们家曾经有过买房的机会，但是由于种种原因错过了，甚是可惜。我告诉他这没有什么好可惜的。没有赶上那个高潮的原因不是没有好的房子，而是没有投资的意识——当时的中国人还没有把房子作为投资手段，大部分人只是为了给自己准备个好的住所。

所以第一，不是你错过了那个房子，事实上你从2000年开始买什么狗屁房子都能涨N倍。第二，这机会甚至到今天一直都有——如果我们那个时候买个深发展股票，现在也长了几十倍，难道不比房子值钱？关键还是我们没有这个意识和眼光啊。

不过我们家用这么多年来投资幸福和安心，倒也值得。

趋势与机会到处都有，但是如果你只是看到，就仅仅是观众。而决定参与和投身其中，则需要极强的判断力。二者差异巨大，看到趋势那叫视力，而投入趋势，才叫眼光。

看到趋势，决定参与，就一定能够成功？其实也不一定，你还需要拥有参与的能力与才干。就好比当年三国，天下大乱，各地枭雄辈出，谁都知道赢了就是皇帝，但是又有几个人能够剑锋所指、人心所向？曹操把着天子，孙权占着江东，刘备流着皇叔血统，这都是才干与资源。

几年前的北京房市，谁都知道会继续涨价，但也并不是所有人都能进得去，有人缺钱，有人缺意识。现在的电子书、移动互联、手机制作，也是人人都看到的趋势，但是能玩得好的又有几人？

2007年，美国的次贷危机席卷全球，中国的现金储备一度超过了世界四大银行的总值。当我们雄心万丈地准备"买几家国际大企业玩玩"的时候，却发现国内能够领导跨国企业的领导人才寥寥——能够流畅地讲英语的倒是很多，能够多元文化管理的就很稀少，而有全球视野和战略的，几乎没有。

所以，比错过趋势更加闹心的，是看到趋势却发现自己完全插不上手——以此献给刚刚进入职场，忙于思考公司战略、时代机遇、商业模式、定位等的职场新人，当我们眼光越来越高，手越来越低的时候，我们会慢慢变成一只长颈鹿。

也以此提醒"吸引力法则"的盲从者，我觉得比吸引不到机会更闹心的情况是，机会吸引来了，你却Hold（把控）不住。我觉得吸引力法则的真意应该是，如果要吸引外界，先吸引自己。

总之，需要拥有能力，你才能成为竞争者，而不是观众。

第三步：坚持与机遇

如果你能过前两关，恭喜你，从炮灰升级为游戏玩家，但是不要高兴得太早。高手过招，除了各自的内力招式，往往还需要一些机遇与运气。

《异类》一书中提到，大部分的IT英雄出生于美国20世纪50年代——如果你出生太早，则IT革命来临时，你已经年过三十，家庭负担太大，机会成本提高，不敢放手一搏；如果太年轻，则无力积累足够的才干与资源。所以前者更多成为"观众"，而后者更多成为"跟随者"或者"炮灰"。

前面也提到过，福布斯排行榜的财富英雄们，各有各的机遇。大陆的借着互联网起飞，台湾的借着加工制造业腾飞，而香港的则遇到了地产大潮。周密的计划以及计划外的机遇，都是成功的不二因素。

作为70后，我热爱《英雄本色》里的小马哥。周润发凭这部电影一举从票房毒药晋升影帝，把整个20世纪80年代的香港影视圈变成"周润发时代"。当他回顾自己的演艺生涯时，他认为《英雄本色》是一个关键："我在香港拍了70部电影，只有《英雄本色》是一生难得遇上一次的好片。1/70的机会！我现在在美国一年只拍一部，就算拍20年也只有20部，而我可能再也碰不到另一个《英雄本色》了。"

1/70，这也许就是机遇和坚持最好的注脚。

第四步：成功了！

到现在你回头四顾，才发现身边当年的同行者已经七零八落，一直能走到今天的没剩几个。你们拥抱，拍着肩膀互相感叹人生不易。

好的，这个时候，镜头打过来，闪光灯亮起来，话筒伸过来，大家围过来问你：为什么会成功？

正如右图所示，从漏斗底部向上看，你能总结的就是："我看到了一个趋势，然后就坚持一直走下去，最后成功了。"或者说得再文艺一些，"发现心中热爱，坚持追随，不要放弃，就是成功"。

这于你是实话，你看到了趋势（时代机遇），且心中热爱（兴趣匹配），然后一直坚持（有达到生存底线的能力与才干，并且不断提升），不言放弃——长生才能救世———直到有一天，你遇到了机遇。

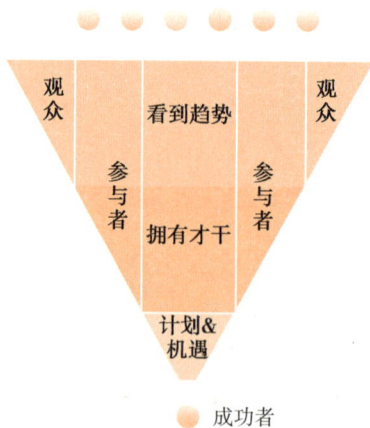

但是如果你走回去看看，会发现很多发现趋势、内心热爱却缺乏能力资源的人，只沦为了**观众**（为考公务员又被刷下来的人们默哀一下吧）。很多看到趋势、拥有才干却在竞争中被刷下来的人，成了**炮灰**（中国中小企业的平均寿命是2.97年）。还有一些死在最后一关的人，他们也许比成功者坚持得更久，却还是没有等到机遇，他们没有成为先驱，反成**先烈**，音容宛在（还记得大明湖畔的团购网站吗？）。

坚持与努力是成功的必要条件，但成功的条件有很多，有时候，还需要一点点幸运。

10　上帝开的努力银行

成功无法复制，我已经讲述得很清楚了，你做何感想？

我最担心的一种观点是**破罐子破摔**：你恍然大悟，醍醐灌顶，哦，原来是这样！原来我的不成功、活得不好，一怪老天没有给我天时，二怪国家不给我地利，三怪我妈没有生出我的才干！至于那些告诉我成功道路的人，他们全都应该好好读读这本书，然后给我闭嘴。

这本书的广告应该这样打："只需五分钟，释然自己的平庸——人生不可不读之书。"

但是事实不是这样，即使环境在变，那些传奇故事里面依然有一些不变的东西，有着闪光的共同点，有着在不同情况下使用的智慧招数。

我推崇的是**踏实前行型**：原来成功与能力不完全相关——成功不能证明你真的有价值，当龙卷风袭来，猪都会飞；不成功也不能证明你很糟糕，那只是下一个故事的开始——关键是走在路上的状态。我们慢慢明白，**成功就是用自己的节奏越走越近**。

我最喜欢的是**创造型**：既然我们处于一个全新的时代，有着与众不同的才干，拥有一个能够改变的未来，为什么我们不创造一个自己喜欢的成功故事？

从那些传奇的成功故事中汲取属于自己的智慧，在全新的世界，搭建一个有无穷可能的未来。

就是这些现实的理想主义者，在慢慢改变世界。

行文至此，我想对职业的成功做一个总结：

1. 努力必有收获。小付出小收获，大努力至少定有小成；

2. 成功=眼光+能力+坚持，巨大的成功=成功+机遇；

3. 内职业生涯发展是外职业生涯发展之源；

4. 通过生涯的学习，掌握规划、技能迁移、竞争力组合等手段，可以加快成功；

5. 求快不配做高手；

6. 成功的故事可多听，但是别全信。成功的建议要少听，用自己的方式做就好。

那么，到底努力重要还是机遇重要？

这本身就是个伪命题，问你这个问题的人，你不妨反问他，H_2O（水）中是H（氢原子）重要还是O（氧原子）重要？缺一个就不能叫水了。

我想，总有一天，我要和我的孩子再聊聊这个关于成功的话题。我就给他讲这个故事：

有个叫上帝的人，他开了一家努力银行。

每个人都有一个自己名下的努力账户。每个人每天都在往里面存自己的努力。有的人存得多，有的人存得少。有人存了第二天就取，有的人则在很多年以后一次性取出来。

上帝在干什么呢？

上帝要保证每个人账目公平，不能有错账。上帝还要标注那些存努力存得最多的金卡客户，给他们分配更多的回报。上帝很忙很忙。

但事实总是这样，总是那么几个最努力的人有最多的回报，这工作也太不好玩啦。

所以每隔10年，上帝就调出所有的金卡客户，抽一次奖，然后随机把一个巨大的成功分给中奖的那个幸运的家伙。

所以，宝宝，只要努力，就会有合理的回报。而那些巨大的成功，往往来自幸运——但是请先确定，你努力地拿到了金卡。

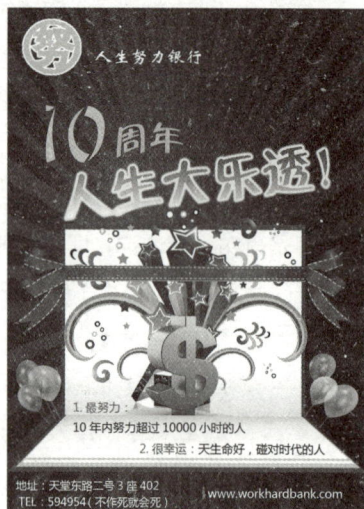

努力银行

Chapter 6

你的生命有什么可能？

1　你的人生有什么可能？

不同的你

你的人生追求是什么？你未来会成为什么样子？

作为生涯规划师的我，自然每天都要问这些问题。

回答也自然多种多样：

成功、自由、改变世界、钱、家庭幸福、真正的友谊、爱情、创业、家人健康、智慧、学历、世界和平、精彩的人生、快乐的人生……

但是如果一个问题没有搞清楚，以上所有的回答就都没有基础，那就是——我们的生命到底有什么可能？

生命给可能性留出了多大空间、多少种追寻方向？

这些追求之间到底谁优谁劣？追寻改变世界的人，是不是比追寻爱情的人更加伟大？追寻智慧人生的人，是不是比追寻自我的人更加值得尊敬？一个回归家庭的母亲与一个单身女强人，到底谁更加幸福？

生命与生命之间，到底有没有可比性？

这些问题促使我开始对生涯维度的思考，思考的结果，就是接下来谈到的生涯四度。我们的生命有多少维度，有什么可能？

2 人生的四种方向：高度、深度、宽度和温度

生涯的第一个发展维度：高度

终极价值：影响力与权力

人向高处走，水往低处流。向上发展，与更强者接触，进入与创造更大的平台，掌握更高、更大、更强的资源，最大限度地影响世界。这似乎成为一个不言而喻的人生追求方向。今天你走入书店，至少有半墙书是关于如何找到这个方向的——主人公童年如何不幸，如何逆境成长，如何抓住机遇，如何巧遇贵人，如何一败涂地而后又东山再起。我想我不用太多举例。

高度是一个清晰的人生隐喻——一个人走得越高，就有越多人能看到他，他也就能获得越多的资源、看到越多可能——高度意味着一个人在社会中能达到与掌握的地位、权力与影响力。生涯高度的追寻者，他们热爱竞争，有感召力与影响力，渴望资源与平台，希望有朝一日用自己的方式改变世界。

你猜得没错，大部分的领袖、政治家、企业家、帝王都是生涯高度的追寻者。

我的生涯高度：

问问自己：我能否热衷于成为一个对于世界、群体、组织或家庭有重要与深远影响的人？我能开创或管理多么伟大的组织或公司？我能多大程度地用自己的方式改变世界？

生涯高度是一个外显的维度，我们可以通过社会地位、财富收入、名声与权力大小判断一个人的生涯高度。

生涯的第二个发展维度：深度

终极价值：卓越与智慧

传说雅典被罗马攻陷之日，两个士兵闯入阿基米德的房间，看见他在桌子前面整理几何手稿，他的最后一句话是：等等，让我算完这个算式。我相信这个关于阿基米德的故事。所有在深度路上的追寻者，一辈子都在用生命说这句话：等等，让我想明白这个问题。

生涯深度指的是人们在思想、智慧、艺术与体能上达到的卓越与精进程度。 正如于丹解读的《论语》名气最大却不一定是最专业的，影响力最大的人，并不一定是最精

通这一领域的人。生涯的另一个维度就此展开，生涯深度的追寻者们渴求真理、寻求极致、反复打磨，让自己炉火纯青，他们希望站在人类知识的顶峰、思考的极限边缘。

今天你依然可以在很多领域找到这些追寻生涯深度的人。物理学家建造能环绕半个瑞士的粒子加速器，为的是找到"上帝粒子"；诗人贾岛"鸟宿池边树，僧敲月下门"反反复复地炼字；印度恒河边在冬天赤身苦修的瑜伽行者；小提琴家每天近10小时的练习；古龙笔下每天拔剑一千次的剑客；奥运健儿四年超过10000小时的苦练……他们在不断地冲破人类对思想或身体极限的认识的同时，也让自己的生命走得越来越深邃。这就是生涯的第二个维度——生涯的深度。

我的生涯深度：

问问自己：你是否曾渴望在某一个领域达到最高的知识或技能水平？你是否对突破自己某方面的极限感到兴奋？你是否愿意在某一个专一的技术领域投入自己巨大的努力？

生涯深度往往通过行业内的专业奖项评定。如学术界的学术地位、科学界的诺贝尔奖、新闻界的普利策奖、体育界的奥林匹克金牌等。

寿司之神

能够在深度方面有杰出成就的人，生涯是最"无趣"的。他们的职业经历都特别简单，从16岁开始做一件事情，然后每天反复地做。没转行，没跳槽，无职业规划，不跟人竞争……慢慢修炼，突然有一天，他们声名鹊起，成了高手。

我写着都觉得无聊，不知道他们是如何过下来的。我刻意没有挑选科学疯子，比如纳什，或是一辈

我爱自己的工作 一生投身其中

子没有走出过小城、作息规律到小城里的人以他散步的时间来对表的康德。我专门挑选了一个做寿司的老头儿，就是想说，深度不仅仅意味着科学，只要对某一个领域准备一辈子钻研下去，你就可以从方方面面找到深度。

寿司之神小野二郎就是这么一个人。

他从战后回国开始学做寿司，一直做了60多年，现在85岁。他的寿司店在东京银座地铁站，只有10个坐席，每顿饭最低消费3万日元（约合1826元人民币），需要提前一个月订座位。这家店被评为米其林顶级三星餐馆——"值得专门为其安排一次去此国家

旅行"的餐厅，是世界上40余家米其林三星餐厅中最小的一家，他也是所有厨师中最老的一位。当年有人抗议说米其林怎么会给一家只有10个席位的餐馆三星，评委会的答案是，你去过就知道，二郎的餐厅没法给其他星级。

我天生对美食迟钝，属于成都小吃也能猛吃的低水平吃货。但是《寿司之神》中对于寿司制作的描述，与其说激起了我的食欲，不如说激起了我的敬意。每天，二郎的寿司店会提前安排客人的座次，把食客按照年龄、男女、状态调整好位置。这样，在上寿司的时候，后厨能够记得男女的顺序，从而捏出食量不同的寿司。

"这样不会打乱吃寿司的节奏。"二郎说。

如果注意到有客人是用左手拿寿司的，下一次上寿司的时候，二郎会开始从另外一边上。这哪里是吃寿司，都快赶上家庭排列系统（注：**一种心理学的治疗方式，通过家庭人员的排列用系统方式治疗**）了。

做寿司最难的部分是什么呢？其实不是前台的捏制，而是食材的准备。从专业的米贩那里购入特殊米，用高压压制，放入醋保持爽滑，最后放在保温的罐子里，饭粒温度要与人的正常体温保持一致。

米饭上面的食材就更加重要了。二郎长子祯一每天早上去海货市场购买新鲜的食材。与二郎的寿司店合作的海鲜商人，都是只卖单一食材的专家——卖虾的只卖虾，卖章鱼的只卖章鱼，卖海鳗的只卖海鳗。祯一凭借多年的经验和直觉，用手电筒照鱼肉的纹理，用手摸鱼肉的质感，最终买回来最好的郁鱼。

"我们是寿司的专家，但他们在各自的领域比我们更专业。"二郎说。

"整个市场每天只有大概三公斤的野生虾，我会全部留给他。"一个卖虾的老板说。

"最好的郁鱼，只有一条。我们卖给他。"郁鱼老板说。

行业的高手往往有一个业内最专业的圈子，他们只与专业人士合作。因为所有追求深度的人，都发自内心地尊重专业人士——他们知道要做到专业有多难。"只与最专业的人合作"，因为真正的专业人士，是那群比你对产品细节更加较真的人。当你的合作者的要求比你设定的还要低时，你设定目标、提需求、改合同、做协调，最后你发现还不如一开始就找专业人士来做。

食材买回来，下一道工序才是做寿司最关键的部分——食材的加工。章鱼需要放在盆子里按摩50分钟，让肉质鲜嫩。海苔片需要慢慢地在火上烘烤，去除湿气；鱼要腌制五个小时，用文火烤，用筷子挑去杂质。他的寿司团队一共六个人，刚入门的学徒要从给客人服务学起。比如学习手工搓毛巾送给客人，毛巾很烫，要搓好很痛苦。只有等把搓毛巾学好，才能碰刀和鱼，这样大概10年过后，才能学如何煎蛋糕。祯一近60岁时，还未出师。

"我一开始认为自己没问题，但是真到自己操作就做砸……我一共做了三四个月，做了200多个失败品。当我真的做出最后的合格品，二郎说这才是应有的样子。我高兴得哭了。"资深学徒中泽说，他已经当学徒20多年了。

每一天，二郎会站在寿司台前，亲手给每位客人捏寿司。七年前，他设计出寿司的最佳赏味顺序：第一乐章是经典寿司，比如三文鱼、比目鱼；然后是第二乐章"即兴"，按照时令海鲜上食物，比如针鱼、章鱼；最后一个乐章是一些传统菜式，比如海鳗、煎蛋糕。寿司如音乐般流动，每一口你都能吃到二郎的理念。

全部吃完以后，85岁的二郎带着62岁的祯一站在门口，和每一位离开的客人鞠躬告别。

"一旦你选定职业，你必须全心投入工作之中。你必须爱自己的工作，千万不要有怨言。你必须穷尽一生磨炼技能，这就是成功的秘诀，也是让人家敬重的关键。"

"向前看，超越自己。始终努力，精益求精地提高自己的手艺，这就是他教给我的事。"祯一说。

二郎不准备退休，他没有别的休闲方式。他每天早上五点起来，晚上十点多回家，他想继续做到他做不动为止，他认为自己还能做出更好的寿司。追寻深度的人，以全部精神贯注于一点，却从这一点中收获整个世界。

美食作家山本义弘说，伟大的厨师有以下五种特质：

首先，对待工作很认真，维持最高水平的表现；

其次，一心提升自己的技术；

第三，爱干净；

第四，他们是领导者，而非合作者，他们固执地坚持自己的方式；

最后一项，他们永远怀抱热情。

不仅伟大的厨师，所有的深度追寻者都在秉承以上的信条工作。今天中国的商业环境，一味强调做大、做强、可复制，却很少有人认真做精、做美、做独一无二。所以寿司之神二郎的生涯值得提倡。

"我会在梦中醒来，在梦中，只有寿司。"

另一个值得一提的深度人士是科幻大师艾萨克·阿西莫夫（Isaac Asimov，1920—1992）。很多人只知道他是科幻大师、生物化学博士，很少有人知道他是一个科学方面的全才——除了最为人所知的《基地》系列、《银河帝国》三部曲、《机器人》系列外，阿西莫夫一生创作和编著的书超过500本，著作除了哲学类外，涵盖了"杜威图书分类法"的所有类别。

有次作家库尔特·冯内古特实在忍不住，问他："无所不知是什么感觉？"

阿西莫夫回答说："我只知道肩负全知之名是什么样的感觉——提心吊胆。"

（注：见于 In Joy Still Felt）

牛×的是，他还真的上杆子了。

生涯的第三个发展维度：宽度
终极价值：爱与和谐

下午六点半，你整理完一天的工作，把所有文件存档，整理好桌面，长舒一口气准备下班。而这时候你的手机响起，外地的上司在电话中说有件事情希望和你上网再沟通一下。你摇摇头正准备打开笔记本电脑，却收到妻子发来的短信问你什么时候回家吃饭。你的孩子刚三岁，每天晚上九点睡，他等着你回家给他讲剩下的关于小熊的睡前故事。你还不忘提醒自己要顺道给妈妈买药——妈妈年纪大了，得了病，却总舍不得买能报销范围之外的药。你在办公室的门口和电脑之间犹豫了几秒，这让你瞥见办公室门口放着的YOYO的红色羽毛球包，那是你大学时候的爱好，你以前曾经喜欢下班后和兄弟们打上几场，但有多久没用过了？半年？一年？你真希望自己有时间做好这所有的一切。

有没有意识到，在更高和更深的两个维度之外，我们的生命还蕴藏着另一个维度：宽度。高度如攀山，越高位置越少；深度如挖洞，越深知音越少。而这个维度则会让我们从山上和洞里走出来，越走越宽，越来越多地与世界联系。

尼采说："只有上帝和野兽才喜欢孤独。"只要生活在社会里，我们就活在人群中——除了做好自己，我们还有很多角色——我们不仅仅有部门主管的角色，同时还是父母的孩子、父亲、丈夫、朋友、兄弟……如果顺着这个思路数下去，我们还有再多元一点的角色：我们曾想过去读读书，成为某个领域的一个业余爱好者，成为环游世界的人……这就是生涯的宽度。

生涯宽度就是指我们能够打开和做好人生中多少个不同的人生角色，让它们丰富又互相平衡。 生涯宽度的追寻者其发展不在高处，不在深处，而是横向展开——他们的追求是做好生命给予的每一个角色：做一个浪漫又让人惊喜的恋人，做朋友们永远信任的伙伴、做孩子和蔼有爱的父母、做爸妈孝顺如意的孩子。与此同时，他们还努力拓展更多的可能性：成为专业级的玩家，成为热心公益的志愿者，成为有责任心的公民。

奶奶的故事

当我看到彼得·德鲁克最喜欢的作品《旁观者》的第一篇，我就知道宽度的原型找到了，那就是德鲁克笔下的奶奶。

奶奶年轻时娇小玲珑而且容貌出众。但是我所看到的奶奶已是迟暮之年，看不出一点青春美丽的痕迹，不过她还留着一头靓丽的红棕色鬈发，这点让她引以为傲。她不到40岁就成了寡妇，而且百疾缠身。由于得了一种严重的风湿热，造成心脏的永久损伤，因此好像总是喘不过气来的样子。关节炎使她成了跛子，所有的骨头，特别是手指，都又肿又痛，加上年事已高，耳朵也不灵了。

但是这一切都不能阻挡她到处溜达的雅兴。她风雨无阻地走遍维也纳的大街小巷，有时搭电车，不过多半步行。她的随身"武器"就是一把可做拐杖的大黑伞，还有一个几乎和自己一样重的黑色购物袋，里面装满了一大堆包装得好好的神秘小包裹：有准备送给一个生病老太太的一些茶叶、为一个小男生准备的邮票，还有打算给裁缝的半打从旧衣服上拆下来的"高级"金属纽扣……

奶奶家中有六姐妹，每个至少生了四个女儿，所以侄女多得数不清了。这些侄女小时候或多或少都被奶奶带过，因此跟奶奶特别亲，甚至和自己的妈妈都没有这么亲近。在她拜访之列的，还有从前的老仆人、贫困的老太太、以前和她一起学音乐的同学、年迈的店主和工匠等，甚至连去世多年的朋友家的仆人，她都不忘问候。

有一回奶奶想去看住在郊外的"小葆拉"。这个老寡妇是奶奶已经过世的表哥的侄女。她说："如果我不去看这个老女人，还有谁会去呢？"家族中的老老少少，包括奶奶自己的女儿还有那一大堆侄女，一律喊她"奶奶"。

不管和谁说话，奶奶的声音都愉快而亲切，并且带有老式的礼数。即使多年不见，她依然记得人家心中牵挂的事。有一次，奶奶有好几个月没有见到隔壁的女管家奥尔加小姐，再次看到她时，就问她："你那侄儿近来怎么样？通过工程师考试了吗？那孩子可真了不起，不是吗？"她偶尔也会到老木匠的家里走动，并问他："科尔比尔先生，市政府不是跟你们多课了些房屋税吗？后来解决没有？我们上回见面的时候，你不是还为这件事心烦吗？"奶奶的妆奁就是这位老木匠的父亲做的。

奶奶的公寓常常有个妓女在拉客。奶奶和这个妓女说话一样是客客气气的。其他人对这妓女熟视无睹，只有奶奶会走上前去跟她寒暄："莉莉小姐，你好。今晚可真冷，找条厚一点的围巾，把身子围紧一点吧。"有一天晚上，她发现莉莉小姐喉咙沙哑，于是拖着一身老骨头爬上楼，翻箱倒柜地找咳嗽药，之后再爬下去交给那个妓女。在战后的维也纳几乎没有一部电梯可以用，所以奶奶只好这样爬上爬下。

奶奶有个侄女很不高兴，告诫奶奶说："奶奶，跟那种女人说话，有失您的身份。"

"谁说的？"奶奶答道，"对人礼貌有失什么身份，我又不是男人，他跟我这么个笨老太婆有什么搞头？"

"但是，奶奶您居然还给她送咳嗽药去！"

"你啊，总把性病当作洪水猛兽。对此我虽然无能为力，但是我至少可以让她的感冒赶快好起来，不至于让那些男人被她传染，得重感冒。"

……

奶奶死时，也和生前一样，留下了一则"奶奶趣谈"。

有一天，风狂雨急，她仍和平常一样风雨无阻地到处溜达，走着走着，竟走上了车道。司机看到她，想绕过去，但还是让她摔了一跤。于是，这司机连忙下车搀扶。奶奶虽毫发无伤，但也吓坏了。

司机说："老太太，我送您到医院去一趟，好吗？还是让医生检查一下比较妥当。"

"年轻人，你对我这个笨老太婆实在太好了，"奶奶答道，"还是麻烦你叫辆救护车来好了，车上多了一个奇怪的女人可能会损及你的名誉——人言可畏啊。"

10分钟后，救护车抵达时，奶奶已因严重的心肌梗死而死亡。

弟弟知道我和奶奶很亲，因此打电话来告诉我。他以哀伤的语调说道："我有一个非常令人难过的消息要告诉你……奶奶今天一早过世了。"但是，他一开始描述奶奶死亡前的故事，音调就有些改变，最后终于笑出来："想想看吧，只有我们的宝贝奶奶会这么说。七十几岁高龄的她居然还担心和一个年轻人同车会给他带来'绯闻'的困扰！"

我也笑了。不过，我倒想到一件事：一个75岁的老太婆自然不会损及这个年轻人的名誉，但要是一个陌生老太太在他车内死去的话，他要如何向世人解释？

我们每个人身边都应该有过这样的"奶奶"，他们也许不是你的亲人，却总以所有人的庇护者的身份出现，关心每一个相关不相关的人。选择宽度的人，他们的心最宽大、最柔软，也最细腻。没有这种人，人类作为一个物种根本无法延续到今天。

不管怎样

——特蕾莎修女

人们经常是不讲道理的、没有逻辑的和以自我为中心的。

不管怎样，你要原谅他们。

即使你是友善的，人们可能还是会说你自私和动机不良。

不管怎样，你还是要友善。

当你功成名就，你会有一些虚假的朋友和一些真实的敌人。

不管怎样，你还是要取得成功。

即使你是诚实的和率直的，人们可能还是会欺骗你。

不管怎样，你还是要诚实和率直。

你多年来营造的东西，

有人在一夜之间把它摧毁。

不管怎样，你还是要去营造。

如果你找到了平静和幸福，他们可能会嫉妒你。

不管怎样，你还是要快乐。

你今天做的善事，人们往往明天就会忘记。

不管怎样，你还是要做善事。

即使把你最好的东西给了这个世界。

也许这些东西永远都不够，

不管怎样，把你最好的东西给这个世界。

生涯的第四个发展维度：温度

终极价值：自由

2003年4月1日晚上6点41分，亚洲巨星张国荣从香港文华酒店24楼一跃而下，终年

46岁。整个华人世界为之震惊。虽然其时非典爆发，惜命的香港市民却有40000多人从家中走出，送别哥哥。

因为当天是愚人节，对于他的死讯，很多人的第一反应是："开玩笑吧？怎么可能？！"

这种无法理解很正常：在他腾空而起的那一瞬间，他的生涯高度接近一个亚洲艺人能达到的巅峰，他两年前的世界巡回演唱会"热·情"获得《时代》周刊热评；他的生涯深度也几近完美，作为歌手被誉为"天生的舞台表演者"，作为创作人写过《沉默是金》这样的曲子，作为演员又拍过《霸王别姬》这样的电影；他的生涯宽度也不窄，在圈中有不少好友，有亲密的伴侣唐先生，家人也很爱他。事后调查证实他死于长达两年的抑郁症，已有过一次自杀未遂。抑郁症除了遗传，也有性格与环境的因素影响。

张国荣是我很喜欢的歌手，他的故事似乎在提醒我们——有一个维度在我们生命的更深处。一段在外人看起来光彩夺目、高深宽都完美的生涯，却依然有可能不幸福（想想《后宫·甄嬛传》吧）。除了自己的感受，很少有别的外界标准能够鉴定这个维度，这就是我们的最后一个生涯维度：温度。

正是因为这个维度隐藏很深，又缺少外界评价，向来不关心自己的国人，甚至没太在意过这个维度。当他们听说生涯还有温度时，都很震惊——这也算一个维度？正因为这样，我们当中很多人，过着成功、卓越、面面俱到却冷冰冰的生活——如果你知道我在说什么，你一定见过这样的人。

生涯温度指的是我们对生命的热度，我们对生活有多大的热爱与激情，能多大程度活出自己本来的面目。生涯温度的追寻者们渴求自由，探索内在世界，追寻真实鲜活的生命状态，寻找自己存在的意义与天命。这是生涯最内在的一个维度，是评判标准最个性化的一个维度，却也是与幸福相关度最紧密的一个维度。

我的生涯温度：

你希望以怎样的激情与热度投入生活？你是否时常有"那就是我"的自我感？如果时间暂停三天，你做什么都能成功，你会做些什么？

正是因为这个维度如此不容易察觉，所以很多人用其他三个维度来评价这个维度，比如说认为"功成名就""优秀卓越""儿孙满堂"等已然足够。他们认为，这样我们就"应该"温度很高了吧。其实温度就是温度，各人吃饭各人饱，自己温度自己掌握。

他们跳舞，我跳命

民族舞者、"孔雀公主"杨丽萍，《雀之灵》《两棵树》《云南印象》创作者，中国民族舞等级考试专家委员会委员。在中国说到跳舞，没有人能绕过杨丽萍。

"我弯腰下去，手指都不一定碰得到脚趾。所以我基本不懂舞蹈，连欣赏的水平都够呛。"但即便如此，杨丽萍的舞蹈还是很震撼我，尤其是她在舞蹈的时候那种忘我的投入。当一个人能做到这样的极致，这个人便有了天生的魔力。就是这种力量把我按在座椅上，一动不动地看完了她的整场舞蹈。

那不是我们说的"认真"，也远远超越所谓的"敬业"，那是用命在跳舞。

杨丽萍投入跳舞是为了"传播爱与美丽"吗？还是为了让"云南的舞蹈"发扬光大？或者"用舞蹈征服世界"？好像都不是，在一些杨丽萍的访谈中，我们慢慢能找到答案。

当被问及为什么那么热爱舞蹈这个职业时，她说："我不是职业的，我本来就是白族，我是民族民间舞的传承人。跳舞本来就不是我们的职业，跳舞是我们的一种需要、我们的另外一种形式。我们小时候长老都跟我们讲说跳舞是为了跟天和地沟通，是和神灵沟通、对话。民间管我这种比较有代表性的、有创造性的、有舞蹈天赋的人叫'必嬷'，汉话翻译过来就是'巫'。"

巫字有两横，一个代表"天"，一个代表"地"，而中间那根竖代表连结。巫，就是连结的那个人。杨丽萍就是用这种巫的力量，成为连通天地的人。

"我和他们不同，他们跳舞跟老师学，我跟一条河流学、跟老鹰学，我模仿风吹过叶子的声音，我喜欢这样的学习方式。"

女性的一生总是无法回避对宽度的选择。温度和宽度看似相关，其实是完全不同的取向——温度越来越向内，而宽度则越来越向外。杨丽萍也遇到过这样的选择。2002年杨丽萍与台湾丈夫回台北，打算要一个孩子。但是咨询完医生后，她发现只有当自己脂肪含量达到28%以上，才有足够的能量储备去生一个孩子——这意味着要放弃常年的节食，放弃脂肪含量只有百分之几的身材，很长时间停止跳舞。要舞蹈还是要孩子？44岁的她断然选择了舞蹈。

"我这个人来到这个世界上也不是为了传宗接代的，那是其他很多人的事。我可能只是为舞蹈而来的，为了传递民族民间舞。我也不是故意为了事业而不要孩子，我没那么伟大！"

当谈到自己与其他舞蹈演员的区别时，她说："他们是跳舞的，我们是跳命的。"

2012年春节，杨丽萍的孔雀舞再度登上舞台，54岁的她依然优雅得惊人。有观众在电话中说，真实世界里的母孔雀是没有尾巴的。杨丽萍听后笑着回答："但是我想要跳它有尾巴的啊，那怎么办？"

机缘巧合，我在北京保利剧院看到了杨丽萍最后一场封箱演出——《孔雀》。

这是她最后一次演出，除了看舞蹈，大家也是来看杨丽萍的。舞台上的她依然一袭孔雀长衣，轻盈又骄傲，动作精准又没有一丝设计，那些动作，就像抬手吃饭喝水一样简单自然。

但这简单绝不简单，杨丽萍安排她的接班人小彩旗扮演了一个在我看来完全可以没有的角色：时间仙子。时间仙子身着白衣圆裙，站在舞台左边的一棵树下，在整场两个半小时的舞蹈中，一直在以每秒一圈的方式做重复的旋转动作，象征着时间流逝。刚开始半小时大家觉得新奇、好玩，但是在这旋转持续了一个半小时没有一刻停止之后，这安排背后的行为艺术表达了出来。全场人都开始窃窃私语，关心那个已经坚持了这么久的女孩，每次换幕的时候，总有一些掌声，专门留给"时间"。

当右边的孔雀如精灵跳跃时，左边的时间就在以一种安静而残酷的方式告诉我们，舞蹈需要什么样的付出。这也是杨丽萍要表达的：时间，还有艺术，安静而残酷。

在最后谢幕的时候，全场起立鼓掌，演员礼节性返场，观众再鼓掌。

第二次的返场，杨丽萍最后一个走了出来，观众有节奏地鼓掌。那一瞬间，每个人都理解了她的想法。我联想到我上课的最后一天，一定会忍不住哭起来，因为为了这个讲台，我曾付出那么多，只有我自己知道，太不容易了。

全场的观众都热切地看着她，期待她会做些什么、说些什么，甚至回头多看一眼。就连哥哥张国荣这样的性情中人，在舞台上也饮泣三分钟。毕竟她跳了30年，毕竟她牺牲了那么多，今天却要停止了。

但杨丽萍让我们所有人失望了。她轻轻鞠躬，就好像任何一次演出返场一样，利落地离开了。

这谢幕超越之前的整场演出，成为我当晚印象最深的艺术。当所有人都恋恋不舍时，她挥一挥手，蹦跳着离开。

追寻温度者，当自在如是。

我们为她可惜，而在她看来，我们的可惜才是可惜的。

有人把杨丽萍作为生涯不平衡的例子，这想法挺可笑；有人则说这是她为艺术做的牺牲，我觉得他们不懂。说杨丽萍热爱舞蹈都是亵渎，她就是舞蹈本身。这样的生命没

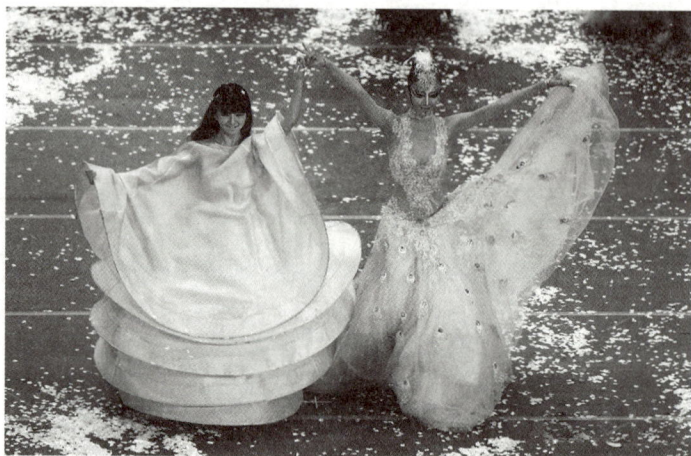

什么不好，而且值得尊敬——她明白自己的人生路向，明白自己所为何来。她跳舞不为名利、不为权力，艺术顶峰也只是一个台阶，她踏在其上，向终极自由一个箭步冲去。

曾有人问登山家："为什么要登山？"

登山家的回答是："因为山在那里。"

"为什么你要这样生活？"

"因为这是我的生活。"

这也是一种选择。

	评价标准	终极价值	感兴趣的领域	典型职业	代表人物
高度	社会认同 影响力	Power 影响力	经济、政治、商业、管理、传媒	政治经济领袖、管理与领导者、市场与销售	毛泽东 杰克·韦尔奇 史玉柱
深度	卓越程度 超越极限	Excellence 卓越	哲学、自然科学、专业技术、佛学	哲学家、科学家、需要高超技艺的职业	陈景润 康德 苏格拉底
宽度	对他人的支持 对家庭、社会的贡献	Love 爱与和谐	社会、家庭活动、公益活动、心理、社会学、基督教	义工、志愿者、全职太太/老公、公务员	特蕾莎修女 墨子 大部分的父母亲
温度	遵从内心 自我、纯粹	Freedom 自由	艺术、文学、灵性	艺术家、诗人、作家、自由职业	顾城 凡·高 快乐流浪汉

你的生命有无限可能

那么，我们的人生，到底有多少种可能？

如你看到的那样，我们的生涯有四个维度，除了追寻功成名就之路，至少还有另外三个可能：追寻智慧、爱与关系和自由。人们陷入生涯困境，往往因为他们匆匆忙忙，却只能看到一个人生方向。当你看到立体的生命出现，而每一个维度又可以有自己的方式时，生命就有无限可能。

我常收到类似这样的邮件：

古典老师，我是一个大专学历毕业生，在一个二线城市的小公司里面做市场人员，公司没有什么发展，我总觉得自己的生命没有什么可能了。

其实你的生命有很多可能：

生涯四度

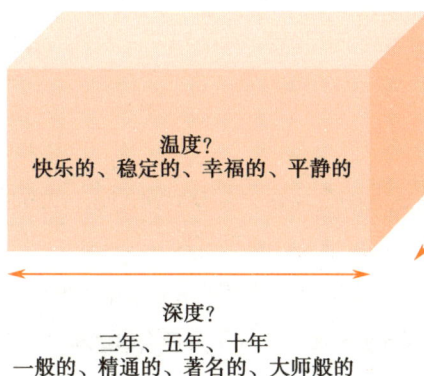

从高度来说，你可以尝试进入更好的公司，谋求更好的行业与职位，又或者沿着职业金字塔向上走，成为市场部经理——总监——公司总经理（市场或者销售总监成为总经理的概率极大）；甚至你可以考虑自己创业，或者再进一步，成为投资人。

从深度来说，你可以尝试成为市场的专家。除了一味地按照公司要求做些例行公事，你是否可以收集一些行业的最新数据，形成自己的独特分析和看法？尝试一些自己想尝试的市场行为？在这个行业领域成为最专业的市场人员？你可以读读相关的市场营销的书或参加培训，甚至去念个好的MBA，成为某方面的市场营销专家。你还可以把你的思考写成博客与书。

从宽度来说，你是否可以考虑好好地谈一次恋爱，组建一个家庭？是否尽到了对父母的孝心？是否能让自己有时间和智慧成为一个伟大的父亲和丈夫？是否可以拥有一项自己的爱好？是否可以支持身边的人？是否可以在业余时间用自己的方式来帮助些人？

从温度来说，你是否理解自己何时快乐，又何时沮丧？你有没有发现自己最喜欢什么？你是否可以每天安排一些时间为自己做些什么？你是否有时间梳理和整合自己的过去，让自己更加身心如一？你是否有一个未灭的童年梦想、一个想去的地方让你启程？

每一维度的功课都够你做一辈子，每一维度也都能让你获得不同的幸福、价值与快乐。我们的人生，其实有很多可能。

3 幸福的方式不止一种

我列举四个身边的人物，他们有各自的生涯格局、各自的烦恼，也有着各自的幸福。

企业家福明

福明是广东某企业的企业家，42岁，潮汕人。他的公司做的是电子行业，公司刚刚在创业板上市，现在每天被利润率压得抬不起头来。

福明的奋斗史是一个传奇。他高中毕业出来闯世界，在一个电子厂打工。因为工作努力成为拉长，然后慢慢升到车间主任，最后台湾老板把工厂交给他打理。他35岁那年出来自立门户，正好赶上智能手机消费高潮。从一个小厂子做到今天占地200多亩的大厂，去年企业的营收超两个亿，是这个行业里最好的一家。

福明很忙，上市以后更甚。每天14小时工作量，对于一个中年人来说，已经很超负荷，剩下来的10小时也不能休息，因为有一些大客户随时会找过来，陪吃饭唱歌谈心喝茶也是重要的工作之一。由于还有海外业务，他也经常会在凌晨接到他们的电话。他时常觉得心力交瘁，但是他觉得他能忍，潮汕人勤劳坚忍的血液在他的身上流动。他希望把自己的厂子再做大、再做强，先是在国内做到三强，然后创立自己的品牌，走出中国。

你可以算得出来，他几乎没有时间陪家人和教育孩子，也没有给自己留什么时间。

他于是给他们购买最好的教育产品：儿子在澳大利亚读商科，他希望儿子回来接他的班；女儿在英国读艺术，他认为女孩子幸福就好。他给他们买了房子和车子，这样他们就可以不用吃自己小时候吃的苦，但他的儿女并不买账，去年他才知道，儿子在澳大利亚早就不上学了，一直在用家里的钱玩。他回去劈头盖脸骂老婆不管教，老婆积怨已久，和他大吵一架。之后他在办公室附近租了一个房子，回家的时间更少了。

"揾食嘛（广东话：找口饭吃嘛），是这样的啦。"他叹口气。但是一想到自己的那个梦想，他又精力充沛起来。

企业家福明给自己的打分是：

高度12　深度8　宽度4　温度6

全职太太Lily

Lily在大学时曾经是出色的校花级人物，优秀、漂亮、阳光、追求者众。她在一次外企的面试中打败11名面试者，成功入围。在接下来的三年中，她是第一个转职的管理培训生，是公司亚太区第一个女性市场经理……

工作第五年，在一次交流会中她遇到了J，他认真工作的样子让她倾心。一年后他们步入婚姻殿堂。结婚第二年，她生了孩子，没有再去上班，成为全职太太。而J的努力也获得回报，事业发展顺利，收入也很稳定。

30岁的她成为女生闺密中最让人羡慕的一个。每天早上做完早餐，送孩子上附近的国际学校，然后自己回来练习瑜伽，看看书。中午简单吃些东西然后午睡，起来和几个朋友喝喝下午茶，下午五点把孩子接回来，一边做饭，一边看看电视。晚上在灯光下给孩子讲讲故事，把故事里面的坏人编成加班陪客户不回来吃晚饭的爸爸的名字，引得孩子哈哈直笑，然后睡去。

这样的美好生活，她也有自己的烦恼。她不太敢参加同学聚会，也尽量躲着自己以前的同事和朋友——每次看到当年不如自己的同学、同事（尤其是女同学）递过来写着总监、总裁的名片，每次商业的话题她都插不进话（那些曾经是自己的专长啊），每次听到他们在饭桌上谈笑间又达成一次合作，她总会怀疑自己，今天的生活真的是自己想要的吗？自己是不是应该出去做点什么？

全职太太Lily给自己的打分是：

高度5　深度6　宽度10　温度8

IT工程师振华

振华26岁，四年前从内地一所中等高校数学系毕业，大三开始学习编程，从此开始疯狂地迷恋编程。他现在的工作是一名IT工程师，在一个公司做研发。

振华的父母是一个小城市的公务员，暂时不太需要他供养。他还没有结婚，也没有找女朋友——这个年代已经不流行了IT男了，女孩子们认为他们不够炫、不够有趣，沟通起来显得有点木讷——他自己也不太着急，每次就哼哼哈哈地应付着电话里着急的父母。

振华对钱没有什么兴趣，现在每个月10000的工资他觉得足够了。他住在一个三居室里的一间，每天中午吃20元的外卖。他对创业不感兴趣，也不想升官。因为技术好，公司曾提拔他做过一段时间的主管，后来却因为实在不善于沟通又退了下来。振华的梦想是成为一名技术高手，做一个牛×闪闪的网站或者产品。程序员的职业生命其实不太长，在30岁以后就会随着体力下降而"衰退"，振华觉得时间紧迫。为此他天天挂在技术论坛上，业余时间还用蹩脚的英语去国外的专业论坛与人沟通，再回来现学现卖。三年下来，他慢慢成为国内坛子里几个重要的ID之一。

虽然自己在技术道路上越走越深，但别人都在这个城市里有了自己的家庭和团队，自己在北京还是孤身一人，他偶尔会有点落寞和寂寞。不过每当电脑屏幕上刷出来新的帖子，他就两眼发亮，一头钻了就去。

IT工程师给自己的打分是：

高度7　深度10　宽度6　温度7

农民爸爸

54岁的农民爸爸的生活很简单。每天六点起来，吃点东西，然后带上镰刀和烟，趁早上天还不太热的时候，下地干点活。中午在树荫下面抽抽烟，回去睡个觉。下午继续干活到五点钟。晚上老伴做好饭，打开电视看《新闻联播》，然后看一集电视剧。如果没有人来串门，他大概九点不到就睡下了。

这个村里只有老人和女子。年轻人一到十五六岁，就会被在外打工的同乡拉出去，或者去县里的中学上学。每年的大年初一过后，你都能看到各家都在给孩子准备东西，然后是汽车站长长的送别。一群老人在村口抹着泪送走在汽车上满怀兴奋、来不及回头的孩子。他的大儿子今年30岁，离家已经12年了。

儿子在城市里的第八年，有了自己的家庭，租了个大房子。儿子曾经想把他们接到城里，他去了几周又回来了。城市里面有太多他不习惯的东西，闹哄哄的街道、不是蹲式的厕所、12点都不关灯的商店。而且家里面两个老人不能没人管，他也放不下村里面那群邻居、乡亲，还有自己的两亩地——虽然每天干完活，腰上都好像夹了个大钳子，直不起来。但是看着夕阳下的田地、弄得妥妥的庄稼，想起自己就这样养大的三个孩子在外读书工作，心里面有说不出的舒服，觉得什么烦心事都没有了。

最后这个生涯故事你一定熟悉，他们是我们很多很多人的父母亲，或者是爷爷奶奶。当我们势利又刻薄地把人分成城里人和乡下人的时候，当我们竭尽全力让自己"洋气"一点的时候，我们一定忘记了，往前倒推不超过三代都是农民，是他们养活了我们。

农民爸爸给自己的打分是：

高度3　深度8　宽度8　温度10

如果把他们的分数都加起来，你会发现一个有趣的结论。（如下表）

	高度	深度	宽度	温度	SUM（合计）
企业家	12	8	4	6	30
全职太太	5	6	10	8	29
IT工程师	7	10	6	7	30
农民爸爸	3	8	8	10	29

虽然他们的生涯在我们看来差异很大——我们被功利腌制过的大脑会下意识地排序：企业家比工程师好，女人当个全职太太还不错，而谁愿意去当一个老农？

但是从生涯四维度来看，他们的生涯幸福感的分值很接近，**这意味着虽然他们所处的环境、收入、社会地位千差万别，却各自都有让生涯变得幸福和有价值的可能。**

一个企业家、一个全职太太、一个工程师、一个老农，还有更多更多不同生活状态的人，他们对幸福定义的方式各自不同。当我们看到人生的方向有很多种时，我们都能在自己的道路上通过努力获得幸福。

好的生命，是有事做，有人爱，有问题可想，有选择的自由。

4 你更尊敬哪一种人？

总统与鞋匠

当林肯在参议院发表他的第一次演说时，有一个傲慢的议员站了起来，他来自富裕显赫的家族，从心里看不起林肯这个来自最底层的律师。他说："林肯先生，在你开始演讲之前，我希望你记住，你是一个鞋匠的儿子。"整个参议院的人都笑了。

林肯低头沉默了一会儿，抬头环顾参议院，对大家说："我非常感激你使我想起我的父亲，他已经过世了，我一定会永远记住你的忠告，我知道我做总统永远无法像我父亲做鞋匠做得那么好。"林肯转过来，眼睛直视那个尝试羞辱他的人，"就我所知，我父亲以前也为你的家人做过鞋子，如果你的鞋子会磨脚，或者有不合适——虽然我不是一个伟大的鞋匠，但是我从小就跟父亲学到了技术——我可以改正它。对参议院里面的任何一个人都一样，如果那双鞋是我父亲做的，而它们需要修理或改善，我一定尽可能地帮忙，但是有一件事是可以确定的，我无法像他那么伟大，他的手艺是没有人能够比得上的。"

在林肯看来，他父亲的深度与他的高度相比，毫不逊色。

清华教授和老校工

"清华教授和刚才擦桌子的老校工。到底谁更应该被尊敬？"

我在给清华大学生上职业规划课前，向在座的200多位同学提出这个问题。我知道在清华这样的学校，学术能力几乎是唯一的价值评价标准。这个提问甚至有点挑衅。

下面果然一片安静。

我清清嗓子说："他们一样重要。"

"我们可以从学历和工资层面知道两者的差别，但是这两个人为自己的生活所付出的努力和智慧，不会有明显的区别。那位老校工之所以是老校工，也许并非个人不够努力，而是生活的选择，或者错过了某个机会。而那位清华的教授，除了个人的努力和天赋，也许还有家庭的经济、教养环境和社会机遇的帮助。他们的职位无论高低，都受很多非自己的因素影响。我们不应该用职位的高低判断人格的高低。"

"但我们可以从他们对待别人、对待自己工作的态度判断他们的人格。我也经常在各大学见过那些不好好讲课、没怎么做研究、忙于项目、没有心思上课、10年不换PPT的教授。”我继续说。

　　“我刚才看到了那个擦黑板的校工，他的年龄与我父亲相仿。他先是用洗干净的湿毛巾把字全部擦掉，然后用力在黑板槽里面把粉笔灰抹干净。他做这件事情时非常慢，这样会少扬起一些灰。然后他用餐厅刮桌面的一种橡皮刮来回刮了三次，使黑板变干。当所有这一切做完以后，他退后一步，眯着眼睛看看黑板是否干净。当他看到边角有一个刷子够不着的死角，便向前探着身子，走过去用手擦拭干净。看到我过来，他赶紧加快手上的动作，然后拿起水桶离开，顺带给我一个微笑。

　　“所以我认为，一个不好好讲课的教授，跟一个刚才认真擦黑板的校工相比，后者的生命更有价值。因为我们并没有能力选择自己生命的起点和终点，但是我们能够选择在路上以什么样的态度和姿势前进。”

农民和诺贝尔奖得主

　　1999年，杨澜在美国采访了1989年的诺贝尔奖得主——美籍华人崔琦。他们在房间里坐下，开始谈那段美国人不太会感兴趣的中国生平。

　　崔琦1939年出生于河南平顶山宝丰县的一个农民家庭，母亲王双贤小时候家境殷实，三个哥哥都是读书人，家里却因为“女子无才便是德”，不让她学习。王双贤从小立志让自己的孩子读书。在日后困苦的生活中，硬是供崔琦的三个姐姐先后从大学毕业。

　　崔琦12岁（1951年）那年，由于当地连续两年没有开中学，母亲决定把他送到香港读书。1958年，崔琦在香港培开中学考取了美国全额奖学金。父亲重病在床，作为唯一的独子本该回家尽孝，母亲却隐瞒了此事。第二年，父亲去世。因为害怕崔琦分心，母亲一直守口如瓶。1967年，28岁的崔琦在芝加哥大学获物理学博士学位。一年后，母亲王双贤去世。崔琦12岁的那一次与家人分开，竟成诀别。

　　谈到这里，杨澜问崔琦：“如果当年母亲没有坚持把你送出来读书，今天将会怎样？”杨澜讲完以后停顿了一下，她等待崔琦讲出那个她期望的答案：知识改变命运，人应该在年轻时开阔眼界，如果当时不离开，可能我现在只是一个农民，更不可能获得诺贝尔奖。

　　崔琦却说：“我宁愿是一个不识字的农民。这样，三年困难时期我的爸爸妈妈就不会死。如果时光倒转，我宁愿陪在父母身边，不去什么香港、美国……”说着，60岁的崔琦哭了。

　　杨澜也哭了，她以一个主持人的直觉明白这才是这次访谈真理乍现的瞬间，她多希望聘请的两位美国摄影师此刻能理解崔琦说的话，推出一个特写镜头抓住这一刻。让杨澜吃惊的是，审片的时候，真的出现了这样一个特写镜头。她问摄影师："你们不懂中文，为什么会拍下这一幕？"摄影师说："你们不是在讨论妈妈吗？世界上'妈妈'这两个字是相通的。"

此事震撼了杨澜，她回忆说："诺贝尔奖也好，科学成就也好，社会承认也好，都不足以弥补他的失去和永远的心痛。如果我做节目，还停留在讲述人们所谓的成功故事层面的话，我们也就失去了对人性更深层的了解和体会，最终归于浅薄。"杨澜隐隐约约感觉到了生命其他维度的存在。

如果时光真的可以倒转：12岁的崔琦被母亲牵着手站在村口，等待送他出县城的班车。而他在恍惚间，突然窥见自己未来50年生活的两个版本——一个是河南平顶山平凡的农民，一个是诺贝尔奖得主，他还会做出那样的选择吗？还是12岁的崔琦需要更多经历、理解更多、体会更多，又或者拥有或失去了其中一样，才能知道另一样的重要？

这一切都没有人知道。后来他回到香港的母校与同学座谈，记者问他："到了这个年纪，你觉得什么最重要？健康、事业、宗教，还是别的什么？"他安静了一下回答道："到了我这个年纪，我认为是人和人之间的关系。"此刻的崔琦认为，宽度比高度更加重要。

那一年杨澜27岁，她的采访经历让她比常人能更早触及这个生涯的智慧：生涯不仅有高度，还有宽度。正如坐标系显示的一样，这两条轴线只在原点相交——即使再高的高度，也无法弥补任何一点宽度。它们本就是两个维度的东西。

不识字的农民，还是诺贝尔奖得主？这是一个重大的选择。

（资料来源：优酷网《杰出华人——崔琦》）

在每一个维度上，我们的人生起点都不平等，也充满了限制。但是至少我们有了更多的生命维度：高度、深度、宽度和温度。如果道路不能行，至少我们还有天空和大海可以前进。立体的生涯让我们的生命有了更多可能——在更多领域找到那些能够改变的限制，而接纳那些不能改变的限制。我们身处现实的残酷、社会的不公平、人生的不平等，但依然能找出自己的人生发展方向，活出自己最好的可能。我们尊敬这样的人。

5　你的人生模型是什么样的？

生涯32度

如果人生有四个维度，那么每个人在不同维度都有自己的满意值。如果我们能用一台3D打印机——以高度做X轴，以深度做Y轴，以宽度做Z轴，用颜色表示温度，那么每个人的生命，都会出现一个自己的形态。我称之为"完美人生模型"。

一个思想家的完美人生模型也许像一个指向远处的箭头，直至未来。高度宽度平平，温度呈现思考时的冷静色彩；

一个政客的模型像尖耸的冰山，高度不可攀，深度一流，但是宽度和温度低得吓人；

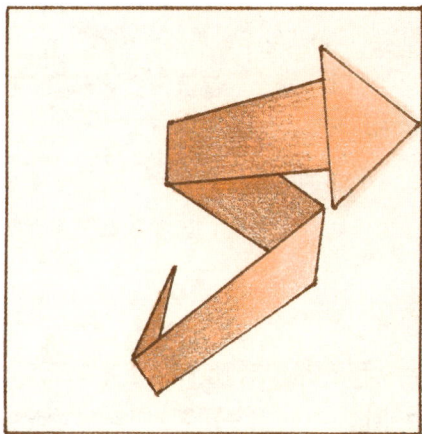

一个受人尊敬的母亲的模型像一个你们家旁边的小公园，虽然不高也不深，但是温暖简单，老人、小孩、流浪汉、猫猫狗狗，都能在里面坐着晒太阳；

一个诗人的模型也许是一团翻滚的火焰，温度高得烫人，但是其他几个维度却被烤得完全定不了型。

每个人的人生模型都像指纹一样，不尽相同。企图活成别人的样子的人更是个笑话——你觉得是粉红的圆锥美丽，还是褐色的六边形好看？每个人的人生都是一件艺术品，你应该找到最适合自己的那一件。

如果你能选择自己的生命方向，你会期待自己的人生变成什么样？如果让你对这四个维度排序，你又会如何选择？

正如我们不会每次走入饭店都点同一道菜，你没有必要一辈子只选择一个维度发展。但人生精力有限，大部分人都会找到一个突破点，做到极致，其他平衡就好。

比如在我们的文化中，男性的模型像个微冷的大金字塔——高度为主，兼顾宽度和深度，温度最次；而女性的模型则像一个温暖的圆抱枕——宽度第一，温度第二，深度和高度差不多就好。这也是为什么男人在高度宽度为主的职业，如政治、经济、商业、学术、专业技术等，能有更多优势；而女性会在温度和宽度方面，比如家庭关系、公益组织、助人、身心灵等方面，更有优势。

只有一个方向的人生就像一场考试——大家进入世界这个大教室，看一模一样的教材，然后参加同一场考试，等待一次又一次的判卷和排名。而四度的人生并不是这样。我常想，世界不应该这样，世界应该是一座大图书馆——早上一开馆，我们就欢呼雀跃地跑进去，找到自己最喜欢的一本书——你可以从头到尾地看完，也可以跳着选择不同的书，如果你有兴趣，还能自己写一本——这样的人生，才有无限可能。

选择你的生涯之道

在余华的小说《活着》里，春生和福贵来到城里，春生说："我要能开上车子，比什么都好！"而福贵说："我要回家，老婆孩子热炕头！"这两位好友后来走上了完全不同的人生路向：一个追寻高度，一个追寻宽度；一个当官，一个回家。

人生最痛苦的事情，莫过于你内心选择了一条生涯之路，却非要绑架着自己走另一条路。大家越行越爽越开心，你越走越远越寂寞。你需要每天挥刀自宫——先努力灭掉自己内心的想法，再应付外界的俗事，很多努力才能换来一点点成功。心中苍凉，四顾孤独，大家还觉得你很不错。那种苍凉只有经历过的人才知道。

中国历史上最著名的走错生涯四度的倒霉蛋非皇帝们莫属。作为皇帝，出生就注定要走高度这条路，而一旦与自身取向不同，就多是悲剧。明熹宗朱由校走的就是深度路线——他自幼迷恋木匠活，凡是他看过的木器用具、亭台楼榭，都能够自己做出来。另一位走深度路线的皇帝是南北朝南梁创建者萧衍。他痴迷佛教，每次去拜佛，就要闹出家，大臣只好呼啦啦跪在庙外求他还俗，一辈子来来回回搞了四次。他不理朝政，却写了大量的佛教著作，他写的《断酒肉文》首次提出佛教徒不可以吃肉，而且坚持终生。

还有那著名词人南唐后主李煜，走的是温度路线。《人间词话》里评价他："李重光之词，神秀也。"公元978年农历七月七日，李煜过生日（要不要把日子过这么浪漫），虽然这哥们儿已经当宋太宗的阶下囚15年，但是依然举杯高歌，还写了"问君能有几多愁，恰似一江春水向东流"这么撩拨的话。宋太宗看着实在闹心，用"牵机药"（一种让人死前痛苦万分的药）毒死了他。

皇帝自己没得选，我们却有选择的余地。越是年轻，人生的路向就有越多可能。所以在认真分配你的人生方向之前，请仔细思考四个维度的优缺之处。

追寻高度的方式是竞争与超越。追寻高度的人生正如登山，越往上走，视野越开阔，可能性越多，同时也能被越多人看到，影响与改变世界。但选择高度的同时，你也选择了高处不胜寒，选择了孤独和竞争。越往上走，能站的人越少。为了上到顶峰，你必须放弃很多。但顶峰永远只能站一个人，总有一天有人会把你踢下来。

追寻深度的方式是修炼与精进。追寻深度的人生正如向下挖洞，专注一点，反复钻研，不断否认与超越自己，在苦修中超凡入胜。深度的挖掘使你的方向越来越聚焦，也越来越极致，但视野也越来越狭窄。追寻深度的生涯选择面很小，无法回头，一旦选择，唯一的突破方式就是前行，做到极致。相比追寻高度来说，追寻深度更容易名垂千古——只要你挖出来的路还有人走着，别人就不会忘记你。写《红楼梦》的曹雪芹你一定还记得，他的当朝皇帝是谁，你一定早忘了。

追寻宽度的方式是尽你的能力接纳、支持和爱身边所有的人。追寻宽度的生涯像太阳，开阔温暖，普照四方。追寻宽度的好处是温暖与安全，你在一个地方失意，马上可以在另外一个地方获得支持。但是追寻宽度也有其阴暗面，面向太广泛，工作面太大，精力在每一面都摊得太稀薄。谁也不是太阳，追寻宽度的人容易给自己太多的责任，耗尽心力。

追寻温度的生涯是自燃式的绚丽。按照温度的法则来生活的人，终其一生与开心人做快乐事，他们被自由与激情环绕，活得绚烂多姿。但温度追随者的风险也正在于此，追寻温度者过于自我，不容易有稳定的安全感与关系，而且因为太过挥霍生命，容易过早自燃殆尽。

选择某一种生涯，就意味着选择了自己想要主攻的生涯之道，同时要承担这条道路的责任与缺陷。选择平衡则意味着面面俱到，也意味着放弃某一个维度达到顶峰的可能。没有完美的选项，但所幸我们总能做完美的选择。

一个人到了30多岁，就应该慢慢地意识和选择自己的生涯四度的排序，一旦这些维度确定，人生的格局和限制就都逐渐明晰起来。多看看不同的生活形态，接触些不同的人。有一些会让你惊叹，却觉得自己绝无可能；有一些会让你觉得：我就是要那样的生活。慢慢地，一些选择会离开你视野，另外一些则越来越清晰。**这时，人生天命慢慢浮现，定见因而产生。**

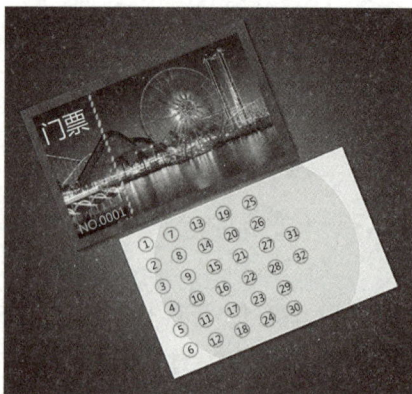

游戏卡

选择正确的人生路向比选择好的职业、婚姻更重要——因为人生最可悲之事是你爬到梯子顶端，却发现搭错了墙。

生涯32度游戏：你的完美人生模型是什么样？

假设生涯的每一个维度，你认为自己能达到的完美程度是10分，而你现在总共有32分（平均每一个维度8分），你会如何把这32分分配给你的生涯四度？注意：

1. 总分可以少于或等于32分，但不能超过32分；

2. 分数越高，意味着你在这方面越完美，同时越有竞争力；

3. 可以有相同的分数，可以有0.5分；

4. 一个维度最高可以分到12分。

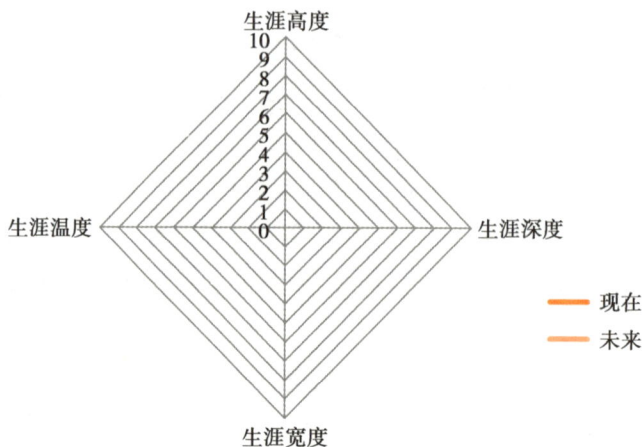

在没有完成这个游戏之前，别看下一章。有剧透。

把32分填入下表：

高度	深度	宽度	温度

在微信公众号"新精英做自己"里输入"生涯幻游"，给你听一段冥想未来的音频导引练习，大概八分钟。找个安静的时间，去体验一下潜意识里10年后自己的生活是怎样的吧！你也许会重新分配生涯32度。

与古典聊聊：

画下你在生涯幻游中看到的未来的样子，拍照发到新浪微博，并以 #我的生命有什么可能#+正文+@古典 的格式附上简单的文字介绍。我会随机抽取，为你点评和建议。

"完美人生"与能量守恒

当我们的生命按照四个维度展开，我们将会慢慢靠近一些人生的真相，一些幻觉也会慢慢被打破。第一个重要的幻觉，就是大部分人希望的：同时过上成功的、幸福的、智慧的、自由的生活。

正如你刚才做的生涯32度游戏，你一开始的时候想，高度8分就可以了。但是，你仔细体会了一下，觉得8分还是有些遗憾，你太渴望成功了！于是你给自己加到10分。然后你突然想起一个多年的竞争对手，你很确定这个孙子一定会给自己10分，这意味着他赌注更高、他将比你更成功。于是你一咬牙，给了自己11分。

同样的情况发生在剩下的三个维度：你从小就希望自己成为某方面的专家、精通某一样技能，深度这个维度不应该是你要放弃的，所以给10分；在打宽度的分数时，你的老婆或老公站在旁边意味深长地看着你，你还想起自己的父母和孩子，于是你毫不犹豫地给了这个维度10分；最后你发现，你的生命温度只有1分了。这可不行！

你重新回到第一个维度上，却发现每一项你都不愿意放弃。你开始焦躁起来，甚至一遍一遍地看游戏规则，真的只有32分吗？这是不是一个脑筋急转弯？

这绝不仅仅是心理测试，这是一个真实人生的隐喻。我们的生命历程，不正是这样的吗？

年轻的时候，你不愿意放弃成功，不希望在竞争中落败；在工作3~5年之后，你又必须面对专业还是管理方向的选择，你一开始绝不放手，认为自己两个都行，慢慢地你在专业和管理领域的往返跑中精疲力竭，决定选择一个投入；年近三十，你发现自己需要承担来自家庭和社会的期望和压力，父母在变老，孩子们在长大，他们都希望你是一个对家庭负责的人；等到这一切你都竭尽全力地做完，你却发现自己已心力交瘁，内心冰冷，生活也离你热爱的方向越来越远。

你问自己："人生真的只能这样吗？"

于是你准备为这么多年失落的自我做些什么，你开始让自己追随内心，做些以前不敢或者没有时间做的事情，但是一旦你开始行动，从另外三个维度传来的抱怨声就会此起彼伏，大家纷纷觉得你变了一个人，对你表示失望。你刚自我一点，却发现孩子的班主任开始找你；好不容易搞定这个，公司的项目又出现强力竞争者；你扑到工作中力挽狂澜，却发现身体早已吃不消，大病一场……你奔走各方救火，人封绰号"救火队员"。

终于有一天你想：太累了，还是算了吧。

从那一刻开始，你决定做一个平庸的人。

6 不完美才是真人生

是我们错了吗？是我们要得太多，还是人生本就是一场悲剧？

追寻幸福没有错，错的是我们的预期——世界是场无限丰盛的自助餐会，但是你只有一个胃。如果你误以为人生会有40度，你就会按照这个人生脚本过一辈子：希望—奋斗—救火—累死—心死—碌碌无为。你犯的最大的一个错误，就是期望自己在每一个维度都得满分。你不知道，生命的本质就是不完美，生涯的总体能量守恒。

刚开始关注生涯四度时，你会发现在一定程度上，能通过自己的努力让每一项都同时提升。比如工作初期，我们能力上升、职位提升、宽度增加，同时还自由自在。但是一旦过了某个界限（比如8分），我们就会遇到精力的极限。希望在管理上再进一步，就很难同时照顾自己的爱好和兴趣，希望在专业方面有所投入，就不容易在管理方面保持进步。想要在某一个维度提高一分，就必须在另一个维度降低一分。

你期望事业更成功，那就意味着你得放弃一些专业提升进度，容忍一些人超过你；或者放弃一些家庭与朋友对你的期待，承认你只能做到这些；或者你可以加班，把给自己的时间和空间压榨。又或者你觉得宽度和温度你很难放弃，那么你必须接受有人将慢慢比你更加成功。

如果你要些什么，你就必须放弃些什么。如果你要得特别多，你就需要放弃特别多。这才是人生。

翻翻世界上最卓越的一批人的传记，你能发现这群世界上最优秀的人，都不是完人，甚至都是某方面的烂人。生涯的能量守恒：某一个维度的巨大成功，一定意味着其他维度的下调。

乔布斯的高度让人望尘莫及，生涯温度也很高。但是他在宽度方面则非常糟糕——他绝对不是任何一种意义上的好父亲和好丈夫，他一直到女儿18岁才承认自己的私生女丽萨，而且在孩子出生后前几年对于陪他们玩毫无兴趣；他56岁匆匆离开，留给家人很少的时间。

类似的情况发生在很多史上最卓越的名人身上：爱因斯坦的儿女们称他为"不负责的父亲"；爱迪生的太太则称他为"工作虫"；圣雄甘地的女儿们对他颇有微词；麦克尔·杰克逊终生孤独；博弈论发明者纳什常年患精神分裂，长达30年无生活自理能力；凡·高、卡夫卡则不用等到逝世——他们在世时就是著名的家族"祸害"。我们的孔老夫子，他有生之年大部分时光都带着弟子游走六国，从未获得过真正的生涯高度，连他自己也说"惶惶然如丧家之犬"——他的孩子估计也不会特别满意他这个爹。老子则更加潇洒，先是在东周洛邑任守藏史（国家图书馆馆长），然后坐着青牛西出函谷关，如果不是守关将士坚持，连5000多字的《道德经》也不愿留下。他们的深度没得说，高度、宽度却欠奉。拍《阿凡达》的导演卡梅隆对传统的家庭生活不感兴趣。"什么人都能做父亲、做丈夫，但是这世界上只有五个人能做我现在做的事。我要做这个。"

天才不仅需要天赋，还需要做严肃的人生选择。

小人求全，君子守缺

这些例子反过来也成立。当你看到有人的某一个生涯维度很低，并不意味着这个人在其他维度也不伟大。

二战后，爱因斯坦给苏联女间谍玛加丽达写过这样的信：

如果这封信能抵达你那儿，问候你、亲吻你。愿恶魔带走拦截我们通信的人。

你的阿·爱。

——《伟人情书》

闷骚的爱因斯坦

智慧的爱因斯坦

　　哈哈，你能想象这种闷骚小情书是那个对着镜头摆thinker pose（思考者的姿势）的爱因斯坦写的吗？不管你怎么看，也不能让我们否认他的科学成就，今天相对论依然是物理学最重要的理论。乔布斯是个"烂人"，忽悠哥们儿，抛弃老婆，不理儿女，却不影响全世界喜欢他做出来的产品。如果我儿子的哥们儿是莫扎特，我肯定把我儿子往死里打，逼他们绝交，因为莫扎特这个家伙酗酒、爆脏话、寻花问柳、举止不端，活到35岁就挂掉了，但是他写出来的音乐，一尘不染，堪称天籁。屈原、苏东坡、李白、杜甫，他们文采绝世，但他们都不算成功。

　　为什么非要成功？

　　喜欢一个完美的人或事物，不能叫欣赏力——因为傻子都会。**欣赏是总能绕过对方的缺陷，看到真正美丽的部分。**

　　比不会欣赏更加可怕的人，是那群能力恰恰相反的人：总绕过别人的优点看到真正缺陷的部分，然后上升到道德层面，喷上大粪，在批倒批臭的同时，为自己的平庸找回几分安慰。

　　范冰冰？靠男人上位！成龙？被女人上位！

　　杨振宁？呸！找个那么年轻的老婆！

　　挺网民？装公知！挺政府？给你五毛钱！

　　我敢保证，这些人从未读过任何一篇杨振宁的论文，也不一定心平气和地读完过真正公知的文章。在和平年代，这种人就是满腹牢骚的小坏蛋，在网上发发帖子蛊惑人心，如果到"文革"这样的年代，他们很有可能就是那群出卖邻居、揭发同事、毫无底线的人。

这种人既然从别人的生涯四度缺陷里面获得了邪恶的快乐，自然也会恐惧自己的小辫子被人抓到。所以他们也不敢在任何维度有所减分，他们唯一的努力就是不要让自己犯错，在他们完美的"道德"背后不是良知，而是无能。

所以他们注定是一群庸人。而曾国藩说"小人求全，君子守缺"，就是这个意思。

不求完美，但求值得

生涯四度的能量守恒，让我们停止十全十美的幻想——在竭尽全力的前提下，如果你希望在一个方面再优秀一些，你必须在另外一个维度做些妥协——没有人能同时过上功成名就、智慧卓越、生活宽广，同时又自由自在的生活。既然历史的各路枭雄天才都无法幸免，我想你也不能。

生涯能量守恒让我们有机会看清楚与人攀比是件多么愚蠢的事情——回归家庭者觉得同学的职位比你高，成功者又羡慕你的家庭生活；上班族羡慕自由职业者的自由自在，自由职业者却也羡慕你的安全稳定；体制内羡慕创业者的精彩跌宕，创业者也在羡慕体制内的资源庞大……他们全部都被一个幻想困扰，那就是他们以为应该有个40度的生涯。其实我们也许只有32度。

与其羡慕，不如为自己做个选择。

如果车子要转向，我们必须减速。如果我们要选择自己生涯方向，也必须放慢一下脚步。停下来一分钟，重新做做生涯四度游戏，预演自己的一生——接下来的人生中，**如果你有机会放下所有的期待和评价，如果你可以重新分配你的32度，你期望自己成为怎样的一个人？**

幸福与成功的方式不止一种，你可以永远在某个维度遥遥领先，也可以某段时间在所有维度十全十美，但是你永远无法在所有时间里十全十美。

这就是为什么你必须定义自己的完美生涯。

7 惨胜如败的一维度成功

生涯四度中，高度和深度外显，而宽度和温度则内含。如果一个人看不到生涯的全貌，他就会下意识地用单一的、外显的维度来评价自己的人生，同时也通过牺牲其他维度的方式来达到所谓的"成功"。这就是一维度的伪成功。我们抽取今天这个社会里两群最"成功"的人——高考状元与亿万富翁，谈谈一维度的伪成功。

顺带说一句，与我们的预期相反，这群"好学生"与"成功人士"，几乎毫无交集，真是讽刺。

那些消失的少年天才

中国从1977年恢复高考到今天一共过去了37年，按照参加高考的平均年龄在18岁来看，高考状元的年龄应该在19~55岁之间，如果按照每一个省市自治区（香港、澳门与台湾地区不算）文科理科各出一个计算，高考状元人群约有2300人。他们有没有成为生涯中的成功者？

高考状元今安在？

根据校友网2009年发布的《2009年中国高考状元调查报告》，报告对150名1977~1998年的全国各省高考状元（约占总数的十分之一）的职业状况进行了调查，列表介绍了部分优秀状元的职业状况，并称**"普查我国杰出政治家校友榜、院士校友榜、杰出人文社会科学家校友榜、富豪企业家校友榜、长江学者等顶层人才榜单，尚未发现高考状元的身影。"**据此，该报告得出结论，**"大部分高考状元职业发展的实际情况与社会期望相差甚远，他们当中大多数没能成为各行业的'顶尖人才'"。**这个报告有其不周之处。科学家、长江学者、杰出政治家、院士的平均年龄在60以上，所以有可能一些潜在的人才是因为年龄没到。但这份报告的确说明问题，高考状元的发展与社会期望有着巨大的差距。

少年班的天才梦

我们把眼光投向另外一个更有传奇色彩的群体——少年班的天才们。

少年班的初衷是尝试发现年轻的学科天才，给予重点扶持和特殊教育，争取为中国的数、理、化培养出"青年科学家"队伍。少年班的学生都是各自然科学的尖子生，通过严格的智商测试，还有很多已经在奥林匹克竞赛中拿到大奖，他们大部分都在10岁左右学完了所有的中学课程。

这个创意着实不错，理念也很吸引人。于是从1978年中科大招第一届少年班开始，举国掀起少年班的热潮——到1984年，北京大学、清华大学、复旦大学、南京大学、吉林大学、浙江大学、国防科技大学、西安交通大学、华中理工大学（现改名华中科技大学）等13所高校陆续开班，又陆续关闭。至今36年，中国陆续培养出近3000名少年班学生，暂时没有一位在公众或专业领域中取得卓越的成就，成为"青年科学家"的领军人物。著名家教专家、北京师范大学教育科学研究所研究员赵忠心认为：科大少年班30年没有出一个学科带头人。

这样一件举全国之力的教育工程，集中培养这样一群精选出来的高智商、记忆力与知识技能卓绝的孩子，却并未成才。问题出在哪里？

学科压力大、极度自负与自卑、生活障碍、健康不佳、学科专业不适合、缺乏创造力等从他们身上反映出来。有些学生读到了硕士，依然不会自己洗衣服，上街买东西受骗，无法与同学交流，生活依靠钟点工照顾。这样的人，从经历与心理韧性来说，都很难担当"青年科学家"的重任。

今天的自然科学研究早就过了当年爱因斯坦仅凭一支铅笔就能做研究的时代。今天的研究者不仅需要高智商与逻辑，还需要很多其他的能力：从研究来说，需要源源不断的创造力、跨学科的视野、与国际同行交流的能力、与团队合作的能力……从生活来说，需要很强的面对挫折的心理韧性，需要有对于学科的强大兴趣与使命感，需要有把自己照顾好的能力，或者至少，像纳什那样找个仰慕和照顾自己的姑娘的能力。

而这些能力为什么没有被培养出来？在和朋友打闹、成群结伙地晃荡在学校和家之间的路上时，我们学习到友谊，而他们在学习。当我们16岁第一次自己出门，被别人骗光了钱的时候，我们学习到社会，而他们在学习。当我们18岁第一次给心爱的女孩子写情书的时候，当我们在泡妞或者被妞泡的时候，我们学习到爱情，而他们也许还在学习。等到我们成年，凭以上这些能力开始展开我们的生涯，让我们的生命变成立体而非直线的时候，他们只会学习了。

音乐竞技化

这种一维思维不仅摧毁了科学家的创意，也摧毁了艺术的天赋。当谈到为什么中国孩子很少有音乐天才的话题，中国音乐学院教师王道提出了自己的看法，他认为**最毁掉中国音乐天才的，就是"音乐竞技化"**（深度高度化）："把音乐推向一种体育竞技的状态，要求更高、更快、更强等。这是很毁人的……虽然中国琴童的手指机能都能训练得很好，但是很多国外大师都认为我们的学生弹的作品太难了。"音乐竞技化，就是用高度的思维衡量深度。

"学生过早地被灌输这种竞技思想，而他们的文化积累、人生感悟都不够，加之他们所演奏的绝大多数作品都是西方钢琴音乐，导致他们很难理解这种非本民族的东西……比如弹巴赫的音乐，他们连教堂都没有去过，没有见过自然也谈不上感受，所以难以弹出地道的巴赫……学生本人未必喜欢钢琴，要么弹到最后自己都不知道来干吗了，要么就仅仅平添一种谋生的手段。"

最后王道说："我个人认为，即便在中国每10000个受过专业训练的学生能有9000个成为钢琴家（能登台演奏的人），从中也未必能出一两个大师。而在西方10000个受过同类专业训练的学生，当中可能只有百十个能成为钢琴家，但这里边就可能造就出10位真正的大师。"

2003年北京非典过后，我有段时间无所事事，就各个大学乱蹿蹭课听。有一次一个俄罗斯钢琴大师来中央音乐学院教学，我趁机溜了进去。那天大师在指导一个孩子弹舒伯特的《鳟鱼》。孩子弹了一段，大师就用英语指点几句。原话记不清了，大概意思是："你见过清澈的小溪流吗？这首歌前面几个音符，就是用来表示流动的小溪水的。"他对学生笑笑，指了一下琴键。眼睛里仿佛都能看到一条小溪，从低音区流过来，漫过白键，绕过黑键，流向高音区。

那个学生的眼神则如一潭死水，保持标准的恭敬的微笑与点头，表情麻木，不知道是表示见过，还是表示说得对。大师一看他毫无反应，就有点着急，对着翻译说了第二句："鳟鱼，你见过在水里面穿来穿去、激灵一下又停下的鳟鱼吗？"

那个孩子依然保持标准的微笑点头。我坐得比较近，看到他的嘴唇无声地动了一下，他在对自己说："鱼头煲算吗？"

音乐的深度，需要生涯的宽度与温度来滋养，世界上不存在一维度的成功。

压缩的现代化、无须辩论的知识、限定的知识内容和体系，共同构成了教育体系的一维度成功——你有没有看到"单维度成功"教育的脆弱所在？

1. 他们经不起失败

如果说我们的生涯是个立方体，一维度成功的人的生涯则是一条直线，他们甚至无法容忍曲线。当遇到躲不开的挫折的时候，立方体可以翻滚过去，而直线只能通过，或者折断。这是种脆弱的成功。

2. 伪成功

这些人真的成功了吗？在我看来，他们并没有成功，甚至也未必真正优秀。他们只是把应该用来发展其他维度的时间和资源，都强加在一个维度之上，堆出一个虚假的、不堪一击的成功架子，展示给不知道是谁的"大家"看。

等到30岁的时候，他们会发现——当年花掉所有业余时间在16岁拿到的硕士学历，对于长达30年的职业马拉松其实并不是那么重要。而那些时间本该谈的恋爱、球场上打的球、酒桌边喝的酒、毕业时洒下的眼泪、伤心的时候可以陪伴自己的爱好，才是真正支持美好生命的东西。

3. 他们毫无选择会成为一维度的人

不管是"学而优则仕""音乐竞技化""有钱就是爷"，还是"我爸是李刚"，都是典型的"高度衡量一切"的一维思维。而放弃其他维度的发展，无疑让原来立体的生命变成一条直线——当成绩（高度）被寄予了拯救人生这种不可能完成的任务时，也就产生了两种变态：一是所有的努力都放到了一只篮子里，但这只篮子里只有少数胜利者，这让人焦虑；二是人们为了唯一的希望，不惜扭曲自己，搭上所有的精力，这让人压抑。

像一个胖子非要把两条腿都穿进牛仔裤的同一条裤腿一样，一维成功使人焦虑且压抑。

当这些焦虑又压抑的人成为社会的中坚分子，你怎么能期望他们不搞突击应付领导检查，不牺牲尊严去赢得竞争，不放弃自己的梦想去追逐名利？那是他们唯一的可能了。

你用短跑的速度冲刺，结果在马拉松的前1000米超出老远，还向观众挥手，觉得自己很成功。你这不叫成功，叫"二"。

不幸福的中国富人们

提到亿万富翁，你会想到些什么？名车宝马美女相伴，还是湖边别墅？

下面我要讲的，是一份2011年《新文化报》做的亿万富翁的死亡原因调查，文章从对2003年到2011年八年的亿万富翁的调查入手，探寻这样一个群体背后不为人知的生命状态。

从2003年1月22日全国工商联副主席、海鑫钢铁集团董事长李海仓被昔日的"发小儿"用猎枪杀死在自己办公室开始，到2011年6月28日知名运动品牌德尔惠公司董事长丁明亮死于癌症。八年多时间里，72位亿万富豪因各种原因离开了这个世界。

根据胡润排行榜统计，2010年中国的亿万富翁约有60000人。根据这个数字，亿万富翁的死亡率约为1.5/10000。

职业	万分之
渔业船工	14
煤矿工人（不算瞒报）	11
司机	10
警察、消防员	3
亿万富翁	1.5
建筑工人	0.4

如果亿万富翁算是一种职业，那么其死亡率排在警察和建筑工人之间——考虑到中国独特的瞒报制度，死亡排名的精确度待商。这个排名很有戏剧性，正好反映了很多亿万富翁的尴尬——前有查案警察，后有讨债农民工。

这些在大众印象中享受着最好的生活、坐着最高级的跑车、进出最豪华的酒店、搂着80后女人的富翁，为什么舍得放弃这个世界？

下面是更加详细的死亡数据：

	死亡年龄	比率
疾病	48	26%
自杀	50	24%
他杀	44	21%
伏法	42	19%
意外	50	10%

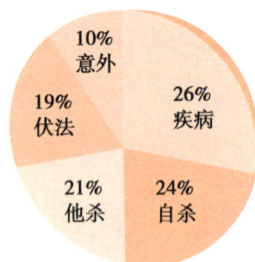

这些离开人世的亿万富翁中，我把"伏法""他杀"和"疾病"算作一类：被剥夺游戏权利。出于过于自信或者身不由己，这类人通常曾经深深透支了其他维度："伏法"的透支了法律道德，"他杀"的透支了伦理良心，"疾病"的透支了身心健康。出来混，总是要还的。当要还的时候，他们还不起了。

我把"自杀"算作第二类：自动放弃游戏权利。这些人知道自己无力偿还，选择了不玩。就像在QQ游戏上拿到一手烂牌，你直接选择拔网线一样。

最后的"意外"我则不知道该归于哪一类，暂且不提。

这些离开人世的富翁虽然在财富上成就惊人，却在其他方面亏欠很多，他们都曾大大地透支自己的生命——这些透支像是对信用卡的拙劣操作：他们在自己生涯的其他方面不断刷卡，反复取现——这的确让他们在短期之内成功过，成为众人眼中的"赢家"，却也在某一天"催款单"来临的时候，让他们无力支付。

《福布斯》《2013年中国企业家幸福指数白皮书》中也指出：家庭、事业、健康是企业家最重要的三大支柱；旅游、进修和慈善是企业家热衷的三大活动；50~59岁的企业家最幸福，而从60岁开始，越来越走低；有很大压力的人群占四成以上；而从2011年开始，企业家的幸福指数在慢慢回升了。

这群已经成功的人士，是正在成功的人士的极好范例。当家庭和健康这些支柱被"借"走，不是"旅游、进修和慈善"能够轻易还得上的。

我们到底在"混"什么？我们又在用什么方式"还"？为了高度和成就，人生是否一定要放弃一些东西？如果答案是"是"的话，那么孤独和凄凉是否是成功者的唯一结局？如果"不是"的话，我们放弃的限度又在哪里？

我尝试以生涯的角度，更加近距离地观察这群并不快乐的"成功"人士。

因病死去的人中，有九个死于心脑血管疾病，还有七个死于癌症。现代医学告诉我，前者最主要的原因是常年缺乏锻炼和吃喝过度，后者则与常年不规律的生活以及长期焦虑、抑郁有关。当金钱慢慢充满钱包的同时，脂肪和血栓也许在以同样的速度挤满脏器与脑血管，焦虑和抑郁则渗入心灵；以健康为代价的成功是一种慢性自杀。《中国健康调查报告》中甚至提出过一个有趣的看法——为什么你会得癌症？因为你的潜意识告诉你的身体，我不想活了。身体于是对潜意识说，Come on, baby（来吧，宝贝），我帮你造个肿瘤吧。

如果说疾病是一次缓慢的自杀，自杀则是一种迅速的疾病，这种选择需要强烈的决心。

景德镇市信义房地产开发集团董事长邵和谐等七人选择了自缢；

辰能哈工大高科技风险投资有限公司总经理赵庆斌等五人选择跳楼；

珠光集团浙江钢结构有限公司董事长卢立强等两人选择了投水；

合肥森森集团董事长侯业富等两人选择了服毒；

包头市惠龙商贸有限责任公司董事长金利斌选择自焚……

我近乎残酷地一条一条罗列出来，我想你也与我一样，能感受到接触这些数据时的震惊，体会到背后他们离开这个世界的决心。他们多数是因为公司资金链断裂，或者是恐惧犯罪事实败露，或者是因长年的抑郁做出这样的选择。

这当然只是亿万富翁中的很少一部分人，但也反映出一个事实：很多一维度的成功不是生长出来的，而是从其他维度"转账"出来的。这种急功近利的成功对个人来说，一旦反扑，就会带来生涯的全盘垮台；而对于社会，则反映了整个商界的浮躁、浮夸和不安分。

这背后也有更加深层的原因：

1. 缺乏自我：在中国这个以交际为核心的商业环境中，商业的成功往往在酒桌与交际中完成。富豪们白天主内处理管理，晚上主外处理关系，回到家里还要处理家事。各种关系下，是各种角色的扮演需要。在我调查的14个企业总裁或董事长中，每周能够自己掌控的"自由时间"平均不超过四小时，在家吃饭平均0.8次。他们和自己相处的时间很少——从自己的温度账户里透支了太多快乐——很容易崩盘。

2. 缺乏支持系统：成功者被赋予了"强大"的社会形象，内心自负。早期多有独立打拼的创业经验，早已习惯高处不胜寒的孤独，其中还包括一些问题因为灰色黄色绿色无法与外人道，这让他们遇到问题喜欢独自承受。这些问题日积月累，终于让他们觉得即使停下来也比现在温暖——那是怎样冰冷的一种决心。

3. 社会的裹挟：社会对于成功的一维度定义，让企业被大众裹挟（看市值、股价）、企业家被员工裹挟（要上市、赚钱）。所以很多企业家看似光鲜，却是众人绑架的木偶。一旦成功，则分钱分权。一旦失败，则墙倒众人推。企业家和企业都缺乏除做大做强外，更深处的立足价值。

我们常说："有钱不一定幸福，但是没钱一定不幸福。"我想可以再加一句："过快地有钱，往往会快乐一下，然后特不幸福。"

警惕一维度成功

有这么一个笑话，说两个人第一次吃寿司，A以为挤在上面的芥末是奶油，大口吃下，满眼飙泪。B好奇，说："怎么了？"A回答说："我突然想起我的父亲来了，他就是今天病死的。"大家不语。过一会儿B也吃了一大口，满眼飙泪，A幸灾乐祸地问："怎么了？"B说："我也想起你爸爸，他死得好惨啊……"

这个笑话之所以黑色，是因为痛苦是公开的秘密却无法言说——这像不像成功之痛？在这个成功人士被刷得金光闪闪的社会里，很多人把自己都骗了过去，认为自己应该快乐幸福，而当他们满眼飙泪时，自己都有点不好意思——我不是挺成功嘛，为什么还活得不好？——他们只好说，你爸爸死得好惨啊。

整个过程中，我努力保持自己的笔调，不让其陷入流行的仇富口吻或者屌丝型的冷嘲热讽——比起更多无所事事、在日常生活中也活得不见得多好的人来说，富翁们的努力和拼搏值得我们尊敬。

我更希望通过这些分析形成一个思考：成就我们的高度的代价到底是什么？牺牲其他维度的成功，到底是收益，还是仅仅是转账？

如果当初那些离开我们的亿万富翁在生涯的一开始，就知道和明白高度的代价，他们还会那样选择吗？他们会不会在高度和内心温度以及生活与家庭的决策中稍微犹豫一下，然后走上那条不那么光鲜，但是可能更卓越、更温暖、更自由的道路？

而当我们在整个社会追求名利的大潮的裹挟之下，是不是也可以停下来，检视一下生活的其他可能性？

家庭、幸福、宁静都是我们生命中的长期股票，它们在我们年轻的时候购入，然后慢慢地在岁月中升值。家庭股在40岁以后越来越升值；健康股在50岁以后越来越升值；而宁静则让你在面对死亡时有无上价值，持有它已经是莫大荣幸。而大多数人在年轻的时候把它们全部都廉价卖出，去追求当下的现金。

他们永远不知道那些东西值多少钱。

做些人生值得记住的事

斯文是"新精英"的市场总监，在2010年的时候，公司需要开发一个项目，大概在九月初结束。有一天中午我们吃饭，他告诉我他为了这项目快忙死了。

"我女友本来订了两张便宜机票，准备去鼓浪屿的。我说项目太忙了，不去了。"他有一半抱怨，一半还有一点小得意。

"我建议你去。"我说，"作为CEO，我让你自己负责，不管你是不是推迟一周，我都支持。但是作为规划师，我建议你去。"

斯文有点蒙，他眨眼睛，不说话。估计他在想，我靠，这不是挖坑让我跳吧。

我继续往下说："我做过很多项目。其实两年以后，鬼才记得你是什么时候完成的。但是两年以后，你一定记得你和未婚妻去过鼓浪屿，待过一周。你去和大家商量一下，只要大家愿意，我也没问题。记得，做些人生值得记住的事。"

两周后，他们去了鼓浪屿，带回来一堆鱼干、钥匙扣、明信片和几张搞怪的照片。2012年国庆节，他们正式举办婚礼。后来我问斯文，还记得当年你的项目是什么时候结束的吗？

他说，早忘了。

一维度的成功往往是伪成功——只求"快"的激素猪肉损人健康，求"有效"的速成教育毁人心智，求"来钱"的豆腐渣工程夺人性命……

小心那些只用成功做唯一生命价值标准的人，他们是把自己当成工具的自我恐怖主义者。他们一定不会犹豫在一个只看GDP的国家污染环境，在一瓶只检测氮含量的牛奶里投放工业原料，在一次只看利润的交易中不择手段，在一份只看钱的工作里出卖朋友，在一个让自己少奋斗10年的结婚对象前放弃爱情，培养出一个只看排名和学校的孩子。

8 管理你的生命质量

找到生命的重心

生涯四度中，高度和深度都是外显而可测的；而深度和温度则是内在的，难以量化。越是生涯价值低的人，往往越渴求外在的维度表达，而总体价值越高的人，则越寻求整体维度的平衡。

就像穿衣服一样，当我们有了第一笔小钱，我们很少会买一床好被子或者一件舒适的内衣，那并不"光鲜"。我们一般会选择买一件名牌的衬衫、一条闪光的皮带，或者再庸俗一点，买副名牌太阳镜并且坚持不摘商标。只有当手头真正宽裕时，我们才会开始向让自己舒服一些努力。

同样的心理让我们中的大部分人急于寻求外在的维度名片上更加吓人的头衔、更加光鲜的证书、更加拉风的车子，我们都在证明自己的高度和深度。追求这些维度并没什么不妥，但是当贪婪过界，我们就会忍不住从那些内显的维度中提取，这就是浮躁的来源。

我们会按掉家人问回不回家吃饭的电话继续开会，以求更好的职业形象；我们会昧着良心往牛奶里加入化学药品，以换取更多的收益；我们会抄袭论文、买卖文凭、购买答案，并且慢慢习以为常；我们会因为一个400万的订单错过孩子14岁的生日，却不知道400万的订单会越来越多，而14岁的生日只有一次。

我们被这些越来越"成功"的指标淹没，我们的生涯系统也在慢慢被摧毁、腐烂。这让我们更加焦虑——因为我们心中知道，我们穷得只有这个了。

平衡是生涯四度最好的解答，无数证据指出，**平衡是一个系统价值最大化的体现。**我们都知道，生命和所有运动一样，每个人的平衡方式都不同，要找到平衡，就要先找到自己的重心。但如何找到生涯的重心？

我们都知道
生命和所有运动一样

要找到平衡，先要找到自己的重心

常见一些人在20多岁选择回老家做安稳的工作，或者为了父母亲的意愿选择发展不大的生活，他们的理由很坚定：父母亲抚育我们多年，难道不应该吗？

父母亲为我们操劳多年，的确值得孝敬。但从生涯四度的角度，我们可以探讨一下什么时候父母最需要我们照顾。

父母亲最需要照顾是在他们60~80岁的时候：前面一段时间刚刚退休下来，需要心理支持和找到新的方向；70~80岁身体每况愈下，需要心灵、健康、经济方面的支持。

那个时候我们多大？按照30年一代估算，大概是30~50岁之间。那个时候我们最需要有的是"从容强大的心灵""有自己的方向""稳定的经济收入"，而这几项获得与否，又与你毕业后几年的努力相关。

所以，毕业后那几年，你越是为了孝敬父母，就越应该让自己有一个健康、持续发展的职业生涯。

在你的每一个生命阶段里，生涯每个维度都有自己的需求，关键是找到核心的那个。有人高度不足是因为深度积累不够，所以没有竞争力；有人则因为温度不足，无法维系宽度……

我们可以在不同的时间段，发展好所有的维度，但是我们无法在一个时间段里，同时发展所有维度。请记住，**在一个阶段内，总有一个生命维度，是改变生命的杠杆，生涯平衡点就在其后面。**

思考一下：这五年内，你的生涯四度中，有哪一个维度一旦改变，就能带动所有部分都改变？

这有什么用吗？

有段时间，我和太太很喜欢打台球，我们两个人都打得不好，但是在这个城市里，在台球厅一边打着球一边聊天，是种比在空气污染的街道上散步更好的饭后运动。

无意间，我们聊到父亲，妻子问："为什么你爸爸去深圳那么早，却没有做得很好？我看你爸爸的老同事都还不错。"

我的父亲退休时是一个机械公司的研究所所长，是位非常专业细致的机械高工，在深圳退休工资不算高，不如在民企做经理的妈妈。

我告诉他，在我初中升高中的那一年，爸爸有一个机会升任发展部主任。当年很多在内地无法运作的项目，都在深圳特区进行。发展部是谈商务合作的部门，毫无疑问是个肥差。爸爸走马上任。做了半年，发现有两大不适应：第一是平时总是需要出差；第二是在家的时候应酬多，很多人过来拜访送礼。我小时候是人来疯，一有人来，我就不好好做作业。而那一年我初三了。

作为孩子，我不知道爸爸是义无反顾还是轻轻松松做了这个对他事业发展非常重要的决定——他和公司提出换岗，成了公司的研究所所长，从此不再出差。那个学期的晚上，我们家关上大灯，不开电视，拉上窗帘，躲开所有希望来坐一会儿的同事。我在客厅借着应急灯的灯光看书，他们则在阳台小声聊天，偶尔过来摸摸我的头和背，送来一碗水果。那是我童年最温暖的记忆。

太太有点奇怪地打断："有人来，你爸爸可以让你在房间里面学习啊，而且那个时候你又不用你爸辅导功课，他完全没有必要在家——其实我觉得这个牺牲对你考上高中没有什么用。"

我瞄准一个绿球，呼出一口气，推出一杆，说："你这么一说，他好像的确没起什么作用。但是从那以后，我们家的每个人都更加信任彼此。年龄越大，我就越了解父亲的牺牲有多大。我们也就越知道彼此能为这个家付出些什么，这让我们家这么多年虽然有很多冲突，但是一直很幸福。"

她点点头，没说什么，我们继续打了下去。

一直到晚上临睡的时候，她才突然说："我想起自己家里的很多事，我突然明白，原来我的家里，缺的就是这些没用的付出。"

说完这句话，她哭了。

高度在很多时候可以转化为宽度、温度，效果却不会马上显现，信任会作为账户储存起来在很多年以后，酿成美酒。

而一件事情有用没用，也许只有时间与生命知道。

提升你的生活效能

《适合比成功更重要》一书中有一个极其重要的观点：平衡是一个零和游戏，一个维度多，一个维度就少。与其探讨平衡，不如探讨效能。如果我们能学会用10分钟的时间完成以前一小时才能完成的任务，同时学会用30分钟的时间完成以前两小时的孩子教育，是不是两者都不会损失？接下来我谈谈生涯效能——通过学习生涯四度，你能提高单位时间的生命效能。

高度

成功的游戏规则我在前面的章节里谈得很详细。职场的成功大概有自己的固定套路：角度—深度—高度—格局—机遇。

刚刚进入社会，找到一个好的切入角度：好公司、好项目或者好职位。这个时候千万不要寻求高度，因为此时没有积累，直接立起来肯定会断。慢慢积累自己的深度，让自己有力量、足够强壮，然后找个机会上位，也就有了高度。如果光有高度没有格局，很快这面旗帜就会倒下，因为立不稳。格局让你看到更多，向四面八方生出旁枝，让自己立稳。从电线杆到金字塔，到这个地步，人能做的事情也就差不多了，接下来就看天时地利是否能推起这座金字塔了。

推荐书目：（按照阅读难度排序）

《曾国藩》唐浩明（曾国藩的人生经历说明，完人和通才是有的）

《官场笔记》侯卫东（一个普通公务员的微妙上升路径）

《工作DNA》郝明义（著名台湾出版人的职场哲学）

《专业主义》大前研一（日本著名管理学家，从麻省理工学院的核物理博士干到麦肯锡日本总经理，这本书详细写了专业的打造）

《老马的职业"鬼"话》马华兴（"新精英"资深职业规划师的犀利职场观）

《管理的常识》陈春花（中国人写的最简单、通俗又深刻的管理书）

《卓有成效的管理者》德鲁克（外国人写的不简单、通俗但挺深刻的管理书）

推荐专栏：

《朝九晚五》专栏　谁谁谁（本名薛莉）

深度

1. 看到高手

大部分人一辈子无法成为高手，是因为他没有见到过真的高手，这个时候他连努力的方向都不知道在哪儿。

Google用五年时间、耗资4000万最后研究出来的界面，百度一年就学到了。QQ则从模仿OICQ开始。令狐冲在见到风清扬之前，只是一个武功平平的大师兄。郭靖天资聪颖，在见到洪七公之前，几乎被江南七怪调教成烈士——怎么说的来着？看到高手不等于你能超过他，但是如果你没有看到，就连门都没有。一旦你看到你所在领域的高手，马上就能知道自己是否具有登上顶峰的资质；如果你能找到与你气质接近的高手，马上就能知道自己该如何走上顶峰。

看原典、听本人的课、找到行业内真正的牛人，是成为高手的必经之路。

推荐书目：
《学习之道》维茨金

2. 找到好对手

有一次我的同事李春雨老师——曾经是首师大的研究生职业规划中心主任、国家精品课程的参与人——回来对我抱怨在"新精英"主讲的一门叫UCC（University Comes to Company，从大学到企业）的课程。他觉得不忿的原因很简单：他把自己在大学讲课的内容拿去企业做新员工培训，受到了巨大的好评，每天一两万的培训费，但是为什么在大学那段时间，同样的内容，大家连听都不愿意听？

在职业规划咨询中，我要求即使是实习咨询师做公益咨询的时候，也要来询者为咨询师和自己付喝咖啡的费用。因为任何人都知道，一旦一次咨询需要付费（即使是一杯咖啡钱），就会让来询者有期待、让咨询师有压力，真正的成长则从此开始。

很多时候，讲师、咨询师、教练或者企业的内训师无力成长的主要原因，是缺乏好的对手。当你通过点名而不是吸引力来保持出勤率，当你可以无限制地聊天而不是必须在一段时间内解决问题，当你可以讲个笑话就搪塞过去而不用解决问题，当你对大家说"我也不懂，就是分享一下"的时候，你就已经选择了一个平庸的对手，而你的能力也被限制了。

下棋的人应该知道，和庸手下一辈子的棋，还是庸手。

3. 刻意练习

Practice makes perfect? 练习导致完美？

错！君不见很多人practice了一辈子普通话还是乡音不改，听了一辈子《新闻联播》依然说得不像赵忠祥。

Perfect practice makes perfect. 只有刻意练习，才能成就完美。

每一次都挑战自己的黄灯区域的练习，被称为刻意练习。

推荐书目：

《一万小时天才理论》科伊尔

《异类》格拉德威尔

4. 专注

所有的小说都告诉你这个真理，但是好像所有的人都会忘记——走到高位的，往往不是那些懂技术最多的人，而是坚信一项技术慢慢打磨到极致的人。看看《天龙八部》里面的慕容复比不过乔峰的降龙十八掌，你不觉得，那是因为他上了太多武功"课程"吗？

宽度

1. 找到你的角色重心

有一些角色对你非常重要，有一些则不那么重要。试着给你的各种角色排个序吧。

子女、父母、爱人、工作者、持家者、学习者、休闲者、公民……

排好序后，再尝试给每一个角色一个时间精力分配的比例（见下页图）。每个阶段，生涯角色的重心都会不同，每半年调整一次。

- 写出你自己目前所扮演的全部生活角色，然后按照投入的大小画一个饼图。
- 如果你的生活可以朝着你理想的方向发生改变，把理想的角色分配画一个饼图。
- 对照现实和理想的饼图，看看有什么因素妨碍了你的理想实现，想想可以做点什么让你的理想尽可能实现。

2. 保护好软时间

很多认识我的人都很诧异，像我这么瞎忙的人，要做管理、要讲课、要研发、要写作、要上课，还要减肥，居然可以每年出去旅游两次。

儿女 2%　休闲者 5%

学习者 15%　父亲 7%

管理者 71%

现实

儿女 10%　休闲者 10%

学习者 30%　父亲 10%

管理者 40%

理想

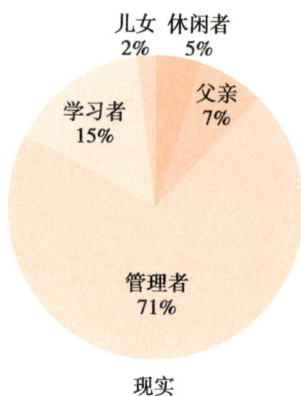

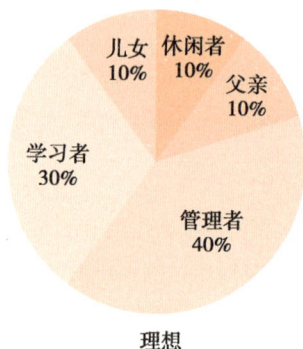

我每年有两次固定的旅游，一次是和老婆的出国旅行，一次就是和男人们的穷游。前面那次主要以舒服放松为主，后面这次主要以折腾为主。

我是怎么安排出时间来的？

很早我就发现，宽度方面的时间，是软时间，即可以压缩的时间。关系可以处可以不处，旅游可以去可以不去，聚会可以有可以没有，爱好可以做可以不做，反正也没有绩效考核。

长久下去，真的给你放三天假，你都不知道找谁去。所以越是软时间，越需要提前变硬一点。我会在每年年初的时候，以硬性的方式定下旅游时间，列入日历，并和团队提前沟通好，这个时间段对我很重要，多重要的事情都不要安排。如果你安排得够早，同时能让大家理解这件事情的重要性，你的时间就能有保证。

唯一保护软时间的方法，就是比硬时间更硬。

3. 质量比数量更重要

一位职场妈妈对我说："我每天下班都尽量赶回家陪儿子，有时候为了陪他，还把工作带到家里做。而孩子他爸，每天回来得很晚，就陪孩子玩一会儿，孩子却比较亲他。这是为什么？"

我问她："把工作带回家里做，那你怎么陪孩子呢？"

她说："一边工作一边陪啊，他在一边玩就好了。"

我慢慢了解到，她认为陪孩子，就是花时间去陪，很多时候一边开着电脑回邮件，一边让孩子在旁边自己玩。而孩子他爸不是这样，他会回到家里，先让自己休息10分钟，调整好状态，关上手机，才去陪孩子玩。虽然时间不长，但是全情投入。

谁更有效？孩子是最诚实的人。

另一个听来的故事不知道真假，也是讲这个道理。在一个女生的婚宴上，大家都好奇为什么她追求者众，最后却选择了没有什么优势的小强。那个女孩子说：很多人都会开车送我，或者找司机送我回家，但是只有他每次都陪我坐地铁，从雍和宫倒两趟地铁，然后走15分钟，一直到我团结湖的家的楼下。能为我花钱并不珍贵，为我花精力才珍贵。

花精力去陪你认为重要的人，而不是花时间。你过年回到家里大睡几天，眼睛盯着电视有一搭没一搭地和家人聊天，和朋友喝酒狂吐几次，这都不叫陪。

4. 提升爱的能力

现代人经常困惑的问题是：如果我就是放不下工作，我就是没有那么多精力，那该怎么办？如果你不能投入更多的资源，却希望获得更多的质量，你也许必须提高你的技能。

是的。高度有技能，深度有技能，为什么宽度和温度没有技能？

以前你需要花一小时才能让夫妻关系恢复，现在通过学习两性沟通，你能15分钟做好，这是不是技能？

以前你需要花三小时才能让孩子听话，现在通过学习教练式辅导，你能用几个问题解决，这是不是技能？

以前你要和父母待一天才慢慢开始融洽，现在你找到关键点，很快就能进入状态，这是不是技能？

如果你想要时间更短，却收获更多，你就必须提高生活的技能。

在家里放一块小黑板，每个月把将要发生的精彩时刻（可以通过照片）预告出来，大家一起期待。

在家里买台2000多块的投影仪，搭配300块的音响，就可以开一个自己的家庭电影院。然后把想看的电影存起来，列出节目单，每周"开映"。还可以邀请朋友一起观影。

在家里挂一幅可刮擦的世界地图，把去过的地方刮开，这可以鼓励我们走遍世界。

给父母设立一个旅游基金，恐吓他们说如果这里面的钱今年不用完，明年就没啦。

这都是我的生涯宽度管理技术。

关于宽度的资源：

我最喜欢《我》《公主的月亮》《爱心树》……但个人色彩浓厚，如果要入门，不妨从彭懿的《世界图画书阅读与经典》开始。

下面是一些培育"亲子关系"、很受业内人士推荐的书：

《好妈妈胜过好老师》尹建莉

《喂故事书长大的孩子》汪培珽

《孩子你慢慢来》《亲爱的安德烈》《目送》龙应台

《正面管教》简·尼尔森

《父母效能训练手册（PET）》戈登

《孩子，把你的手给我》海姆·G.吉诺特

如果你感兴趣，还可以了解一下家庭教育指导师这个职位。

亲密关系：

《男人来自火星，女人来自金星》约翰·格雷（描述两性关系的很好的书）

《爱的五种语言》盖瑞·查普曼（恋爱中的男女适合看）

《为家庭疗伤》李维榕（上集比下集好看）

萨提亚模式：解决家庭问题很好的体系，由美国心理治疗师萨提亚女士创立。我觉得也很适合女性。你可以从她写的《新家庭如何塑造人》开始了解。

家庭系统排列：一种由海灵格创立的治疗方式，融合了心理戏剧和超个人心理学的东西，强调通过现场表达的方式，找到家庭里面的"系统"，然后通过改变系统来改变家庭。你可以从他的案例集《爱的序位：家庭系统排列个案集》开始了解。

以上课程在中国都有，但是鱼龙混杂，大家多听听专业人士的推荐。

温度

1. 找到至少一种让自己开心的方式

有一次在企业家沙龙的分享聚会上，我问了一个问题：

在座有多少人知道，怎么样让你的员工在三分钟内开心起来？

下面几乎都举手了，这是领导力的表现。

我继续问：

有多少人知道自己的老婆孩子要些什么？怎么样让他们在三分钟内开心起来？

下面的举手变得稀稀拉拉，好像插秧。

我再问：

有多少人知道自己需要些什么？怎么样能让自己在三分钟内开心起来？

下面没有什么人敢举手了。

这是不是我们的尴尬？我们有很多取悦别人的方法，却对如何让自己开心所知甚少。

其实每个人都有让自己开心的方式。

想了解更多，可以看本书第二章。

2. 和自己约会

我有一个朋友，他在政府有关部门上班，三十出头干到处级，前途无量。他妻子贤惠，孩子刚满五岁，可爱至极。加上他还喜欢没事打打高尔夫球，我们觉得他是个前途无限的正派有品人士。

这样一个人，开着豪华版的奥迪过来找我咨询为什么生活不开心，是不是有点诡异？在咖啡厅等他的时候，我都想说你他妈的这样都不开心，那我死了算了。

当然，我还是耐心听完了他的故事。他的问题是太累了，早上一起床，就要按时吃早餐，然后开车先送太太上班，再送孩子上幼儿园，其间，车里的音响一直放着某少儿英语课程的听力碟，因为孩子要考试过级。他在单位里一定是谨慎做人八小时，回到家里也不敢放松，因为父母亲在，孝顺的他要去他们房里坐坐，然后回房间给儿子讲故事。等10点孩子睡着，再听老婆说带孩子有多累、公司发生了什么事情。到12点老婆睡着，他才打开电视有一搭没一搭地看个无聊剧集，很多次，他就这样睡着了。我说你那个高尔夫球呢？他叹了口气说那是朋友带他去玩的，他们也是去散心，很多时候还带有一些情绪，他还要照顾他们。

我想你也能明白他的问题，他活得太累，太努力想扮演好儿子好爸爸好下属好领导好朋友，以至于没有留任何时间给自己！

我建议他开始每天跟自己约会。

"什么叫跟自己约会？"

我给他解释："如果今天我心情不好，需要你陪我聊聊天，我们约了六点吃饭，但是现在有另一个人来约你七点吃饭，你会去吗？"

他说："我肯定不会，约好你了嘛。"

"但是如果晚上六点半你约好了——自己——想好好看一会儿书，"我放慢语速，强调"自己"两个字，"但是有人来约你七点吃饭，你会去吗？"

虽然明知道是个坑，他还是想了想，说："嗯，我会。"

"为什么我约你，你好意思推掉别人，换成你约自己，却不好意思推了呢？难道别人比你自己还重要？"

他好像有点明白了。

我继续建议："不如你现在就安排一下日程，每一天都给自己安排一小会儿'与自己的约会'，时间先定每天20分钟。和安排你的电话或者吃饭一样，正式写到你的日程表里去，名字就写——古典约见。"

从那天开始，他每天都会"和自己约会"：先把车开到停车场，然后让他的老婆孩子先上楼，他则把鞋子脱了，把两只大汗脚伸到风挡玻璃上去，看袜子熏起一阵白雾。然后把椅背放下，关掉唧唧歪歪的少儿英语，放一段被他留洋媳妇鉴定为庸俗无比的郭德纲的相声，听到好玩的地方，就肆无忌惮地恶俗地淫笑，一边笑还一边晃脚趾，有时还放个痛快的响屁。

三个月之后再见，他容光焕发，衣服的颜色都鲜艳了一些，眼神里面那种任重道远换成了轻松自在。他正和几个哥们儿策划去新疆自驾旅行，他们在一起闹哄哄地起哄说，不准带家眷啊，说完一齐看他，他则乐呵呵地说：我爽了他们才会爽啊，没有问题。

与自己的约会：

• 设想你要去约见一个与你一模一样的人，你希望让他非常快乐和开心，你会做些什么安排？

• 把这件事情记录下来，安排到你的日程里去，告诉你身边的人自己要留出这个时间段。每天10~20分钟就好。

• 坚持两周，你的生涯温度就会上升。

3. 了解积极心理学、身心灵方面的知识

如果希望提高温度，学习心理和身心灵方面的课程都是不错的选择。有几个建议给你：

• 可以从看感兴趣的经典书开始，建立一个系统的知识框架，然后再精细地深入一门学习，这样不容易走火入魔。

• 区别知识与技能，系统地学习，但拿到一个心理学硕士学位也许并不能帮你解决温度问题。体验式或互动式的课程，更加适合非专业人士。

• 正经的心理学和身心灵学习里，没有什么方法是对每个人都有效或者任何时候都有效的"终极法则"，每个人都有适合自己的方式，如果你觉得老师的方式不适合自己，不是你有问题，离开就好。

• 别太功利，如果你希望提高自己的温度，就别再给自己又制定一个目标。

关于温度的资源：

活动：

"豆瓣同城"总有你意想不到的小组活动。

旅游：

绿野网（www.lvye.cn）对于希望打开旅游思路的人是个好地方。

《孤独星球》（*Lonely Planet*）：是一套全球最专业的旅行手册，在书店和网店都可以找到。

《走遍全球》这套书里有彩图和介绍，专业性第二；谨慎躲开《走遍中国》《走遍四川》这种类似的山寨书。

做自己学校：

"新精英"自己创办的，帮助人们更好地成长为自己的学校。里面有很多课程和小组。

《真实的幸福》《活出最乐观的自己》《认识自己，接纳自己》马丁·塞利格曼（经典积极心理学三部曲，大部分的理论都在里面了）

《幸福多了40%》索尼娅·柳博米尔斯基（又一本被名字毁掉了的好书，记录了很多积极心理学的技巧与干货）

《遇见未知的自己》张德芬（都市灵性小说、灵性入门课）

其他：

《哈佛公开课：幸福课》网易公开课平台能听到。

生涯规划师认证：你可以在"新精英"官网（www.xjy.cn）找到。

热爱身边所有的音乐、文学艺术吧。

> 在微信公众号"新精英做自己"里输入"生涯四度"，给你一个关于高度、宽度、温度、深度的资料和书单的汇总，方便你发给朋友们。输入"生涯书"，推荐给你关于生涯规划的入门和进阶书单。

人生管理三阶段

接触生涯四度体系的人会经历三个阶段。

刚开始的时候，突然看到了整个人生的系统，发现自己的很多缺失和各种可能，人生处于打开状态。修补某个维度或者扩张某个维度，往往会迅速地提高整体的幸福度。这个阶段是一个发现可能、找回平衡的过程。

第二个阶段是提高效能的过程。当人生重新找回平衡，我们要做的事情就是提高每一个方面的效能，让人生的整体价值最大化。这个时候，投入哪个维度的学习，就会提升哪个维度的效能。

第三个阶段则是做重要的选择。效能提高终有极限，在不同维度往返跑也会越来越难，人生总需要做真正严肃的选择。如果你只能挑一个维度深入，你会选择哪个？

你会郁闷，会愤怒，会讨价还价，最后还是会在痛苦中意识到：人生需要做真正严肃的选择。梦想残酷且美丽，美丽是因为你在最希望的路上行走，残酷则是因为你因此放弃了那么多的可能。

只有勇敢的人能做出这种选择。

我们的规划师赵昂问我：如果我选择四平八稳，也是严肃的选择吗？

我说：是的，选择兼顾每一个维度，也就选择了为不放弃权力、智慧、关系和自由，牺牲了自己本可在一个维度里大成的可能，这是一种更严肃的选择。

天才不仅仅意味着天赋，往往还意味着对人生的严肃选择。

什么是好的生命？

好的生命，是有事做、有人爱、有问题可想、有选择的自由。

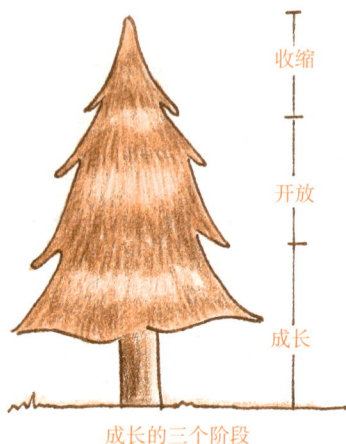

收缩

开放

成长

成长的三个阶段

9 外一篇：刘邦项羽的生涯规划课

（云海翻腾，老版《西游记》背景）

对面走来两个人，前面的一位30多岁，面色黝黑，身长八尺。他一身大将的劲装装扮，头顶金冠，须发从盔甲中刺出，面色黯黑；他的手臂有力，脚步刚猛，远远看过去，浑身上下透出一种霸气！这人从远处快步走来，竟带来一股温暖的"压力"感，好像飞机起飞前发动机冲来的热浪。最有趣的是，他的眼睛里面有两个瞳孔！

后面的一位则有60多岁的样子，面色白净，须发花白，身材中等偏瘦。他穿着一件黄色的大褂，前面用丝绸绣出龙来。和刚才那个人不同，他给人一种尊贵和威严的感觉。在他附近待着，你会觉得空气像凝固了一样。最有意思的是，这个人的表情像戴上了一个标准的笑脸皮套，永远不温不火，谁也看不出来他现在在想什么。

单独看，估计你猜不到他们是谁。但如果把这两个人放在一起，傻子也能猜出他们是刘邦和项羽！

历史上第一个生涯导师穿越了。

古典：咦，你们不是刘邦和项羽吗？你们不是死对头吗？

刘邦：（深深一拜）先生就是古典老师吧？我们两个是专程过来迎你的。至于你说的恩怨，我俩以前是有过一段，不过来到这永寿清净之地，早就看开了。

项羽：（一拍刘邦肩膀，扛鼎之力，把刘邦拍得哎哟一叫）哈哈，我们早就是哥们儿了。人死了其实就什么都看淡了。而且我们和后来的那些皇帝还真聊不到一块儿去，不是一个年代的人，没共同话题，所以我们就成了好朋友。我说，你们在世间真的得看淡点，像我们当时打得那么凶，你死我活的，其实现在想起来，就和你们玩了一盘魔兽一样，一下线就是哥们儿了。

古典：（继续惊讶）这……这里是哪里啊？

刘邦：古老师，这里是仙界英雄名人堂，凡是通过投票的历史英雄，都能够入选这个名人堂。我们这次请你过来，主要就是仙界的名人们觉得生活太无聊了，希望可以规划一下自己的生涯，看看下一千年怎么过。听说你在凡间做得不错，所以邀请你过来给我们讲一讲。

古典：这……（彻底蒙了，想了一想，拿出一个咨询时最常见的问题）那，你们最希望解决什么问题？

刘邦：甚多，甚多。我们在天界福寿无边，平时闲得无事就谈古论今。有一个话题总是绕不开，就是谁比谁强。你知道能来这里的人都是英雄、枭雄，曹操这个级别的都是复活赛票选进来的。大家谁也不服谁，总觉得自己的能力最强、功名最大、比别人过得好。以我俩为例，两千多年了，谁也说服不了谁。

古典：（恍然大悟）原来如此，我倒有一个生涯理论可以和二位分享一二。不知道仙界可有黑板？

刘邦：（做一个请的姿势）早已备好，请！

项羽：（大手一拍）走！

（仙界培训中心）

古典：我们总是无法知道，怎样的生活才算是好的、自己想要的生活。更加麻烦的是，我们总是占了这个又想要那个，有了功名又想要安宁。这个生涯四度模型就是为了解决这个问题的。每个人的一辈子——我们凡间叫生涯——都可以用四个标准来看：高度、深度、宽度和温度……

项羽：这个有意思！古先生，你也别讲虚的，我看不如就以老刘的生涯为例，给他打个分吧。

刘邦：（心里不悦，但是厚黑一流）然也，然也。

项羽：刘邦老哥啊，我这么多年总算找到个机会说我的心里话了。你的生涯高度的确比我高——你都当皇帝了，而且汉朝也是我们最牛的朝代，这个肯定可以打满分10分。我呢，没有你这个水平，虽然当了楚霸王，那也是自封的。顶多打个7分。

刘邦：（心理暗爽，但是厚黑一流）不敢，不敢。

项羽：虽然你最后逼得我自杀了，但是我还真不服你。你干的那些事，我可实在干不出来。当年在沛县一战，我追你跑。路上遇到了我那外甥和外甥女——孝惠帝和鲁元公主，你带他们上车。我的骑兵追得紧，你就把两个孩子往下踹，想让车跑得快点。后来你小弟夏侯婴都看不下去了，下车把他们拉上来。还安慰他们说你爸不是想踹你们，就是腿抽筋了，不小心的，结果你还继续踹。你小弟夏侯婴终于发飙了，说：大哥，车慢我们也不抛弃不放弃孩子。最后我这外甥外甥女才保住，你自己说是不是？（汉王道逢得孝惠、鲁元，乃载行。楚骑追汉王，汉王急，推堕孝惠、鲁元车下，滕公常下收载之，如是者三。曰："虽急，不可以驱，奈何弃之！"于是遂得脱。求太公、吕后不相遇。审食其从太公、吕后间行，求汉王，反遇楚军。楚军遂与归，报项王，项王常置军中。——《史记·项羽本纪》）

（孝惠和鲁元的灵魂飘在半空，哀怨地看着刘邦）

刘邦：（汗）我这也是没有办法嘛……

项羽：刘老哥啊，不是没有办法，是你没有人性。这就是我最看不上你的地方。你想你这得多伤人。按今天的话来说，这都是心理创伤。据我所知，以后你孩子再也没有和你一起出去玩过，他们总怕一有什么事就被你一脚踹下去。还有你爸，我抓了他当人质要挟你，关了28个月，后来还说要煮了他。你嬉皮笑脸地说如果煮好了给我分一杯羹。（吾翁即若翁，必欲烹而翁，则幸分我一杯羹。——《史记·项羽本纪》）

刘邦：（长叹一声）的确这点我对不住他们。我这么多年，光忙工作了，家庭没顾上，老爸没伺候好，孩子也没有什么成器的。但是我给了他们最好的啊，比如说我让我孩子当皇帝了，有多少孩子能当皇帝啊。

项羽：（撇撇嘴）民营企业家都这么说。

古典：（打圆场）好了好了，我们还是先打分吧。

项羽：还有你那个老婆吕后，那真的是个人中极品。淮南王黥布造反，你正病着，准备让太子出战，结果你老婆一把鼻涕一把眼泪地说："黥布是天下猛将，很不容易对付，太子去岂不是羊入虎口！而诸将又多是太子的叔伯辈，只怕难以心甘情愿地俯首听命。"你老兄听了这话只好自己扶病出征，虽然很快就平定了，但也不幸身中流矢，伤口溃烂，拖了三个月而驾崩，只活了63岁。

刘邦：（尴尬地捋胡子）这……这也是她的母性吧。女人嘛，比较护着孩子。

项羽：女人？母性？我觉得她和你一起，都心理变态了！她恨你喜欢戚姬，就砍掉她的手足，挖眼烧耳，灌上哑药，丢进厕所里，让她辗转哀号，还被称为"人彘（音同'质'，猪的意思）"，这是一个女人干得出来的事情吗？！干了就算了，还特地要她的皇帝儿子去看。我这个大外甥刘盈得知"人彘"就是戚姬时，大惊失色，泪流满面，喃喃说道："太残忍啦！哪里是人做的事！太后如此，我还凭什么治理天下！"他受不住惊吓，从此大病经年，天天借酒浇愁，七年不理朝政，24岁就挂了。哪有这样当妈的？你老爸、老婆、孩子都这个样子，你的生涯宽度高不了，顶多4分。

（刘邦点点头，算是默认了）

（半空传来一个阴森森的女人的声音：是谁在说我？刘邦色变：嘘……千万别把她招来啦。项羽也吐了吐舌头，他也害怕这个女人，不敢再讲话了。刘邦想了一想，把宽度再减1分）

古典：接下来我们看看生涯的温度——在过自己一辈子的时候，快乐吗，投入吗，宁静吗？这个没有人能回答，只能你自己打分。

（刘邦闭上眼睛，仿佛在与自己的内心对话，一生戎马岁月在脑海中展开……我特意给了项羽一个眼神，示意他先不要说话。大概两分钟后，刘邦睁开眼睛，给了自己一个6分）

古典：所以您的生涯四度分别是：高度10、深度9、宽度4、温度6。一共是29分。

刘邦：项兄啊，你刚才那么分析我，我也要说说你的生涯了。按说我没有你强，年纪轻轻，兵法、武功都是第一，拥兵天下。你我大战那年，我56岁，而你才刚刚30岁，真是少年英雄。但是你知道你为什么输吗？因为你太幼稚了。

项羽：因为我觉得，输赢虽然重要，但是人情更加重要。当日乌江江边，虞姬为我而死，当年渡江的楚国兄弟八千，也一个无还。他们如此从容赴死，我怎么能独生？这让我如何面对父老兄弟？

刘邦：这就是你幼稚所在。打仗为了什么？就是为了赢！不是为了帅。你死前遇到了汉骑司马吕马童，还在装酷说"吾闻汉购我头千金，邑万户，吾为若德"，你可知道他们为了抢你的尸体大打出手，还伤了自己十多个人，最后五个人分了。你太傻太天真！Naive（幼稚）！

项羽：（虽然被刘邦一顿数落，却好像没有生气）这不是帅，是率性。我当然想赢，但是我觉得不光彩地赢，还不如死得漂亮。我有一个小妹叫李清照，她就很理解我，她给我写了首词："生当做人杰，死亦为鬼雄。至今思项羽，不肯过江东。"这就是我想要的样子。现在想起来，如果再来一次，我还是会那么选。

刘邦：（嘿嘿一笑）所以你永远到不了我这个高度。你以为就你有脑残粉？你的粉丝都是女生，比较爱表达。我的粉丝都是男人。毛泽东就是我的一个粉丝，他喜欢我的《大风歌》，还点评咱俩说："项王非政治家。汉王则为一位高明的政治家。"还有英国人约瑟·汤恩比，他是个著名的历史学家，他也说："人类历史上最有远见、对后世影响最大的两位政治人物，一位是开创罗马帝国的恺撒，另一位便是创建大汉文明的汉太祖刘邦。恺撒未能目睹罗马帝国的建立以及文明的兴起，就不幸遇刺身亡，而刘邦却亲手缔造了一个昌盛的时期，并以其极富远见的领导才能，为人类历史开创了新纪元！"

项羽：哼！政治学家，有意思吗？

刘邦：唉，怎么过了两千多年，死了一次，你还不懂呢？幼稚。你哪里知道，你说我狠，但这是往高了走的必然。你知道住咱们三号楼小别墅的唐太宗李世民不？小李比我狠多了吧。逼父、弑兄、杀弟、屠兄弟后人、占弟媳等事太彪悍了。但史学家还不是认为他能治理国家，提高人民生活水平，为推动社会发展做出了卓越的贡献？唐朝和我大汉朝一样，是最强盛的时代。

（三号楼李世民狂打喷嚏："谁又说朕了？"对面麻将桌一群清朝皇阿玛在旁边安慰："骂你几句，你就知足吧。自从他们凡间播出那个什么《还珠格格》一二三，我们这喷嚏都打成慢性鼻炎了！"）

刘邦：再说我的老婆吕后，与其说是我老婆，不如说是我的政治合作伙伴。我俩的生涯宽度、温度，的确都不怎么样。但是司马迁特别尊敬我们，他作为史官的原则是"民为贵，社稷次之，君为轻"，他举了很多案例说我"仁而爱人"，评价我老婆时说"孝惠皇帝、高后之时，黎民得离战国之苦，君臣俱欲休息乎无为，故惠帝垂拱，高后女主称制，政不出房户，天下晏然。刑罚罕用，罪人是希，民务稼穑，衣食滋殖"。你说，这难道不是一种伟大？你的尽兴，能帮得了他们吗？

古典：（打圆场，赔着笑脸）两位大人，你们只是维度不同。在我看来，刘邦更加喜欢的是高度和深度；而项羽喜欢的则是生涯的温度和宽度。

项羽：正是正是，你那种伟大我能理解，但如果身居高位却不能活得尽兴，如果对自己重要的人不能好好保护，不如死了好。

（项羽像是认真的小孩子，看着刘邦吐出一字一句，显得特别可爱，眼里还发出光来）

刘邦：（长叹一声）项兄，我今天也突然明白为什么我身边友少敌多、亲人不亲，而你却有红颜知己、有骏马良驹、有父老乡亲了。我回趟老家，睢景臣还编个《哨遍·高祖还乡》取笑我，而你带走他们孩子的父亲，他们却称你为楚霸王。看来以前我错了，我俩各有千秋。

（项羽给刘邦轻轻一拳，算是和解）

古典：所以也没有什么好争的，你项羽想要温度和宽度，他刘邦想要高度和深度，这都是自己的选择。重要的是我们知道自己能做生涯选择，然后去做决断，最后坚守自己的选择。这就是成长为自己的样子，每个人都能选择自己最好的样子。

刘邦/项羽：然也，然也。

古典：最后一个问题：如果你们的生涯能够再来一次，你们还会这样吗？

（刘邦、项羽沉默半晌……还是急性子的项羽先开了口：我还会这样，我喜欢这样过日子。刘邦也点点头，说：我想，我也是。）

古典：记住，一个你多年后（两千多年了）想起来不后悔的选择，就是一个好的选择。你们都拥有各自不同又一样精彩的生涯。

刘邦/项羽：那我们也算是成长为自己的样子了吧。古典先生，你真乃吾人生之导师也。

古典：（害羞了）当然是成长为自己的样子了……你们都是牛人，别这样叫，我不好意思。

刘邦：哪里哪里，今天听君一席话，胜活五百年。未来如果有什么迷惑之处，还望先生多来规划规划啊。另外我觉得您可以研究一下仙界的生涯规划，这里日子长，钱多人傻。我任总裁，你做导师，我们一统天界教育培训界，您看如何？

项羽：刘邦老儿，你生前称帝，死了又要来创业，实在是烦心至极。哈哈，上酒来！我要与先生你大喝一场！

后来呢？

后来我婉谢了刘邦的创业邀请，参加了项羽的酒席——虞姬跳舞，举起酒杯，唱起楚歌，大醉三日。

天上一日，地上一年，醒来已经是今天了。

六道人生选择题：

在微信公众号"新精英做自己"里输入"人生选择题"，试着做六道著名的人生选择题，在不同的人生故事中做出你的选择。当所有选择题做完，你的人生选择也就明晰起来。

与古典聊聊：

在新浪上以 ＃我的生命有什么可能＃+答案+理由+@古典 的格式发一条微博，我会定期挑出其中有趣的理由，为你点评和建议。

Chapter
7

做现实的理想主义者

1 如何解决现实和理想的冲突？

我要写一部伟大的小说！

我要让自己的公司上市！

我要在40岁前环游世界！

我要与喜欢的人一直到老！

在很小的时候，我们每个人都是梦想家，但可惜的是，随着年龄的增长，很多人的梦想后面，开始有了一个"但是"：

我想成为歌手/开始写作，但是又不得不工作，怎么办？

我想出国读书/环游世界，但是家里经济不允许该怎么办？

我想与喜欢的人在一起，但是父母不同意，怎么办？

我想……，但是……怎么办？

"现实就是这样无奈！"年长的没有梦的人总在恐吓他们，"像你现在这样单纯得近乎做梦的想法，还是趁早收起来吧，免得日后碰了壁，还是得醒。"梦想不仅需要一腔热血，更需要冷静的智慧。许多人有美好的梦想，却并没有保护自己梦想的智慧，他们的梦想被现实碰得支离破碎。

有一个问题，永远横在你和梦想之间：

现实和理想冲突，该怎么办？

提这个问题的人好像忘记了，其实理想也是一种现实——你希望在未来实现的现实。这样一来，理想和现实冲突的问题就清晰了一些，变成：

未来的现实和当前的现实冲突该怎么办？

我们把这个问题再推进一步，你就会发现其实它们并不"冲突"，因为你并没有直接进入未来的现实的能力——如果有，你就不纠结啦。你只是觉得现实之路与理想之路并不是同一条路。**你不甘走现实的路，却又不敢走理想的路**。所以真正的问题其实是：

怎样从现在的现实，走到未来的现实？

想象下年轻、初经世事的你站在路口，前面伸展出两条路：一条是坎坷小路，通往你向往的未来的现实；一条是平整的大道，却通往你心有不甘的平庸的现实。选择梦想之路，也许会在中途体力耗尽而死；选择平庸之路，却又不甘心一辈子就这样。

很多人的生活，就是像这样在路口徘徊，既没有勇气闯入理想之路，也不甘心平庸地生活。一直到实在扛不下去，就脚尖离地被卷入滚滚人流，直奔现实而去，像早上八点半的地铁口，身边的人才不关心你要去哪儿呢。

理想主义者：我要一站到达
现实主义者：试试看，不行就算了
现实的理想主义者：迂回、修炼、接近梦想

这就是我们遇到的理想与现实的冲突。

这一章我们谈的就是现实与理想冲突时的解决方案，以及"现实的理想主义者"对这困局的突围：

先冲入现实之路吧。在这里修炼，获得必要的锻炼、给养、技术、技巧；在做好储备、更好地了解自己之后，你可以开始寻找两条路的交会之处。你在现实之路上走得越远，朋友越多，发现与梦想之路的交会也就越容易。

最后，你走到现实和梦想之路的第二个交点，告别现实之路上的朋友们的挽留，深吸一口气，开始你的梦想之路。

这就是现实的理想主义者的战略。在我看来，解决现实与理想的冲突的方法，就是如何从现在的现实走向未来的现实的战略。

在现实的理想主义者的战略中，现实与理想——当前与未来的现实——并不冲突，反而是手段和目标的关系。未来的现实所需要的眼界、资源、能力、格局，都可以在当前的现实中找到，你需要的只是一套连接现实与理想的**"现实的理想主义"战略**。

如果把生活比作一场球赛，适应现实等于防守，而坚持理想等于进攻。如果一个球队一直进攻却毫无防守之力，会死得惨绝。今天你也能看到那么多忙于适应生活却忘记梦想的人——他们一直防守，从不进攻，这些人为什么要踢球呢？

所以如果你身处刚出道的弱队，你需要坚定不移地打防守反击；而如果你身处身经百战的强队，也许你真的应该试试看全进攻阵容。关键看你是否掌握了从现实到理想的战略。

理想正如画一幅宏大的画，你的梦想越大、越美丽，就需要越多的画技和练习。梦想越美丽，手段就要越现实。梦想越壮阔，规划就要越细致。我提出的**生涯三阶段理论**，谈的就是从现实中一步步实现理想的技术。

见过许多我这样的年轻人，走呀走呀停下来那么伤心，这个曾是他们想要改变的世界，成了他们不可缺的一部分。

——《江湖行》黄群、黄焱

2　我们为什么要工作?

生涯规划师最常遇到的现实与梦想发生冲突是在职业领域中，很多人的理想也在职业领域中。事实上，职业本身就是一个现实和理想的绝妙悖论。职业的本质，是一种通过满足他人或社会需求而自我生存、发展和实现的社会交换形式。简单来说，**职业是通过满足他人需求来实现自我的社会交换方式。**

要谈如何把现在的现实与未来的现实连接起来，我们不妨从职业中的自我实现开始讲起。先问你几个深层次的问题：职业中自我实现的方式是什么? 什么是工作的意义? 我们为什么要工作?

试试问你身边的人这个问题，恐怕会获得三种完全不同的回答。

第一种回答是这样的：为什么工作? 赚钱呗! 为什么赚钱? 养家呗! 为什么养家? 没办法呗! 大哥，你帮我养啊? !

另一种回答类似这样："我要证明自己的价值。"顺着这句话追溯，还有很多思考——证明的意义是什么? 证明意味着寻求认同。证明给谁看? 给自己、家人、朋友、女友、前女友和社会看。

但总会有人（虽然很少）这么回答你：工作是为了活出自我，实现自己对世界的价值。稻盛和夫在《活着》中认为工作即道场，工作的目的是"自我修炼"，为了让自己拥有"美好心灵、圆满人格和智慧"。李开复说"做最好的自己"，乔布斯说"活着就是为了改变世界"，都属于此列。

这三种回答，并无高低之分，分别代表着工作带给人的三种意义——生存、被认同和自我实现，分别对应着职业发展的三个阶段——**工作（job）、职业（career）、事业（calling）**。一份完美的工作，自然应该包含三个部分：让我能生存，让我被认同和被尊敬，同时在其中实现自我和社会的价值。我们都期待能够拥有这样一份工作，成功人士也都宣称自己有这样的工作，他们收入不菲，让人尊敬。巴菲特说自己每天拿着星巴克咖啡去办公室的时候，恨不得在电梯里面跳舞; 乔布斯把每一天都活成最后一天; 马云总是那么激情四射又潇洒自如；杨澜高贵大方有智慧。他们好像都活在自己的梦想之中——而对比下你现在这份痛苦无聊收入低还没有创意的工作，这真让人绝望。

作为一个刚入职场的新人，我们又如何才能找到这样一份职业呢？你举目四顾，大部分职业是累死人不偿命的（如"程序猿"、销售）；还有一些很受人认同（如企业老总、培训师），然而这些职业你完全无法拥有；看得上你的职业（如NGO人员、义工），又不太能让你吃得饱；最后还有一些看起来完全能满足三者（如作家、导演、创业者、咖啡店老板），但你试着搜搜职业招聘网站，哪里有人招导演？

梦想如此美好，现实如此残酷。人们要么追寻理想，为生存碰得头破血流；要么放弃梦想，一头跳入生活的浊流（反正大家都黑，谁也别嫌弃谁），沿着社会设定的道路行进，却发现自己早就忘记了出发的理由。慢慢地，我们会遇到人生最可悲的事：30岁的你早上起来站在浴室镜子前，挂着假模假样的微笑，发现自己变成了小时候最讨厌的那种人。

职业生涯的三条线

在一张白纸上画一个坐标系，横轴代表你的年龄，纵轴代表职业收益，这样我们就有了一张职业发展图。在纵轴的三分之一处，向上倾斜画出一条线（**生存线**）——我们为什么工作？从你开始职业的那一天，你就需要支出，这意味着你有了工作的第一个理由：生存。于是**职业发展线**（见右图）出现了，你的第一个职业任务很简单，就是让职业发展线高于生存线，养活自己。

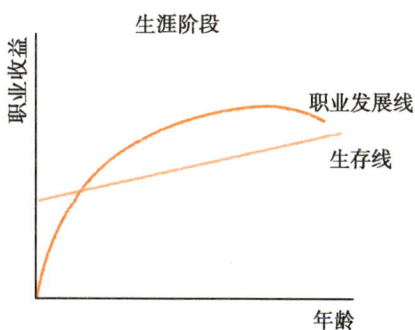

职业发展图

大部分人的职业线都是一个抛物线形状：

上升—维持—衰退。

在职业发展的**上升期**（25~35岁），职业发展的速度很快，职业收益上升很迅速；

慢慢进入职业发展中期（35~45岁，一般也意味着进入中高管理层），上升的势头越来越平缓。最终会达到职业发展的顶峰（一般在45岁左右），职业发展速度也慢慢归零，进入**维持期**。

在职业发展的中后期，职业的收益会缓慢地下降，你开始进入**衰退期**——你的职业发展黄金年代已经过去，你要做的是保持自己的位置，总结好经验，带好接班人，在一个合适的时候退出职场。

不同职业的发展周期也不同。如果你是普通公务员，你职业线的三个阶段就是25~35岁为上升期、35~45岁为维持期（高原期）、45~60岁为衰退期。如果你是体操运动员，也许就会变成12~16岁为上升期、16~24岁为高原期，而24岁以后迅速进入衰退期。如果你是老中医，那么也许要到40岁才开始上升，而你的顶峰则越老越好，一直到你老得摸不到脉的那天才开始下降。靠体力的职业周期短，靠脑力的周期长，靠资源的则更长。

不管是什么职业，你的**职业线**总逃不出抛物线。这条抛物线与倾斜上扬的生存线，勾勒出一只蝴蝶的形状。这就是大部分人一辈子的职业生涯形状。这只蝴蝶的左翼是亏空，右翼是收入。亏空阶段你需要他人的经济支援，这也许意味着你需要住在家里，蹭吃蹭喝，或者需要家里每月给你寄点钱，因为你赚的根本不够花；还有很多人活在父母买的需要你50年工资才付得起的房子和车子里——总之，你需要别人的支持才能生活。

这笔填补你生存期的钱，从何而来？看看蝴蝶的右翼你就知道了。在这里，你的收益高于了生存，这意味着你有了闲钱，需要拿出一部分来存款与投资，一部分用来养老（也算是还债），另一部分需要用来填补你孩子的生存期。

所以，如果你是一个老老实实地被生活所安排的人，无须看命书和占卜，你的终生命运就早已全部画在这只蝴蝶上——我们用老一辈的钱度过生存期，然后又努力赚钱，填入我们下一代的缺口。事实上，大部分老一辈中国人就是这么想的——职业是用来谋生的手段，所以他们的游戏规则特别简单——尽可能在职业期攒更多的钱，用很少的钱照顾好自己，然后转投到下一代的生存期，让自己不要成为儿女的负担，让儿女少吃点苦，多读点书，尽量度过生存期。

这种职业观也传承给我们身边的大部分人——他们努力地在工作中赚更多钱、走到更高的位置，同时学习更多精细的花钱方法，投资到孩子的教育中去，希望他们能画出更加好看的一条曲线。但是，仅此而已。

这种职业观没有什么不好，却显得有些可悲：我们完全把职业当成维持自己和家庭生存的工具，而很少明白职业能承载更深层次的可能——发挥天赋、找到自己、理解和发现工作背后的意义。

一旦人们把工作当成生存工具，他们一定会顺带把工作中的自己也当成工具。而如果工作中的自己只是赚钱的工具，那么工作中的尔虞我诈、不择手段、无底线、贪污腐败、过劳又怎会不出现？当自我工具化的时间越来越长，我们怎么可能不在工作中感到空虚、麻木和倦怠？那正是工具最正常的反应。

我们所处时代普遍存在的神经症……很多现代人所受的痛苦，不是源于临床观察而定义的神经症，而是源于他们对生活的麻木感和空虚感。

——荣格

一旦你放弃在职业中自我实现，你就会把"工作的意义"的答案寄托于下一代——看看各种培训班门口两小时一直盯着孩子看的家长就知道，希望让下一代学习些自己想学而没有机会学的东西，去自己想去而没有去过的地方，受自己想受而没有机会受的教育，希望下一代去实现他们想实现而没有机会实现的人生意义。

但是他们始终无法回避这个清楚又残酷的事实——工作的意义绝不仅限于生存和延续下一代，一个无意义的生命不会因为能延续就变得更有意义，一段职业生涯也不会因为比别人更成功、更赚钱、更快发展而变得更有意义。同时，工作的意义绝不仅仅是让生命延续。爱因斯坦、罗素、萨提、凡·高……你们不知道他们的孩子是谁，但谁也无法否认，他们给我们的生活带来了巨大的改变。

QQ和宝马的对话

你知道吗？当主人锁上车，离开停车场，汽车们就开始用车灯说话。

有一天在停车场，宝马对旁边的QQ说：看你这个穷酸样，买我一辆能买你10辆。

QQ说：我比你老，也的确比你便宜，我的兄弟。但我载过第一天买到车的主人，他按着喇叭，车上挤满哥们儿，打闹着从城市一直开到大海边。我载过结婚纪念日的女主人，她看到塞满后座的玫瑰花，一边说浪费，一边流下感动的眼泪。

我载过冬天路边的陌生老人，他向玻璃哈气，前窗雾气腾腾，一片朦胧。我去乡村小学的路上车厢满载，回来空空荡荡，夜里月亮弯弯，我的主人目光明亮。

而你却总孤零零地开着，后座轮换着各色官员、商人和艳丽女生。你的身上滑过辉煌的高楼和凌晨三点的霓虹灯的影子，却不知道要开往何方。咱们车最重要的，不是多贵，而是谁在开、他们去哪儿、他们要干什么。

QQ说完，熄灭了灯。两车从此一直沉默。

3 追寻工作的意义

今天的工作者对职业这个占据我们黄金年代三分之一精力的东西，有着更深层次的追求，我们不仅希望通过工作换取体面的生活、受人尊敬，我们还期待工作本身给我们带来意义和价值——能激发我们的热情与好奇，能发挥我们的天赋，能实现我们内心的价值，让我们在热爱的领域努力地玩，能让世界因为我们的存在有些不同。无论你把它称为事业、天命、使命、梦想，还是自我实现，你都期待达到这样一种工作境界。21世纪最重要的一次职业的革命，就是在工作中，人们开始寻找意义。

对期望在工作中找到人生意义的人来说，一定要经营自己生涯的第三条线：**事业线**。但值得去的地方永无捷径，你需要经过**"探索——投入——建立——进入"**四个阶段。

探索期：事业线的开始总是模模糊糊、断断续续的——寻找自己的事业和天命是一个反复确认的过程，很多选择出现又消失，希望产生又破灭，每一个都似是而非。远看很美好，走进却让你失望——最终你逐渐理解自己的定见、才干、志趣，并慢慢确定其中一个——这是一个自己和世界调试的时期。

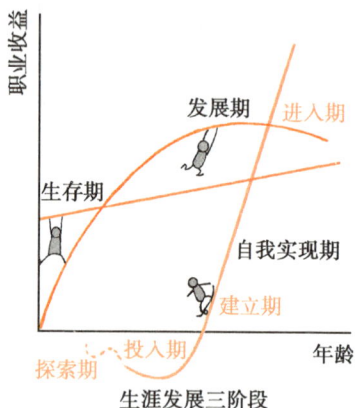

生涯发展三阶段

投入期：一旦过了探索阶段，事业就进入第二个阶段——投入期。和职业线不同，事业线并不会一开始为你带来职业收益，恰恰相反，你需要持续地向其中投入，所以这个阶段的职业收益是负的。

建立期：等投入到一定程度，伴随着能力的上升，事业线通常开始会有一些职业回报，有经济的，也有心理的。虽然这些远远不足以养活自己，但是这条线的成长态势喜人——你在其中投入兴趣，它更加适合你的能力和天赋，而它给予你的回报，也是你一直渴望的。你有一种鱼遇到水的感觉——这条线的成长速度，远远高于职业线。

进入期：慢慢地，有一天你会发现，你在事业线中获得的职业收益，已经达到生存线——这意味着你实现了**职业自由——仅凭自己的理想工作，也可以生存了**。这是人生的现实理想逆转点，是人生攻防的大逆转，是你个人商业模式的break event（逆转点）——你可以从此全力以赴地经营自己的梦想了。

每个人都有**职业线**，但是不一定每个人都能有**事业线**——因为实现理想远远比职业发展得好还要难。首先，事业线不像职业线那样有生存的压力，时时提醒你不得不做，而是需要发自内心的价值观的持续提醒。其次，事业线没有立竿见影的回报——养个梦想和养孩子一样，你需要有漫长的孕育期，孩子出生会哭、会闹、会半夜把你吵起来，只有等到他长大成人的那一天，他才开始真正值得你托付。第三，当你要离开职业进入事业时，原来的整个职业系统都会下意识地黏住你，如十八铜人不让你下山。

生涯如旅途

还记得前面那个关于理想与现实之路的比喻吗？如果我们把镜头再拉近一些，你能看到更多细节：你在路口冲入现实之路，你不知道为什么要走，也不知道该去哪里。但是大家都在走，于是你也走起来。途中每段路都有给养站，如果你跑得够快，还能吃到更好的。这条路通往哪里？我对其他人有什么意义？你环顾四周，大家都脚步匆匆，没有人停下来想过这个问题。你挠挠头，觉得自己也许想多了。时间一长，你都害怕自己会忘记曾经有过的那个梦想。

还记得你的理想吗？

有人一直都记得寻找那个交会的路口；有人则在行进中慢慢地意识到那并不是自己想要的，而新的理想逐渐浮现出来——好奇的发现、不计回报的投入的激情、突如其来的改变、突然有机会实现的童年梦想以各种暗示的方式出现。理想生活的入口其实一直都在，而且就在你走的现实之路旁边。

终于有一天，你找到了理想的入口，确定这就是自己要走的路。

一开始，这条理想之路仿佛行不通，和你常走的大路不同，它布满杂草，没有补给，一切都那么不明确。在这个阶段的初期，你往往需要用兼职、义务工作的方式进入，白天赶路，晚上开路。身体虽疲倦不堪，内心却激情满满，因为你越来越觉得这条路才是你心中所想，之前生活的种种历练当时看似毫无意义，此刻却全都合于一处，缺一不可。你奋斗，却并不艰苦。道路开始慢慢拓宽，给养慢慢出现，终点虽然远，却能看到方向。你在路上会发现同行者，发现村落——那里有很多像你一样的人。

一开始的时候，你还需要在两条路上往返跑——考虑到新开辟的道路并不长，这并不是什么难事。终于有一天，你发现新路越来越长、越来越吸引人，而往返跑也越来越累，此时你再也不想回去了。

终于有一天，你做了一个严肃的决定。你谢绝所有人的挽留，告诉他们：这儿很好，但我有更重要的事情要做。你走到两条路的交会处，深吸一口气，目光坚定，全力奔向你的理想之路。

一旦你看到生涯的全貌，看到生存线、职业线与事业线在职业生涯中的全局，你就能清晰地看到生涯的三个阶段：

生存期：生存线与职业线相交之前形成了第一个阶段——生存期。这个阶段的主要任务是生存，求职以能力为导向。

发展期：生存期之后、职业自由点之前形成了第二个阶段——发展期。这个阶段的主要任务是在现实中获取更多的能力和资源，扩大视野，更深入地了解自己，为自我实现做准备。

自我实现期：职业自由点之后。这个阶段的任务是全力奔向自己的天命。

职业阶段		阶段性任务
生存期	生存	1. 经济独立
发展期	发展	2. 发展职业能力和资源
自我实现期	探索	3. 探索并发展职业可能、自我探索
	切换	4. 重心从职业线转移到事业线
	实现	5. 自我实现

如何在残酷的现实中实现自己的理想？我想通过三个人真实的故事，叙述生涯三阶段的"理想现实主义法则"。他们分别在自己的领域实现了人生价值，你熟悉他们成名之后的故事，但是我要讲的，是他们成名前的故事——如何从当前现实走向自己想要的现实。

4 鲁迅没开始写作之前，都在干吗？

在中学时代课本里认识鲁迅的人，你一定拥有一个和我类似的记忆：一个很硬气的老头子，坐在扶手椅里面，抽烟、寸头、小胡子、瘦削、大褂、横眉冷对。他说的名言也印证了这一点：吃的是草，挤出来的是奶和血。路是自己走出来的，在别人喝咖啡的时候，他一直把文字当成匕首和投枪。

如果我也算在写作的话，那鲁迅就是我写作的导师之一，不是"院子里有两棵树……"这种。我喜欢《野火集》，喜欢鲁迅杂文中的犀利和幽默，喜欢他写东西淋漓尽致不骑墙。我看的那个版本，不仅收录了鲁迅的杂文，还附有当年对战文人的文字。这就让一场武术套路的演示，变成了文字肉搏，旁敲侧击，旁征博引，指桑骂槐，奥妙无穷。鲁迅先生笔法犀利，大开大合，只有多年后我看《笑傲江湖》的快感可以与之相比。

那鲁迅穷吗？这在我看来几乎是一定的。在白色恐怖的上海滩，在国民党特务的围剿下，弃医从文的鲁迅先生一定活得极清贫——要不他怎么那么瘦，还有严重的肺病？但是这一切，难道不是作为斗士、作为旗手、作为中国人的脊梁所必须的吗？作为一个典型的中国九年制义务教育下的学生，这应该是我和大部分中国人共享的鲁迅记忆。

当我开始研究生涯三阶段的模型，越来越理解社会与人性时，一个疑问却越来越挥之不去——一个无产、以斗争为主业的作者，到底可以在现实环境中撑多久？在鲁迅的文字中，他坐出租车，逛书店和琉璃厂，喜欢看电影，养活了太太许广平和孩子海婴，还雇佣了女工，这么大的支出，从何而来？写斗争的文章，谁来为之付钱？如果今天的一个人，希望在当代也过上鲁迅的生活，他的道路又该如何走？我开始研究起鲁迅的生涯发展。

做研究就像用Google，当你提出正确的问题，答案就会慢慢浮现。我看过一本很有趣的书——《鲁迅时代何以为生——为文化名人算经济账》，里面提供了很翔实的鲁迅经济生活资料。作者陈明远本身就是个现实的理想主义者。"文化大革命"从中科院被下放成为知青，整个农场只有一本《鲁迅全集》能看——前面好玩的都被借去，剩下的就只有最后两本千页余的《鲁迅日记》。正好他的专业是学数理的，而鲁迅也有记录流水账的习惯。他突发奇想，何不把鲁迅一生的账目计算一下？在牛棚的五年时间里，陈明远计算出鲁迅一生的账目。"文化大革命"后重新核实，而后成书。以下关于财务方面的数据，都来自他的书中。为了方便大家理解，我又找到了金融方面的专家，按照CPI（居民消费价格指数）全部换算成2012年的人民币数目。你猜鲁迅先生的年薪几何？鲁迅的职业生涯，到底过得怎么样？

鲁迅原名周树人，1881年出生在绍兴，从《社戏》《三味书屋》就能看得出家境殷实。他小时聪明，喜读小说，不怎么用功，成绩却很不错。22岁公派留学日本，在仙台学医。26岁回来结了趟婚，又回日本开始重新学习文艺。29岁学成，归国就业。

鲁迅的第一份工作是在老家的绍兴师范学院当老师，一年后升为校长。1912年临时政府在南京成立，31岁的鲁迅应蔡元培的邀请，成为教育部公务员。这一干就干了

14年，一直到45岁。当时的公务员收入还不错，任职期间，教育部的月薪从240圆（2万人民币）升到300圆（2.8万人民币）左右。如果你在1914年的北京遇到早上去教育部上班的鲁迅，他就和你遇到的大部分公务员一样，有点教员的傲气，也有公务员的平和。1917年张勋复辟的那一个月，他曾愤而辞职，第二个月平乱后，他又回来继续上班。

如果没有那场五四运动，周树人也许会沿着自己原来的职业路线一直走下去，画出一只不错的职业线蝴蝶。五四运动给鲁迅的职业发展带来一个巨大的转折，让他对自己当前的职业有所反思。在五四之后，他开始发展自己的事业线：教学与写作。

从1920年8月开始，鲁迅应蔡元培之邀在北大开始讲课，他的第一条事业线——教授生涯，在徐徐展开。鲁迅在北大的课酬不高，每周一小时，一月18圆（2300多）。他的讲课水平不错，几年下来，兼职的学校越来越多，最多时兼到八家。四年后（1924年），他大学授课的年收入达到了808.5圆（90000多）。1925年，他去西安讲课一周，就赚到了34000元。算下来课时费每天6000（大概相当于今天一个普通大学教授在外一天的培训费）。讲课还有个意外收获，在北京师范大学教书期间，鲁迅认识了许广平——他未来的妻子。

大概是从38岁（1918年）起，他对小说的童年爱好重新萌芽，公务员周树人开始探索自己的第二条事业线：作家。这年四月，第一篇小说《狂人日记》发表，鲁迅的笔名也正式启用。接下来这一年中，作者鲁迅发表了不少文字，谈爱情、谈如何做父母，还

鲁迅
（1881-1936）

鲁迅每月收入明细

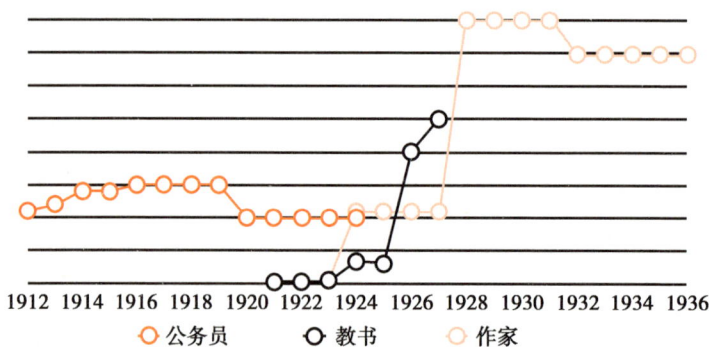

| 1912 | 1914 | 1916 | 1918 | 1920 | 1922 | 1924 | 1926 | 1928 | 1930 | 1932 | 1934 | 1936 |

○ 公务员　● 教书　○ 作家

（资料来源：陈明远《鲁迅时代何以为生——为文化名人算经济账》）

翻译了小说《一个青年的梦》《工人绥惠略夫》。鲁迅就这样度过了自己的40岁。鲁迅的第一本小说集《呐喊》在他43岁时正式出版。从此作家这条事业线越走越强，逐渐成为鲁迅集大成、应天命的核心事业。

从职业生涯来说，鲁迅是个典型的冲动型规划的家伙——因为看到自己的父亲重病，他决定医治更多人，于是开始从医（很多人的大学专业都是这么选的吧）。在日本学医看到了一段中国人围观中国人被砍头的影片，又接触到哲学，引发他对国民性的思考，让他认为文字更能救国，于是他转投文艺（刚毕业的鲁迅却找不到和文学对口的职业）。公务员的14年生涯，帮助鲁迅慢慢积累了从事文艺的能力和平台，写作和教学都是呈现自己文字能力的方式。

就生涯三阶段的理论而言，1924年是43岁的鲁迅的重要逆转点，那一年他教书和撰稿的收入第一次超过公务员收入，占到全部收入的59%。也就是说，在酝酿四年后，他作为自由文人的职业收入已经高于公务员的收入，他实现了"职业自由"，已经完全可以不用依靠本职工作，就能维持原有的生活水准了。

1926年8月，鲁迅和许广平一起离开北京，分别前往厦门和广州。他们相约为社会服务两年再见面。这期间有过一段很"海角七号"的爱情故事，感兴趣的人可以移步《两地书》。鲁迅去厦门大学做中国文学史教授，开始自己的第一段正规教授生涯。不过鲁迅不算是个好员工，四个月以后，他离开厦大，前往中山大学任中文系主任兼教务主任。但这份工也并没有遵循HR一年之内不要乱跳槽的忠告，他做了10个月，又从广州离开，前往上海。说实话，让鲁迅这样的战斗者做教务主任，实在是个大错误。

一到上海，鲁迅彻底火了。劳动大学、立达学园、复旦大学、暨南大学等纷纷邀请他讲演，鲁迅从大学教授转身成为文化名人，但是一下子没有了固定收入。蔡元培（此公是近代史奇人之一，给中国的教育和文化带来了巨变，也是鲁迅的超级大贵人）给他在上海谋了一份月薪近30000的特约著作员的工作，每月无须坐班，稿子也不多。趁着这段稳定的时光，鲁迅开始创办自己的文学刊物《语丝》《萌芽》，写作和翻译成为他主要的工作内容。以今天的观念来看，他成为一个"自媒体"。两年后，他自由撰稿的收入，达到每月500圆（近50000元）以上。至此，鲁迅彻底实现经济自由。从生涯三阶段来看，他顺利地完全跨入事业维持期阶段。

鲁迅46岁在上海安家，两年后有了儿子海婴，从此再未移居别地。从这个时候起，到他55岁去世的九年间，他的经济收入是平均每月60000元左右。但经济绝不是这段生涯的关键收益，作为文人的鲁迅，产量开始爆发：《野草》《朝花夕拾》《而已集》

《三闲集》《二心集》……九年内有25部作品结集出版。这些文字无论是对鲁迅本人，还是对整个中国近现代历史的影响，都绝非他之前的任何职业可比。这也是生涯最后一个阶段的特质，当人们遇见天命，当兴趣、天赋、特质、渴望和时代需求最好地结合在一起时，会产生意想不到的巨大力量。

鲁迅是现实的理想主义者的标准范例。

在第一个职业发展阶段，他老老实实在北京干了14年公务员，这让他度过了自己的**生存期**和**发展期**，让他拥有了一段稳定的生涯，积累了可以写作与教书的知识、思想和名声。在发展期的后期，他开始探索和发展两条新的**事业线**——当教授和自由作者。

第二个阶段是职业线和事业线并行的阶段：在任公务员的同时，他兼职讲课和写作。历经六年兼职、两年的全职教师生涯后，他放弃了教师生涯，全情写作。

第三个阶段是事业期，他全力投入写作，逐渐创造出自己独一无二的职业生涯。他在此中投入所有的兴趣（文艺）、才干（文字）、价值（正义感）与人格（斗争性），强烈地应和着那个时代的思想需求，终成一代名家。从这以后，他批判、他斗争、他死去，他被一个时代放大、被不停地建构，又慢慢地被遗忘，这些故事，你都很熟悉了。

给鲁迅的一生算笔账，你会发现大部分人对鲁迅的生活也有误解——他既非从小立志成为救国英雄，也并非在斗争中活得清苦。鲁迅的生活不比我们大部分人差——换算成2012年的购买力，鲁迅从31~55岁共24年的职业生涯中，总收入约为1109万元，平均年薪

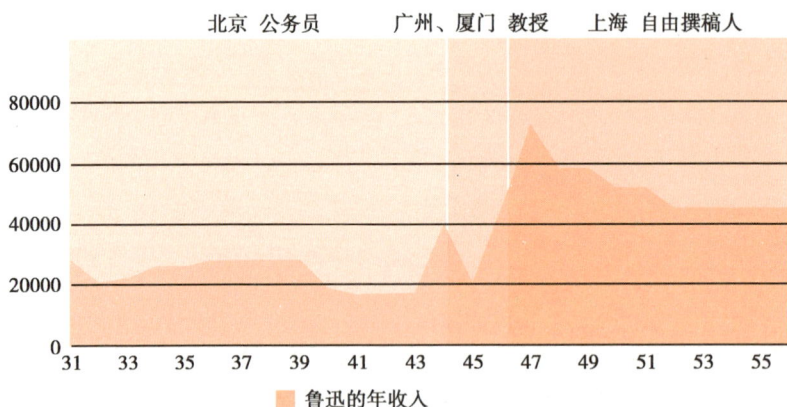

鲁迅职业生涯期间（31~55岁）共收入119873.3圆，
相当于2012年的1109万元以上，平均年薪48.2万元，月薪4万元
不计1922年的收入（日记缺失）
（资料来源：陈明远《鲁迅时代何以为生——为文化名人算经济账》）

为48.2万元，平均月薪4万元。这让鲁迅能有一个让自己体体面面、养活三口之家、有闲钱买书买古玩的生活。在这个基础之上，斗士鲁迅才能从心而发，真正战斗起来。

真实的鲁迅不是个穷困潦倒、四处被迫害的家伙，恰恰相反，他是个金领——收入中上，经济稳定，是当时社会的中坚。他战斗，却并不窘迫；他理想，但也活得现实。

梦是好的；否则，钱是要紧的。钱这个字很难听，或者要被高尚的君子们所非笑，……凡承认饭需钱买，而以说钱为卑鄙者，倘能按一按他的胃，那里面怕总还有鱼肉没有消化完，须得饿他一天之后，再来听他发议论。……自由固不是钱所能买到的，但能够为钱而卖掉。

——《鲁迅全集》第一集

鲁迅的生涯三阶段：钱是好的

鲁迅的生涯故事讲完了，你有什么感受？

真实的鲁迅让我们体会良多。

第一点，原来小学时代印象中那个贫困、顽强又不停斗争的鲁迅，不是个有血有肉的"活人"，只是一个被抽干、架空、化妆再架起来的铁血战士。而真实的鲁迅是一个现实的理想主义者的良好范例。你没法从小就找到自己的终生愿景，也没法不经尝试就确定什么是自己的终身事业。即使是鲁迅这样的斗士和硬骨头，也需要遵循生涯发展的规律，先养活自己，照顾好家庭，然后慢慢地摸索自己生命的可能；这期间有成功，也有失败。鲁迅在46岁中年时渐入佳境，找到自我实现的最佳路径。一旦找到，则投入自己的全部生命。在文字上毫不妥协的他，在职业生涯发展中展现出来巨大的韧性，令人尊敬。

我尊敬穷困的理想主义者，但是搞理想不一定非要穷困。**因为要找到一个生活稳定的理想主义者，远远比找一个穷困潦倒的绝地斗士，概率要大很多。**

在今天这个浮躁的时代，我们身边总充斥着许多希望自己一年之内实现梦想的人——他们期待的"梦想"犹如房屋，已经建好且是精装修，推门进入即可。一旦碰壁，他们马上势利地全身而退，成为彻头彻尾的现实主义者。这种人与其说是梦想家，不如说是梦想投机分子，梦想和自我实现只是他们的另外一种成功学。**这种梦想投机分子，根本就不配谈梦想。**

第二点，我们应该清醒地看到，鲁迅的时代提供了一些能让知识分子仅通过知识就能体面地赚取收入的机会，他自己也幸运地遇到一个理解他价值的职场贵人。如果今天的文化人拿着一份不那么体面的工资，他们就只好出卖文化让自己体面些。如果继续保持糟糕的知识产权保护，坚持低廉的书价，今天的中国很难再出现鲁迅，他可能会因为低廉版税和盗版穷死。

最后，鲁迅的职业生涯故事还告诉我们，如果他在46岁才开始全心写作，依然能成为现代影响力最大的几个作家之一。如果从现在开始，把你喝咖啡和刷微博的时间省下来，我想你的梦想一定也来得及实现。

从鲁迅那里，我们理解了从现实到理想的生涯三阶段的基本规律。下面我们要谈谈李开复的职场生涯。我们在决策阶段谈过他，这次我们从另一个角度看看，也许我们会理解职业线和事业线之间的关系。

5 李开复的生涯三阶段：从职业线起跳

站在摩天大楼起跳，你好歹能落到楼顶

2009年9月4日，李开复从Google（谷歌）辞职，这比他四年前从微软辞职进入Google更让人震惊。网易甚至用了一整个专题来介绍他的故事——他的传奇经历，他一波三折的职业生涯，他那场微软的国际大官司，他有可能跳槽的各种大小道消息，下面还附上历届离开谷歌的人的照片和未来去向。更有好事者回帖说，据统计发现，离开Google的人都是射手座。四年前，李开复follow his heart（追随内心）从微软来到了谷歌；四年后，李开复又对谷歌说，别留恋哥，哥是个传说；四天以后，李开复宣布，创新工场成立。

对理解生涯三阶段的人来说，李开复的跳槽其实是顺应职业发展的必然选择。职业生涯就像个人的生命一样，是一个不断发展和突破的过程。就好像孩子，该叛逆的时候要叛逆，该结婚的时候要结婚。每一个阶段都有自己的不同需求，这些不同需求没有必要非在同一个职位完成、同一个组织完成。一个希望拥有完整的职业生涯体验的人，往往会发生两到三次的巨大变动。理解职业人发展规律的公司，懂得提前为他们的员工设计自我实现的路径，实现个人与社会的双赢。

李开复的履历非常透明，所以我们正好可以清晰看到他生涯三阶段的良好发展过程，从中学到一些对自己有益的东西。

李开复的第一个生涯阶段，从他从哥伦比亚大学计算机系毕业后到卡内基·梅隆大

学读博士开始。

生存期	20~25/30岁	生存下来，先安身再立命
1983~1988	22~27岁	在卡内基·梅隆大学攻读博士
1988	27岁	凭借语音识别技术，获《美国商业周刊》最重要发明奖
1988~1990	27~29岁	计算机系助理教授

20~30岁，正好是一个人收入最少、支出最大的阶段。我们需要继续学习，需要恋爱、结婚、买房、生子。每一样都是花钱的事情。这个时候最核心的任务就是"安身"，让自己生存下来，用自己最快的方式适应环境。作为博士的李开复，选择了最容易生存的方式——留在大学当助理教授。30岁那年，大女儿李德宁出生了。

职业发展期（探索期）	25/30~35岁	找到优胜领域
1990~1996	29~35岁	苹果公司互动多媒体副总裁

李开复在大学任教，两年过去，他发现自己当年被《美国商业周刊》评为"最重要发明"的博士论文没得到任何商业应用。他的研究并没有真正落地，对于世界没有产生什么改变。这时恰逢一位苹果副总裁前来邀请他加入商业游戏，说："开复，你要花你的余生写这么多像废纸一般的论文，还是要来苹果改变世界？"

这句话如此耳熟，以至于无法让人不回想起1983年的乔布斯正是用同样的句式打动百事可乐CEO斯卡利（John Sculley）加入苹果："你是愿意卖一辈子糖水，还是想来苹果改变世界？"估计七年下来，苹果公司高管都学会放这一大招了，他们和每一个想招聘的牛人说：你是愿意一辈子××，还是来苹果改变世界？

越高级的人才，就越愿意被愿景驱动。我们所知的是，李开复被那愿景当场击中，离开了那所著名大学，加盟苹果公司任副总裁，从此开始技术管理者的职业生涯。无论从技术的创新、与人的交流，还是科技产品化等，都是更加适合李开复的一条发展道路。

不过也算他点背，在苹果的六年，李开复经历了苹果有史以来最烂的几任CEO，前三年任职的是被同一句式从百事可乐"勾引"来的斯卡利，然后是迈克尔·斯平德勒（Michael Spindler）和古尔·阿梅里奥（Gill Amelio），长期的裁员和人事变动让34岁的李开复觉得苹果要完蛋了，开始萌生退意。其实如果他能再多熬一年，他会在自己的办公室遇见穿着黑套头衫和蓝色牛仔裤、宣布自己重返苹果的CEO乔布斯，并开始苹果最好的年代。李开复没有等到，他跳槽进入当时硅谷最炫的、打造过《侏罗纪公园》《玩具总动员》等电影的SGI（硅谷图形公司）。

今天的社会中，如果一个人在35岁之前，还没找到能发挥自己特长的领域，这个人的职业发展则相当堪忧。**30岁以后，我们的体能开始下降，努力不会成为核心竞争力，只能通过经验胜过年轻人、通过才干和资源胜过同龄人、通过聚焦来胜过更强者。**

在这个阶段，主要的生涯任务是寻找自己的优势和特质，定位自己能够胜出的职业领域。巴菲特在32岁第一次成立投资公司，马云在31岁看好互联网，张朝阳在32岁开始风投搜狐。李开复在这个阶段选择进入苹果，发现自己搞IT科技如鱼得水，从此在这条道上一路狂奔。

职业发展期（中后期）	35~45岁	走到职业发展的顶点	
1996~1998	35~37岁	SGI全球副总裁	两年
1998~2000	37~39岁	微软中国研究院院长	两年
2000~2005	39~44岁	微软公司副总裁	五年

李开复在SGI工作了两年，直到新进来的CEO把他所在的部门裁掉。他很快通过朋友找到下家微软，受命在中国创建微软中国研究院。37岁的李开复来到当年朝气蓬勃的中关村，两年后因为成绩卓著被调回微软总部，出任全球副总裁。也就是在这一年，他开始写第一封《给中国学生的信》，在国内学生中引起巨大反响，他教育者的事业线开始出现。

35~45岁这个阶段是职业线发展的最高峰，现在占据媒体的头条、杂志版面的人，大多都是这个阶段的20世纪六七十年代生人。如果你在前两个阶段职业生涯发展顺利，到了这个年纪，就要专业有专业、要人脉有人脉、要财力也有财力，你具有冲击职业顶峰的能力。

职业发展后期阶段的主要任务是找到进入职业顶峰的道路，并坚持走下去，同时积极探索自我实现的可能性。在职业发展前期定位到自己的优胜领域后，你更需要的是毅力和坚持去形成你自己的"道"——**其实所谓"道"，并不是地上画好的线条，而是你回首的时候自己踏出来的那条路。**

俞敏洪31岁建立新东方，44岁时新东方在纽约上市，他的坚持踏出来一条属于自己的"道"。李开复在这段时间也很"上道"，微软公司副总裁几乎是他作为IT科技人士的职业顶峰。在他的工作生涯中，在微软的几年，是他做得最久的几年。

事业期	45~60岁	成长为自己的样子	
2005~2009	44~48岁	谷歌中国区总裁	四年
2009~	48~	创新工场合伙人	

2005年的李开复在微软微微疲软。刚回到美国的前两年在比尔·盖茨身边学东西的兴奋劲头逐渐消失——2005年的微软像个中年人，四平八稳，李开复觉得自己像"一个机器里的零件"，感觉不到当年创办微软中国研究院的冲劲。而此时的李开复给学生的信已经写到第七封，并在2004年建立了开复学生网，在远隔重洋的中国青年人中有着巨大的影响力。当你公司有个高管在大街上人人皆知，在公司却谁都不待见，那么他离开只是个时间问题——李开复知道谷歌在中国开了办事处，给谷歌CEO发了一封邮件。他要回中国，他要创新，这个是他血液中的东西。

2005年7月，他从微软跳到谷歌，惹上一场国际官司。同年九月《做最好的自己》一书出版。这两者相互借力，使他在青年人中的影响力提升到一个前所未有的高度。他在谷歌中国的工作定位也就顺其自然：公共关系和中国工程院的运营。至此，李开复青年导师的身份就非常清晰了。他在接下来几年中，在大学做了近千场讲座。这些投入也有很好的回报，2006年，有70多名中国大学中最精英的学生陆续加入谷歌中国，成为中坚技术力量。李开复也凭借谷歌副总裁的身份，接触到国内最知名的投资人、企业家、政府相关部门人士，深入了解了中国商业生态。

进入这个阶段，职业发展从关注外在成功的职业阶段（career），进入关注内在成功的事业阶段（calling），也就是我们说的道法自然——成长为自己的样子。什么叫"自然"？"然"是"……的样子"的意思，"自然"就是"自己的样子"。

事业阶段是职业生涯发展的最高境界：职业成为自我实现的方式，而不是外界的评价和成功。站在成功的顶峰上气喘吁吁，他们深感体力下降、时间不长、成事艰难，一种迫切为自己、为世界做些什么的使命感油然而生！于是在外界的惊叹中潇洒转身，安心下山做自己去也。

但事实上，能进入这个阶段的人不多，大多数的成功人士还赖在过去的山上，直到有一天被别人赶下来。

比尔·盖茨53岁开始做慈善，王石53岁爬上了珠峰，李开复在44岁的时候追随我心一把，来到了谷歌，开始"做最好的自己"。

至于今天你所知道的创新工场，按照李开复本人的说法，源于2009年6月的一场疾病。请原谅我精神病般的联想癖，我们闪回一下，乔布斯据说也是在一场死里逃生的胰腺癌后，想明白要把每天都当成最后一天来活。

2009年的谷歌中国区总裁李开复躺在医院里，看到周围生老病死来往如织，深感职业生涯还有不到15年。如何活得更快乐更有意义？住院的时间充足到让他有机会回想起自己的所有职业经历，想来最快乐的，就是建立微软中国研究院和在谷歌中国的前两年——他喜欢创造、青年、中国、教育——所有这些旋律交织在一起，变成了创新工场的灵感原型。

病床上的李开复无意中使用了职业生涯咨询中一种有趣的技术：**成就事件分析**。把过去经历中感觉最有成就的事件做分析，找到背后重复出现的才干、价值观和成功模式，然后构建未来的愿景。这些成就事件往往是内在的优势和外在回应的完美结合。过去的成就事件是一些美好的偶然，但如果能发现内在模式，在未来，有意识地创造就变得可能。

与所有这个年龄段的人一样，一旦找到自己的愿景，李开复就觉得一刻都不能再等下去了。2009年9月4日，他宣布辞职。在让公众"全民猜猜猜"三天以后，他正式宣布创办"创新工场"——致力于早期的高科技创业投资，提供全方位的创业培育。

李开复为何能四天创建创新工场？

从李开复的生涯三阶段中，我们又能学会些什么？

和鲁迅平稳的公务员生涯不同，李开复在职业发展阶段就已经功成名就。这段非常成功的职业经历，对于他了解自我，积累能力和资源，以及最后实践理想有着巨大的意义。

李开复的职业线围绕**IT专家、创新者**展开，他的事业线的轴心则是**教育者、影响力**。而创新工场是两者的结合——培育和支持青年人从事IT技术创业。

普通人的事业线，在探索确认后需要漫长的投资期，慢慢等待回报，最后达到逆转点，这过程经常长达五年甚至十年。但是李开复的这个阶段推进非常迅速——从6月产生清晰的念头开始，到9月7日正式开始运作，整个过程只用了不到3个月。为什么李开复能这么快开始自己的梦想？

创办一个像创新工场这样的机构，需要几个核心要素：投资人、管理团队、客户，以及围绕于此事的商业模式。这些资源其实在李开复的职业发展期，就有意无意地准备好了，就好像切好的菜，只等下锅了。

在谷歌中国任总裁期间，李开复负责公共关系，这让他有机会接触到中国企业界、政府界的一群大佬。在创新工场开始的前几天，中经合集团创始人刘宇环第一个投资加入，随之而来的柳传志、俞敏洪、郭台铭、陈士骏等知名企业家们也加入了投资队伍。联想柳传志为他背书："李开复先生曾经在中国的谷歌、微软都做过领导工作，既有领导的实践经验，又有很强的创新意识。他用创新工场这种新的模式开展工作本身就是一种创新，非常值得支持和鼓励。"在创新工场创建的45天内，就确立了未来五年投入八亿的蓝图。

在中国任高管的几年，李开复也搭建起从管理到技术的本土化团队。创新工场的四位创始人分别是他自己、管理合伙人汪华、产品总经理王晖和新闻发言人王肇辉。汪华是原谷歌的商务发展部负责人，王晖是李开复在谷歌时的特别助理，王肇辉原来是《大学生杂志》编辑，协助处理谷歌校园的工作。技术员则更加不愁——李开复的个人品牌和在大学生中的影响力，让创新工场"创办第一天就收到了7000份简历"，随着模式逐渐清晰，大量的创业者也涌来，现有近50个项目。创新工场不缺人力资源，也不缺客户，这些都来自李开复早年打造的个人品牌基础之上。

至此，投资人、团队全部确立。

退回到2009年医院里的李开复灵光一闪的那个上午，如果你也有数十年的IT技术经验，有强大的企业界关系，还有对于青年人的影响力，热爱创新和教育，你也会自然而然地想到创新工场的商业模式——提供创业指导，连接起资本方和青年创业者。

正如你所见，李开复成功的职业生涯，几乎提供了他进入事业期的所有资源。与很多阴谋论者相反，我并不认为这是一场精心准备的策划——恰恰相反，大部分的梦想和愿景会以一种朦朦胧胧的感觉存在，一直到某天你达到某一个高度，清晰地看到一个目标，可以马上告诉自己，就是这个。除非你走到这座山顶，否则你永远无法看到通往下一座山的路。

这个生涯故事也完美地说明一个生涯三阶段的道理——**发展好当前的职业生涯是自我实现的重要手段**。从山顶起跳，好歹也能落在山腰上。

如果你暂时找不到自己清晰的梦想，那么踏踏实实地做好现在这份职业，让自己努力向顶峰走去。在上山途中积累的所有一切都会在梦想出现时刻，转化成自我实现的力量。你的职业线画得越好，你就为你的梦想积累越多的"存款"，当你的事业线出现的那一刻，你就能越快地投入与开始。

关于梦想，最可悲的不是你暂时没有，而是有一天出现的时候，你却发现自己完全够不着。

这世界上本无现成的玫瑰园，如果你要，自己去开辟一个。

创新工场成功吗？

一个聪明的生涯规划师，一定不会给正在发生的事情做评价，因为生涯如历史，需要距离才能看清。这里面还有点我的鸡贼，因为这样比较不容易说错。不管怎么说，一个企业，尤其是创新企业的成败无法用短短数年的时间来判断——苹果毁了多少硅谷评论人的一世英明啊——但是我们可以看到，创新工场的确很大程度地实现了李开复的个人价值，他在央视《面对面》的采访中说：

"它（创新工场）的乐趣在于它串联了我生命中最重要的几个旋律——中国、青年，还有创新。创业，这是一个崭新的工作，从头做起，我最喜欢的工作，就是从无到有地做出一家有理想、有意义的公司。……这是我自己的梦想，我觉得也是这些青年的梦想……其实这也是我父亲的梦想。我父亲一直非常希望他的孩子有一个能够回到祖国的土壤，帮中国创立一些真正有科技含量的有意义的企业。"

如果事情果真是这样，在我看来就已足够。一个人能追寻自己的梦想，顺带实现父亲的和大家的梦想，已是很好，干吗非得逼着别人成功呢？

职业发展的规律是：生存、定位、发展、自我实现。时间可以缩短，但是阶段无法跨越。每一个人都可以成为自己的传奇，只要你努力、机敏、坚持，而且敢于放弃。

6 跟周杰伦学习如何做屌丝

你可以不喜欢周杰伦，却不能不知道他。

周杰伦，台湾的人气天王，唯一登上《时代》周刊封面的亚洲男歌手。我喜欢他的歌，虽然不太听得懂歌词。我也看过他所有不知道是面瘫还是刻意装酷的电影：《头文字D》《满城尽带黄金甲》《天台》。

但是，你不得不认同，正是这样一个有点沉默、长相不"帅"、家世平平的歌手，用他的音乐席卷了整个华语地区。"每一个年轻人都至少听过10首他的歌曲，对于中国人来说，他应该是继邓丽君后普及率最高的歌手。"华语颁奖典礼上如此评价他。他的音乐风格灵动、创新，给整个流行音乐界带来久违的新风，他的"中国风"也带动了中国古典文学在80后中的复兴。

作为一个职业生涯规划师，穿过歌星耀眼的光环，我看到一个职业发展生涯很优秀的人。周杰伦的身上，到底有什么过人之处？又有什么可以运用到我们自己的职业发展生涯身上？

专注自己的天赋

1979年1月18日，周杰伦在台北出生，爸爸是生物老师，妈妈是美术老师。从小周杰伦对音乐有着独特的敏感性，听到音乐就会随着节奏兴奋地摇晃，有时候一边看电视，一边戴上墨镜学高凌风唱歌。母亲见他在音乐方面很有天赋，就毫不犹豫地拿出家里所有的积蓄，给他买了一架钢琴。这一年，周杰伦才四岁。

虽然是教师之子，这个小家伙的学习却不尽如人意。他说，自己小时候成绩栏上红颜色比蓝颜色多，数学经常只考40分出头，只能用"对音符有天分的人，好像数学都不太好"来安慰自己。他的英语老师认为他有学习障碍："他几乎没什么面部表情，我觉得他是个笨蛋。"高中联考前夕，周杰伦的功课还是差，最后联考只考了一百多分。当时淡江中学第一届音乐班招生，周杰伦抱着试试看的心理参加了考试，没想到竟然考上了！

能在高中学习音乐，周杰伦幸福无比，他的音乐天赋和才华在这个地方得到了很大的肯定。他的同学回忆说，那个时候，周杰伦弹钢琴唱歌和打篮球的样子迷倒了很多女孩子。但是他自己回忆说，那个时候他非常平常和普通，能够学习音乐让他的心灵得到安慰，虽然父母亲在他14岁离异，但是躲在音乐世界的周杰伦并没有受到巨大的冲击。他回忆说："12岁到16岁是我最开心的几年。"

周杰伦的高中钢琴老师说，周杰伦十多岁时已经培养出远远超越他实际年龄的即兴演奏能力："他将庄严肃穆的音乐变奏，以一种很有意思的方式重新演绎，听上去就像流行歌曲。"

纵观周杰伦的学生时代，有两点特别让人注意。第一，对自己天赋的忠诚和投入。音乐对他来说与其说是一种兴趣，不如说是"另一个世界"，在这个世界里，音乐帮助他抵挡家庭离异、长相平平、成绩不好等所有的青春期常见的烦恼，让他自信健康地成长。一个人能够在自己的天赋中舞蹈，这幸福能抵挡一切成长的动荡。爱因斯坦在这个阶段幻想与光赛跑，傅聪在这个阶段生活在小提琴音符中间……古往今来，大部分事业成功人士的传记中都提到了自己童年"内心的另一个世界"对他们实现健全人格的帮助。

周杰伦高中时代选择读音乐班是第二个很重要的职业规划选择，大部分关于职业与社会的概念在这个时期养成。这是一个人把天赋与职业能力相结合的最好时期，大多数人刚刚开始有社会意识，如果他的天赋可以在自己的小群体里面获得认同，就会极大地

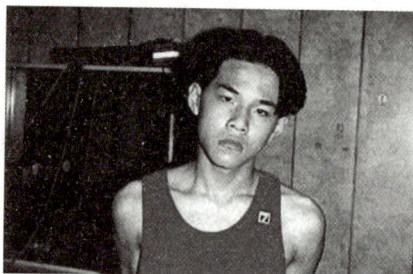

推动他未来把这种天赋作用于社会的想法。如果周杰伦上的是普通班，也许他的音乐才能只会变成一个差生聊以自慰的小把戏。音乐班的氛围让他的这种天赋很顺利地从个人兴趣发展到社会技能，同时，这份自信也让自闭、敏感的他顺利地走过青春期与家庭变故。

由于偏科严重，还屡屡挂科，周杰伦没有考上大学。离开学校一年多来，他又考了两次大学音乐系，但都以失败告终。这让从事教职工作的父母很失望。他的下一步，该何去何从？

择业还是就业？

学校没有考上，是择业还是就业？这个问题被今天的大学毕业生千万次地问，当年的周杰伦也面临这个毕业后时期——**职业适应期**——的经典问题。如果选择择业，那么最吸引他的一定就是歌手的工作，但是这样一个17岁的孩子，如何成为一个歌手？周杰伦实在想不到，他选择了先就业。

在碰了几次壁以后，1996年6月，高中毕业生周杰伦选择了在一家餐厅打工——虽然不是自己的理想，但是应该先生存下去，再谋发展。

小餐厅里面的工作其实很简单，把厨师做出来的饭菜送给女侍应生，再由女侍应生送给客人。即使是这样，周杰伦也没有离开自己的音乐世界，他带着一个随身听，一边工作一边听歌。他偶尔也会开小差，有一次把一锅汤倒在接应的女侍应生身上，还被老板扣了2000台币。

机会终于来了。老板为了提高餐厅档次，决定在大堂放一架钢琴，可连续尝试了几个琴师都不满意。周杰伦在空闲的时候偷偷地试了一试，他的琴声震惊了不少同事，还包括他的老板。他拍着周杰伦的后背说：你可以不用在这两个小时干活啦。

选择先去餐厅打工，是周杰伦做的第二个正确的选择。好的职业规划强调先生存再发展。原因有二：其一，完美的工作不是一下子就能获得的，需要长期技能的积累和经验的积累，如何渡过这个难关？先让自己生存下来是关键。其二，大部分学生毕业的时候，最需要补的不是专业技能，而是适应社会的心态。这堂心态课可以在任何工作里面学到，心态往往比能力更加重要。综上所述，毕业后最好的职业规划选择应该是：找一份自己能做的工作，培养自己适应社会的心态。同时注意培养进入理想工作的能力，把完美工作作为长期目标来努力。

试想周杰伦如果坚持寻找自己喜欢的完美工作——唱歌，那么他的音乐之路能坚持多久？他没有经济支援，没有能够证明自己的履历，没有明确的方法和方向。我想他会在半年后停下来，而他的音乐梦想也随之破碎。笔者在大学中见过很多这样的人：我要做管理、我要做导演、我要拒绝做一份自己不喜欢的工作，于是就这样，我们把自己塞进了现实与梦想的夹缝中间，动弹不得。他们忘记了，完美的工作是从不完美的工作中开始的。

职业发展期：进入第一平台

在餐厅里面打工和弹琴让周杰伦慢慢开始有公开演奏的机会，也慢慢开始积累起自己的听众。如果那个意外没有出现，周杰伦也许会觉得，这个工作还挺好的。

1997年9月，周杰伦的表妹瞒着他，偷偷给他报名参加了吴宗宪的娱乐节目《超猛新人王》。周杰伦参加当日非常害羞，他甚至不敢上台唱自己的歌，只好找了一个朋友来唱，自己用钢琴伴奏。两个人的演出惨不忍睹，一片嘘声。主持人吴宗宪路过钢琴的时候，却惊奇地发现这个一直连头也没敢抬的小伙子谱写着一个非常复杂的谱子，而且抄写得工工整整！他意识到这是一个对音乐很认真的人。节目结束以后，他问周杰伦："你有没有兴趣参加我的唱片公司，任音乐制作助理？"

我研究过至少三本周杰伦的传记，以往传记作者往往把这一瞬间定义为周杰伦生命的转折点——因为过人天赋加上吴宗宪的慧眼识珠，周杰伦终于成功啦！我却不这么看，我觉得看乐谱的短短几秒钟，根本无法确认一个人是否有音乐天赋，真正让吴宗宪感动的是这个年轻人对自己创作的认真程度。打动吴宗宪的，与其说是才气，不如说是认真。我的很多名企的咨询经验也告诉我：**不管能力有多大，企业往往只选择那些认真对待自己工**

作的人，这本身是一种最重要的能力。

周杰伦从此进入他职业的第三个时期：**职业发展期**。从很多成功人士的经历来看，这个阶段的开始往往是由于链接到了业内的第一平台。周杰伦联系到当时的台湾娱乐界牛人吴宗宪；王宝强这个阶段开始拍《士兵突击》；爱因斯坦在这个阶段联系上了科学伯乐奥斯特瓦尔德；而比尔·盖茨在这个阶段磕磕巴巴地在IBM的董事会面前展示了他的Windows 1.0。几乎每一个成功人士背后都有一个登上行业第一平台的故事。所以这也是职业规划的重要原则：**进入行业内的第一平台并展示自己。**

态度与才华的突破

至此，唱片制作助理周杰伦在负责唱片公司所有人的盒饭之余，开始了自己的创作生涯——在那间七平米的隔音间里面，他开始投身于创作。半年下来，写出来的歌倒是不少，但是他的歌曲风格奇怪，以前从来没有人听过类似的。

虽然公司将他的创作推荐出去很多，但是没有一个歌手愿意接受，其中包括拒绝《眼泪不哭》的刘德华和拒绝《双截棍》的张惠妹（当然，两年后他们后悔不迭。想象一下，张惠妹唱《双截棍》的样子该有多么好玩！）。而他每月5000台币（约1000元人民币）的收入，一直没变过。

吴宗宪有些着急，他决定给这个年轻人一些打击。他让周杰伦来到自己的办公室，告诉他他写的歌曲有多么烂，沉着脸并当着他的面把他的乐谱揉成一团，丢进废纸篓里。周杰伦没说什么，转身离开。这是周杰伦在音乐道路上的第一次重大打击。所幸他没有消沉多久，因为音乐是他唯一能把握的东西了。第二天早上，吴宗宪走进办公室的时候，他惊奇地看到这个年轻人的新谱子放在了桌上。第三天、第四天，此后七天，每一天他都能在办公桌上看到周杰伦的新歌，他彻底被这个沉默木讷的年轻人的坚持打动了。

1999年12月的一天，吴宗宪把周杰伦叫到房间说，如果你可以10天之内写出50首新歌。我就从里面拿出来10首，做成专辑——你看，既然没有人喜欢你的歌，你就自己唱吧。

10天之后，周杰伦安安静静地拿出来50首歌，吴宗宪从里面选择了10首，组成了一张专辑，在2000年11月出版发行：这就是让周杰伦一举成名的《JAY》。从这张专辑开始，周杰伦一发而不可收拾，成为本节文章开头描述的那个神奇的亚洲巨星。

周杰伦的职业经历说来传奇，其实也普通。每一个人进入职场的时候，都会遇到类似的问题。犯下大错、领导批评、不被人认同……学习犯错是职业发展期中最重要的部分：如何对待错误，比错误本身更加重要。没有被上司的讽刺打倒的周杰伦，反而用更多的努力征服了他的上司。胜利者不一定是总赢的人，能够接受打击，能够仔细反思自己的问题，能够更加积极地对待事业，才能取得最终的胜利——我们可以做错的事，不要做错的人。

三个职业发展时期

周杰伦的生涯也呈现出清晰的三阶段：在餐厅打工的生存期、弹钢琴和做音乐助理的发展期，以及出第一张专辑之后的事业期。和鲁迅与李开复不同，周杰伦的事业线在高中之前就开始投入——**如果中学生们能早一些发现自己未来的天赋与才干，也许每个人都可以更快地走过生存期，在毕业前走到职业自由点，开始自己的事业期。**

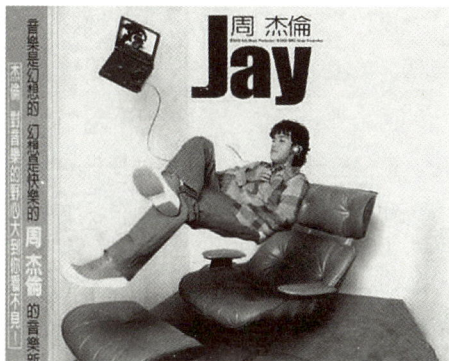

在每一个时期，周杰伦都做了很好的示范。在进入职业前的探索期，他选择了专注培养自己的天赋，没有被"大而全"的教育模式平庸化。在职业发展期，他明智地选择了先就业再择业，先养活自己，慢慢培养自己的能力，期待在最高平台展示的机会。在事业发展期，他调整好自己的心态，持续地投入到自己热爱的事业中，用自己的认真和踏实打动公司所有人的同时，也打动所有的听众。

其实成功的道理很简单，只是简单并不代表容易做。周杰伦也许有一些你我都有的天赋，但是在成功的路上绝对没有偶然。

周杰伦的生涯启示：如何度过生存期？

周杰伦的生涯三阶段最让人印象深刻的，除了他从小如怀孕一般无法掩饰的音乐才华外，就是他在成名前穷困潦倒的经历。从1996年高中毕业在餐厅打工，一直到2000年11月初在吴宗宪手下做助理、发第一张专辑之前，他的收入始终在5000台币之下，折合人民币1000多。即使作为高中毕业生，这也是一个蛮低的收入。

这并不是偶然。我的观察是：越强调个人风格与自由的职业领域，就越缺乏统一的标准，也就越需要一个漫长而无规律的等待、孕育、挑选的过程。越早开始者，往往越容易成功。

很多人的梦想是服装设计师，而一个国内中等品牌的设计师，工作量如何？她们每周大概需要设计30幅稿件，送给设计总监。总监从其中挑选出大概1/5，交给打板师做出样衣，在样衣里挑选出来1/10左右能量产的，投放市场。最后如果你的衣服能卖得超过一定数量，你才能从中获得每件一块钱左右的提成。刚入行的前几年，平均月薪在4000左右，如果有爆款，收入会很高（这就是我说的无规律的挑选法则啊）。但是如果你能成为设计总监，年薪15万则很轻松。如果能够晋升大牌的设计总监，百万也是很正常的事情。不过即使完全顺利，这条路也大概要走10年。能走到顶端的人，是万分之一。

同样地，写作、舞蹈、唱歌、绘画、设计，从业者都需要一个漫长的事业爬升阶段。他们应该最了解如何熬过梦想的逆转点。

如果你有一个炽热的梦想，却又暂时没法养活自己，你该怎么办？

说起来只有三种方式：

一种方式是先努力发展职业线，暂时放下梦想，找到别的生存支点，然后在职业发展稳定的情况下，慢慢切回梦想领域。如李开复、鲁迅这种完全自食其力的榜样，最靠谱；

第二种方式是找到个有实力支持你且认同你事业的人，帮你扛着生存线。如恩格斯之于马克思，如凡·高的弟弟提奥之于凡·高，如EB（Etienne Balsan）之于香奈儿。这种方式你既有惊天才华，又能遇到贵人相助；

最后一种是你家底丰厚，完全不存在生存期，可以直接从事业线入手。如爷爷是英国首相的哲学家罗素勋爵，如老爸是开唱片公司的歌手陈慧琳同学。这种情况，呵呵——你知道一下就好了。

但是为什么很多人即使有好职业、贵人相助或者丰厚的身家，却依然没能开始事业期？原因很简单——**大部分的人，从来没有真正走出过生存期。**

根据生涯三阶段模型，事业线出现在生存期刚过而职业期开始的时候。但是有一种情况让你很难进入职业期——你的欲望随着收入同时上升，生存线与职业线齐飞，秋水共长天一色。当收入上升时，你的消费欲望（生存线）也随之上升，甚至超过了你的收入上升速度。所以他们永远在两线之间没有空间，无法开始寻找事业线——如果鲁迅花光薪水在上海过安生日子，如果李开复在谷歌上班还买着豪车别墅，前者拿什么办报，后者凭什么度过创业的零收入期？

除了满足自己不断增长的欲望，我们挤掉了职业线下所有的空间，没有任何时间和空间来投资梦想。这欲望有从众攀比的消费主义，有内心空洞的填充性消费癖，蚕食着每个人的自由。

自由=能力-欲望

你有多自由，完全视乎你的能力和欲望之间的空间有多大。

2006年，一个新东方的校长来我住的地方看我，对我说没想到你这个收入，还住这种地方。那个时候，我和几个兄弟挤在海龙对面的三居室里面，每个月房费1000元，方便得不得了（2009年房东把房子卖掉，竟然售价300万，其实也是豪宅啊）。

今天，低消费依然是我自由的长城，虽然现在的收入比以前高，但是我依然让自己的月消费控制在3000元左右，不换新车，不追名牌，不买房，缺乏吃货兴趣爱好。

这意味着什么？意味着我有足够的经济实力和空闲时间来看书、弹琴、旅游、和有趣的人交往，能让我兴致起来就飞去某个城市见老友，能参加一场有点贵的音乐会，或者去美国参加个学术大会。意味着有一天，当"新精英"可以自运营时，我可以跑到国外读个和职业发展毫无关系的蓝调硕士、哲学博士。也意味着我可以不把"新精英"看成赚钱的工具，而真正做点有意思的事。在同龄人中，我的收入中等，但是我享有比大多数人更多的——自由。

自由=能力-欲望

能力的加法需要时日，而欲望的减法则快捷很多；如果能力暂时不足，至少我们能控制自己的欲望。我们称失去自由的人为"奴"，当你的欲望大于能力，你就成为了把自己套死的"奴"——刷的比赚的多，谓之"卡奴"；开着无力承担的车，谓之"车奴"；住在需要45岁前全力以赴才能还清房贷的房子里，叫"房奴"。欲望为你自己套上了脚镣。

周杰伦也使用着同样的策略获得自由：专注音乐让他快乐，生活欲望降低。而低欲望则让他能够保持这种快乐，一直到为他带来回馈的那一天。如果当年的周杰伦也坚持要过毕业——赚钱——结婚——买房的生活，世上绝无周杰伦。

《拆墙》一书第一章的"买房卖梦想"的观点，让很多人认为我是一个买房的无条件反对者。我的真实反对指向消费主义——消费主义是理想主义的大敌。如果你拥有宽裕的财力，房子

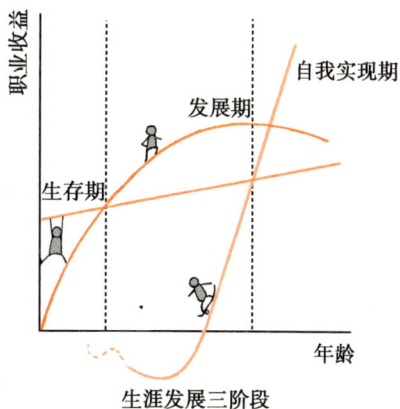

生涯发展三阶段

的确是个不错的投资和保值品；但是如果你需要把你未来10年的大部分收入都押到一个房子里去，如果你觉得即使吐血也要iPhone，如果你觉得没有某个牌子的包包、衣服或车就没法出门……如果你生活有了太多的"必须"，那你就成了消费欲的奴隶——**无论你是卡奴、车奴还是房奴，无论你欲望的理由是面子、丈母娘还是好好爱自己，超越能力的欲望都会给你的理想带上锁链，使你卖身为奴——即使你能看到你的理想，你的欲望主子也不会放你过去。**

周杰伦的故事，讲的是生涯三阶段的第三个重要原则：控制你的欲望是自我实现的重要手段。

现实的理想主义者四法则

1. 自我实现是一个渐进的过程，要走过生存、发展和实现三个阶段。

生存、发展和自我实现很难一步到位，而是分阶段实现的。阶段可以加速，却无法跨越。

2. 发展好当下的职业是自我实现的重要手段。

发展好职业线会带给你进入事业线所需要的能力、资源及平台。如果你还没有遇见自己的理想，你至少可以让自己为抓住它做好准备。

3. 控制欲望也是自我实现的重要手段。

很多人不是找不到理想，而是无力逃脱现实。控制住自己的欲望，能让你保持自由与灵活。要记得，你占有的东西，同时也在占有你。

4. 世上没有现成的梦想。如果想要，自己造一个。

所有的理想都不是"找到的"，而是在职业中通过自我修炼、思考、经历和观察而"发展出来"的，与其等待一个虚幻的理想，不如现在就出发。

7 如何找到事业线？

前面提到过，你的事业应该是能让你在"热爱的领域努力地玩"的领域，同时满足兴趣、能力和价值，符合你的生涯需求。但是如何进入这些职业？下面是一些常见的攻略。

转行或创业

在职业发展的顶峰，突然华丽转身，投身甚至创建一个全新的行业，这正是职场江湖不断发生的传奇，这种方式未必适合所有人。如果你现在不是，至少可以努力成为其中一员。

1. 有大量跨公司或行业资源的人

这样的人往往在一个发展成熟的行业中，资源和能力的迁移变得成为可能。企业中资源导向的部门中的人，比如市场、销售、财务、人力部门的领导者常选择**资源迁移**的方式。而技术、设计、战略等技术部门的人，则会选择**能力迁移**的方式——因为他们的专业度超越了企业的需要，他们往往会选择成立自己的工作室。

2. 财务自由的人

如果不符合第一条，那么财务自由是另一个很重要的因素。在新的领域，只要有足够的无压力的时间，能力和资源都可以慢慢积累。这个时候，财务自由（一个人可以不通过工作就获得让自己能生活的收入）就变得重要。财务自由有很多方法：理财、期权股票、家庭支持等。很多生完孩子的职场女性、家庭相对宽裕的子女或者有成功经验的二次创业者，都适合这个方式。

3. 梦想家

如果既没有可迁移的能力或资源，又没有财务方面的支持。那么你至少要有一个强大的梦想和面对三年无收入的韧性。梦想越美好，手段就要越现实。你需要比纯赚钱的人更好地了解商业、职场，找到当下与未来的结合点。虽然职业生涯规划师往往都觉得这个方式太冒险，但是这种观点根本无法阻挡梦想家——他们甚至都无暇看这本书。我们还是祝福他们吧。

成为Pro-Am

Pro-Am（Professional Amateur），意思是：用业余时间来做，并不作为主业，却在专业水平方面达到了职业水平的人。

1. 业余作家写出《追风筝的人》

2003年，当卡勒德·胡赛尼（Khaled Hosseini）发表他关于阿富汗的小说《追风筝的人》（The Kite Runner）时，他是一个从医10年的专业医生。他1980年移民去美国，1987年获得生物学士，1993年获得医学博士（MD），从那以后一直在海湾地区从医，准备走一名内科医生的职业道路。随着年龄越来越大，一种迫切要倾诉的欲望在胡赛尼心里越来越强烈，他想诉说苏联入侵之前他在阿富汗的童年生活。他在自己行医的过程中，断断续续地记录下来这些灵感，在一个假期里完成了这部小说。

这位业余作者没有想到的是，《追风筝的人》一经出版，便引发了巨大的社会反响——蝉联亚马逊排行榜131周之久，还是美国图书馆协会最佳选书，自己也获得联合国首届人道奖。古老的阿富汗和现代战争、纠缠在一起的主仆情谊，著名作家伊莎贝拉·阿连德说："这本小说太令人震撼，很长一段时日，让我所读的一切都相形失色。文学与生活中的所有重要主题，都交织在这部惊世之作里：爱、恐惧、愧疚、赎罪……"这是一个有着真实生活经历的专业作者才能写出来的小说。

突如其来的成功让胡赛尼意识到自己的写作天赋，他开始进一步尝试驾驭它，2007年，他的第二部小说《灿烂千阳》（*A Thousand Splendid Suns*）问世。到今天，两本书的销量在世界范围内已超过3800万册。

"我喜欢行医，而且当病人相信我能照顾他们或者他们所爱的人时，我深感荣幸。"在一个采访中，他这样说道，"但是，自童年时代开始，写作一直都是我的爱好。我极为荣幸的是写作能成为我谋生的方式，至少现在是。这是一种梦想实现的感觉。"

从事着很多无法一下子兑现价值的职业的人，都选择了用业余专业者的方式实现梦想。

（资料来源：胡赛尼的维基百科http://en.wikipedia.org/wiki/Khaled_Hosseini

胡赛尼的官方网站：http://www.khaledhosseini.com）

2. 在专利局上班的贝斯手

"做自己"论坛是"新精英"每年举办的一个公益论坛——我们邀请每个行业的精英来做18分钟的演讲，讲述自己的经历。2011年的主题叫作"做现实世界的精彩英雄"，我们团队提出一个策划方案，邀请的嘉宾要全部都"无背景、非名校、没留学"——牛人活得精彩算什么英雄？我们就是要看看普通人能不能在现实世界依旧活得精彩！

其中一位演讲者崔凯讲的《成功的另一种可能》深深打动了我。他是个从小特淘气的北京本地孩子，中学时期学过贝斯，因为高考搁置了。毕业后找了一份安稳得要死的工作——专利局审查员。后来崔凯开始捡回他的贝斯。练习一段时间后，他们哥们儿几个组了个乐队叫CAM。

我们知道，专利局审查员是个出大师的职业，爱因斯坦写《相对论》的时候，就是个专利局职员——我建议每个看本书的专利局局长都去盘查一下自己的员工，查查档案，跟踪他们下班后的行踪，没准里边就能诞生一个爱因斯坦，或是两个歌手。

困扰也在这个时候出现，崔凯是否应该放弃自己稳定的职业，去追寻心里的音乐梦？他来到"新精英"，就想要一个决定。在这里，他进行了一系列的自我梳理和职业调查：音乐为什么吸引我？我到底想要从音乐中获得什么？中国乐手的生涯又是否能够获得这些？他甚至走访了后海的很多乐手，他们这样告诉崔凯：

"一个标准的乐手的生活是这样的：晚上七点开始上班，然后连续换几个场子，一直到晚上一点。然后第二天中午醒来，吃一顿早午饭。下午的时候基本就是在排练。"

"大部分时候收入不太稳定。"

崔凯有一个很聪明能干的女朋友，他们打算两年后结婚，崔凯觉得乐手的生活太不安定。

当他知道还有Pro-Am的选择的时候，他恍然大悟——这正是他想要的。

"既然当年明月可以做着海关官员写出来《明朝那些事儿》，为什么我不能？"

现在崔凯是个快乐且能平衡生活的乐手，他每天五点半从单位下班，然后换下蓝衬衣，套上件有汗味的T恤，披上皮衣，背上贝斯盒子去后海弹奏。

如果哪天在后海，你看到个11点多闹着要回家的贝斯手，也许那就是他。

> 在微信公众号"新精英做自己"里输入"做自己"，将推送一段崔凯的演讲和演奏视频给你看。

我表弟是某台的节目制作人，他告诉我一个故事：他们做过一期齐秦的节目，结束后大家和小哥（齐秦）一起唱歌。有人点了一首《外面的世界》跑到齐秦面前说我最爱这首歌了，我们一起唱吧——齐秦脸都绿了，兄弟我出道30年每次出场都要唱这首歌，能不能换一首？

当兴趣一定要换回价值，兴趣就开始变味——因为兴趣源于不确定，而职业往往是稳定的。所以业余专业者的概念一经提出就非常流行。其实这个概念并不陌生——世界上第一批乐手和运动员都是Pro-Am，这也是乐器和球类都可以play的原因。

有些人像胡赛尼一样，在获得巨大成功以后，完全转行做自己喜欢的事情。而另外一些人则选择即使成功，也依然从事原来的职业，比如崔凯，还有当年明月做自己的海关官员，海岩继续经商，而我也是作家Pro-Am。

什么人适合选择Pro-Am的事业方式？

① 需要个人技艺，但是不太需要团队合作的职业，如音乐、艺术、文学、心理、职业咨询、色彩、健身、瑜伽教练、户外等方面，都容易出现Pro-Am。

② 网站站长、个人博客、淘宝店长这些不需要固定上班时间也能完成的职业，也是Pro-Am的重要领域。你能想象Linux系统是几千个世界顶尖程序员自发免费开发出来的吗？

这些行业往往需要漫长的积累期，前期回报不明显，全职进入往往无法跨越生存线。这个时候，Pro-Am往往是最好选择。

在工作中找回真义

看完了前面绚烂的转身，有人以为事业期如算命先生说的"你45岁那年必有一劫"那样，一定伴随着天翻地覆的改变。其实有很多人的事业期完全没有职位上的变化，事业期的展开带来的是他们的工作观点的改变——从我能赚多少钱、我如何做才会成功，到我能为自己做些什么，再到我在这个世界所为何来、我能给世界带来什么改变。

《入殓师》讲的就是这么一个故事。小林君毕业后借钱买了昂贵的大提琴加入管弦乐团，本来准备好好实现音乐梦，而四个月后乐团被解散。失业的他无力承担生活费，带着新婚的妻子回了乡下老家，迫于生计四处求职。偶然看到一个NK代理公司的广告：帮助旅行，高薪短时。小林君一面试，马上就被佐佐木社长录取，但是关于业务内容，社长死都不说。

直到到了客户家里，才真相大白。NK公司代理的其实是入殓师职位，就是去死者家里为死者化妆的人。"赚死人的钱"，小林君心里接受不了，无奈高薪利诱，穷困夹击，最后还是从了，从此开始了偷偷摸摸的职业生涯。

在见过了尸体已腐烂不堪的孤寡老奶奶、男儿身的美女、留下年幼女儿死去的母亲、脸上留下后辈尊敬爱戴的唇印的爷爷、穿着长筒袜离去的奶奶……小林君逐渐接受了现实，度过一开始面对尸体的恐惧期，可以独自胜任这份工作了。

这时他的职业终于暴露，所有人都劝说他放弃。面对朋友断交、妻子生气回娘家的胁迫，小林君还是一个人留了下来，继续工作。他的手开始越来越稳，动作越来越流畅，他眼中开始散发出对死者温柔的光。小林君逐渐理解了这个职业的意义。

电影最后的高潮，令小林君没想到的是，他在一次任务中重逢了自己离家出走的父亲，30年毫无音讯，没想到等到的竟是死讯。小林君开始为自己父亲做入殓的仪式，当惊喜又怨恨的儿子和入殓师的两种身份突然集合到他的身上，小林君对自己的工作有了最深的顿悟。片中的小林君最后卖掉大提琴，说："很不可思议，突然觉得很轻松，觉得一直以来的束缚解放了，自己以前坚定不移的梦想，可能，根本不是梦想。"

小林君最后接手了NK社，正式成为一名入殓师。

到底小林君领悟了什么，电影中并没有说。豆瓣上的一篇影评《只愿你曾被这世界温柔相待》被8000多个"有用"含泪顶到了头条，我想这也许提及了一些什么：

当他的手温柔地握着死者的双手，抚摸过他们的脸颊、额头，为他们擦拭身体，为老奶奶穿上丝袜，为儿子梳好头发，为妻子点上口红的时候，失去亲人的人们，知道他们把自己最爱的人托付给了值得信任的人。

我的父亲卧病十七年，最后三年，他浑身插满管子躺在那里，被人们搬来搬去、翻来翻去，我一直很希望，人们可以对待他温柔一点，但你知道你无能为力，你不是医生不是护士，不是殡仪馆的工作人员，你不能挑人家的不是。

在这个世界上，粗暴是大多数普通人对待他人的方式。我们被粗暴地对待，然后又粗暴地对待别人，这似乎已经成为一种循环，大多数人内心已经麻木，浑然不觉。所以，在一个连活人都不能被温柔对待的世界里，就更别说对死者的尊重了……他（小林君）像一个孩子一样软弱，没有竞争能力，却善良、温柔地平等对待每一个死者，不管他们是怎样的死法。

……我深爱过的人，我是多么希望你们能够被这个世界温柔地对待，哪怕是在你们离去的时候，能够有一双手，温柔相握。

小林君的职业生涯一直都没有变，从表面来看，就是实习入殓师、熟练的入殓师和很熟练的入殓师；但在心里却结结实实地经历了生涯三阶段：为生存，为做好，为世界。当一个人从职业期进入事业期，他的职业虽无变动，但立意转换，格局扩大，他变得心灵宁静，他的眼神也变得平静且坚定。

三阶段，人生只有一次吗？

其实每一时期都有生涯三阶段——

我在新东方当老师的时候，自由嘚瑟得不行，完全在事业期漂着。一旦我决定做生涯规划，马上掉回到生存线以下，入不敷出，进入纯粹的生存期。第一年累得要死才赚了20万，自己往里搭了30万。从第三年才开始盈亏平衡，走上稳定上扬的职业发展线，算是进入了发展期。

但是一旦有点资本，我们这群人就开始闲不住地闹梦想，开始各种古灵精怪的项目尝试、开发，鼓捣"做自己"论坛。当然要记得坚持做好主线业务（职业线），并不断投资新业务（事业线），或许就有一条事业线、一个梦想突然萌芽，让"新精英"腾飞起来。

再过几年，也许这条事业线也会慢慢稳定，那个时候，一定又孕育着新的梦想。

写书何尝不是如此？从我第一次战战兢兢地写《拆墙》，我就处在写作的生存期，并无太多积累，文体、素材都是最适合大众的路子。等到写这本书，已经走到职业发展的阶段，可以慢慢地按自己心中所想，搭自己喜欢的架子，建构一个完整的学科。这个时候重要的是，千万不要对畅销有太多的欲望，守住生存线就好。一旦有了这种定见，自由度大增。

这本书还在偷偷地发展事业线。我暗中探索了很多自己喜欢的方式，比如刘邦和项羽的对话体、价值观的童话、诗歌、插图……也许哪天，我要写个剧本，或者为孩子写个童话，拍个电影。这简直是"必须的"，只是需要时间罢了。

现实和理想总如蝴蝶的双翼，只有一起扑腾才能飞。

人生无处不"三阶段"啊。

Chapter
8

写给⋯⋯的你

1　写给你，其实也写给自己

无须讳言，就像你每一个以"我有一个朋友"开头的笑话其实都是你自己的糗事，这里每一篇《写给……的你》，都是我自己曾经的心路历程。我曾经愤怒、装睡、接触苦难、想走捷径、不完美，又崇尚身心灵、爱自由、想意义……我就是这样一个满身缺点、磕磕碰碰，又总相信生命无比美好的人。在走的路上想到了些什么，就记录下来给自己，成了这一章。

我讨厌被搞得像"智者"谈人生——我才三十有几，离死还远，人生正过得爽着呢，我怎么谈人生？

所以如果你如我一样，满身缺点、磕磕碰碰，却还是希望自己能再好一些，这一章就是写给你的。扪心自问，这么多篇"你"里，有没有一个和你很像的，有没有一个你痛恨的，有没有一个你希望成为的？

如果有，这一章就是写给你的。

2　写给苦难中的你

从出生那一天起，你不一定接触过幸运，但是你一定接触过苦难。

佛陀说，苦海无边。

人生充满"求不得，伤别离，已失去"的苦难、雨果笔下《悲惨世界》中的苦难、贝多芬《命运交响曲》里悲怆的苦难、罗素座右铭中"对人类生命不能承受的悲悯"的苦难……我们大部分的宗教、哲学、文学、艺术，也都是为了解决这个问题：

我们无法躲避苦难，那么我们如何面对苦难？

我想谈三个人，他们各自从不同的角度，告诉我们应该如何面对苦难。

第一个人：高中老师艾巴

第一个人是名字特长的尼日利亚高中老师穆罕默德·巴哈·艾巴（Mohammed Bah Abba）。

1964年，艾巴出生于尼日利亚北部农村的一个家庭，家里是做陶罐的。他毕业后被分配到沙漠边缘的贫困地区的一所高中当物理老师。

当老师期间，他观察到，很多当地的孩子并没有机会读书。一方面是因为当地家庭的收入低。因为沙漠的气温很高，而当地没有电力冷藏，收获的瓜果如果不能在两天之内卖出去就会腐烂。瓜果蔬菜存不住，买主可以随意压价，因而收入被压得很低。另一方面，要在两天内把瓜果蔬菜送去市场需要大量的劳力。村里的孩子必须在长到一定年纪之后开始工作，否则家庭生存都成问题，很多孩子因为这个原因离开校园。更加可怕的是，很多女婴因为以后不能当壮劳力，在出生后就被丢弃。

这是沙漠的事，是政府的事，是传统观念的事，一个高中物理老师，面对这种持续几世纪的苦难，又能干点什么呢？如果是你，你又能做些什么呢？

艾巴决心改变这个问题——他有这样的信念：**如果你必须面对一个苦难，那么你一定已经拥有了改变这苦难的资源。**

他在陶罐世家长大，熟悉陶罐的制作，因此他结合高中物理知识，设计出一个无须电力就能在沙漠地区保持低温的罐中罐（pot-in-pot）系统来。这个设计简单到你不相信——他用陶土做了一个大的陶罐，套在另一个的外面，在两个陶罐之间，放满沙子，浇上水，用湿布覆盖在沙子之上，一个罐中罐就完成了。

看似不起眼的罐中罐却展现出绝妙的隔热作用。陶罐透气，会让夹层中沙子的水分缓慢蒸发，吸走大量的热。罐中罐本身是一个很好的隔热系统，所以只要持续向中间加水，罐子里的温度就能保持在8~15度左右。这样一来，无须任何电力，仅用最原始最古老的技术，干旱地区蔬菜水果的保持时间，就能延长至10天甚至一个月。

就是这个不起眼的罐中罐，颠覆性地改变着古老地区的经济——因为收获的东西不会轻易腐烂，以往着急出售蔬菜的农户有了更好的议价能力，村民的收入明显提高。同时因为不用着急在一天之内赶到集市，节省出很多人力，这让更多的适龄儿童可以重返学校接受教育。在坚持一段时间后，该地区的女性人口比例开始上升——女孩子也能够成为生产力，人们不再丢弃女婴了。

艾巴停止了教书，开办了专门制作这种廉价陶罐的非营利性组织，帮助更多沙漠地区的人使用这种古老的工具。至2005年年底，他的工厂已经制作了91 795个罐中罐。这些陶罐改变了整个尼日利亚农村。今天，在海地、印度和洪都拉斯，直到那些不通电的乡村，这种罐子还被用于运输及保存胰岛素和疫苗，保住了百万人的生命。

就这么简单，没有高科技，没有大投资，一个高中老师用最简单的物理学常识，改变了他看到的苦难，影响了千千万万人的命运。因为他相信：**如果你必须面对一个苦**

难，那么你一定已经拥有了改变这苦难的资源。

千万别认为自己渺小、卑微、无力。每个人身上都有改变世界的因子，每个人都能用自己的方式去改变世界。

第二个人：美国人乔布斯

一般的职业规划师总是绕开乔布斯不谈，因为他是踢我们这个行业场子的人——他是个不规划的典范。他上大学的时候，就没有好好制订自己的学业规划，而是选修了什么书法课（这非常不利于提高就业能力）；当他离开大学的时候，他没有找一份要维持生存的工作，而是跑到了印度学习冥想（如果这经历写在你的简历里，面试时HR会怎么看？）；当他开始自己的生意的时候，甚至也不写商业计划书——几年做到几千万，然后上市。

面对这种人，我们怎么混饭吃啊？！

但正是这些"不正经"的规划外的部分，才有了苹果今天的魔力。因为大学读不下去，乔布斯在校园里面晃晃悠悠学习书法课：英文只有26个字母，书法通过安排字体、字间距、节奏和形体展现出整体的美感。乔布斯在一次采访中提到，正是书法的学习，让他意识到"如果字母不仅可以传递信息，还可以传递美感，那么电子工具也是一样的"，这构成了苹果今天的工艺美学。

那场轰动的被苹果公司放逐的苦难，也成为日后苹果帝国建立的核心。乔布斯那几年埋头搞动画科技，帮助日后的Mac和iOS系统成为最漂亮的系统，把微软比得灰头土脸。中国最早一批果粉都是美术设计师和影视人员，他们在微软的灰色框框主题中间干了十多年，当他们发现还有这么漂亮的界面时，就纷纷为之疯狂，愿意花几乎贵一半的价格买一台苹果电脑——这都是托乔布斯被赶出去做了几年动画的福。

乔布斯就这样把每一次跌倒都变成一个机会——他每摔倒一次，就抓起一把命运的沙，吹走污泥，找到里面的宝石。

美学家蒋勋在一次座谈中谈到，他以一个美学家加果粉的角度，研究过乔布斯的照片。在年轻的时候，乔布斯就是一个意气风发的大帅哥，抵死聪明优秀的那种。自从从胰腺癌那里捞回来一条命，乔布斯的眼神就开始改变，洗去了商人的世故，变得深邃、干净而坚定。在死亡旋涡里转了一圈，他决定做一些真正不死的东西，这份坚定造就了苹果的辉煌。当诺基亚、三星等品牌每年出200款手机的时候，苹果坚持每年只出一款手机——iPhone。

顺便说一句，这梦想并不赚钱。讽刺的是，乔布斯的遗产共有65亿，44亿来自迪士尼（乔布斯把皮克斯卖给了他们），只有21亿来自他的梦想布道场苹果——即使是最伟大的梦想家，商业市场也不太为之埋单。如果你既有一个梦想，又想赚钱，那就不如全力去赚钱，这样财富会来得更快。

职业规划强调预先规划，躲避风险和苦难，让自己更快成功。但是这种规划往往只有3~5年的效度，一旦环境改变，则需要重新调整。

乔布斯的人生规划方式则完全一反常态，他先设定出一个目标——"活着就是为了改变世界"。当他把这面旗帜插到生命的终点，然后回过头来经历时，他的生命开始变得淡定。

一切的经历都是学习，一切的苦难都是机遇。当他被苦难击倒，他琢磨这苦难与目标的关系；当他重新回到路上，他带回其他人所不具备的智慧与能力——而我们大部分人，目标都太短浅，所以我们害怕失败；也正是因为我们害怕失败，才缺乏那些不寻常的精彩与可能。

所以在职业生涯中，比能力更强的能力、比功利更大的功利、比风险管理更安全的管理，是拥有一个终极的愿景与梦想，并且以此为核心，整合你的经历与能力。这种事情需要巨大的恒心、渴望与毅力——乔布斯大概花了35年让我们明白他的哲学，巴菲特大概是26年——这样的事，如果三五年做成，就见鬼了；但是如果三五十年都做不成，也不太可能。梦想家对此保有信心，因为他们觉得，路途就已经值回票价了。

乔布斯是个受尽苦难的人：他幼年被弃，大学辍学，迷幻青年，印度冥想，早年得志，后被逐出公司，改变动画，王者归来，改变音乐，改变手机，改变世界。有人说他死得太早，但他的56年生命恰如56部绚烂的电影，精彩漂亮。大部分人也许能活70岁，却可能只是这样一部电影：上班、下班、花钱、赚钱，反复地播放——你说谁活得更长？

总有一天，你的生命会像电影一样，在你眼前一闪而过，请确定它值得一看。

第三个人：卖羊肉串的阿里木

阿里木是个新疆人，在贵州毕节以卖羊肉串为生。我看到他是因为一档节目，叫《世间有情人》：阿里木是羊肉串慈善家，八年捐助10万元，帮助160个贵州贫困孩子读书，贵州大学外语系有他赞助的奖学金。

柴静说自己看到他一边卖羊肉串一边和美女插科打诨，决定采访他。

我理解她的意思，从心理的角度，我们应该区分"奉献""需要被需要"以及"过度付出"。前者是自己杯子不满倒给别人，后者则是幸福满溢出来，倒给别人。

简单来说，如果一个人觉得自己活得苦哈哈（是指内心痛苦，不是物质清贫）还在疯狂付出，那么付出就只是一种自我逃避或者治愈的自助手段而已。自助比自残好很多，但并不算纯粹。而如果一个人不断付出，而且还内心快乐，活得幸福，这则是一个人自我实现后，最干净、纯粹的付出。

这世界悲剧英雄太多，欢乐英雄太少，在看到这样一位欢乐英雄的时候，我们都想了解更多。

关于阿里木的经历，柴静的博文写得太好，直接搬过来。

他们乡里一共只有七个人念过初中，他上到高二，当兵去了，回来进了供销社，乡亲们都来赊东西，他脸软，不好意思不（给），东赊西赊。三年后，上级来查账，他去收钱，硬不起心，收不上来，工作也丢了。

哥哥赌博，把家里房子都输没了，家里天天没个安宁，他想着得让他们活好点，就背个烤炉子，拿了五百块，出来了。

到了西安，刚支起炉子，卖得还不错，来了二十几个同乡，说，你得给我们干。他不，被打了一顿，挺狠的，他没敢回旅馆拿行李就背着炉子走了，身上只一块钱，买张站台票，上了火车，车不知道往哪儿开，开到实在饿得不行了，下了车，是郑州。

沿着铁路线走了出去，到市里，他进了一个餐馆，给他们烤串打工。别的伙计每天黑老板三十块钱，他不忍心，都交给老板。那些伙计大部分是老板亲戚，也不好赶走，老板（只能）教育大家。伙计们逼他也要黑这点钱，他不同意："老板对我好，知道我不吃辣的，给我炒西红柿。"又被打了一顿。

他身上只有一块钱，没有领工资，也没跟老板说，走了。

…………

走到了北海，一个盗窃团伙逼他给放风，他不愿意，头朝下被吊在风扇上，说你干不干，他说不干，对方按一下按钮，他觉得心里头五脏六腑都快绞出来了，醒来的时候躺在地上，脚已经绞折了。隔了十几年，我今天摸（他）的时候，脚背上的骨头还凸着一块，他站久了疼。

之所以要到贵州毕节，他就想找一个最穷、没人找他麻烦的地方，活着安生点就成。

…………

卖一串肉挣不到三毛钱，一开始他全攒着，给家里寄回去，盖房子，让他们过得好点，每次寄完钱只给自己留十块。他住的房子，连个窗子都没有，太阳永远进不来，连个闹钟也舍不得买，让邻居叫他起床。

家里有了钱，但没人快活，为争这点钱，闹得更厉害。

他想着，都有了钱就好了，把哥哥们都带出来，他出生意的本钱。

到了毕节，他们（兄弟们）联合起来要赶他走，他躲起来。过一阵子，哥哥们自己内部打起来了，都跑了，他才敢出来露头。

至此，老家—西安乡下—西安市里—北海—毕节，阿里木流浪了五个城市，仅仅希望做个城市里最下层的小贩，却无处容身。

"为什么世界是这样子的？"阿里木想，想了八个月。

时间让他的答案清晰。"这都是教育的问题，"他说，"他们从小到大没有受到良好的教育，如果有一天我有了钱的话，我就把所有的钱一定用在教育上。"

他认为自己的遭遇与别人无关，而是那些人从小缺乏教育。

阿里木是个苦命人。只想做个城市里最下层的阿里木，一次次遇到折磨迫害的阿里木，最后却活成了这样一个快乐的人。这本来就是一个奇迹。

更让人吃惊的是，经过思考，他把自己遇到的苦难归因于"他们从小缺乏教育"，并且尝试靠自己来改变这一切。这真让人吃惊。他没有像有些网民一样，一边在网上抱怨高考制度黑暗，一边送孩子上最好的奥数班；他好像也没有意识到，他自己都只是一个高二的辍学生——他本人就是缺乏教育的受害者之一。如果当年把他吊在电扇的那群人听到这个想法，估计会狂笑着把电扇开到最大一档——教育？！你转晕了吧？

这念头有多不自量力，阿里木就有多坚定。从在烤肉钱里面翻出300元递给一位求助的慈善人士开始，到在贵州大学建立奖学金5000元……一直到今天，阿里木一共捐出10万元善款，帮助了160名贫困学生。一根羊肉串利润三毛，这是他33万串的利润。在这期间，他继续住棚屋，在被老板娘骂"抠得要死"的小店吃馒头和凉粉，和他的老婆嬉皮笑脸地拌嘴，继续在夜市里面嬉皮笑脸地卖他的羊肉串。

这篇文章几乎有一大半是柴静的博文，肯定有人要说我文章一大抄。其实柴静也没有"写"，她只是安静地记录下来这个人的生活状态。你可以找到这个叫《世间有情人》的视频，看看他没法被写出来的快乐。

阿里木最后被评为全国道德模范，好像大家认为这么穷苦还在助人的人，道德水平实在是高。但让我欣赏的除了他的道德，还有他的快乐。推动他助人的，不仅是道德，更是他洋溢出来的幸福和快乐。

有个笑话说：一个人去医院急诊室，发现医生都不见了。问干吗去了，答学雷锋日，上街学雷锋去了。

和这个笑话一样，在教育培训界多年，我见过太多抓狂的情商教练、无人知晓的营销专家、迟到的时间管理讲师，和从来不按自己讲的方式管理公司的管理专家。

我们难道不应该快快乐乐地先让自己活好，然后再帮助更多的人？

因为一个"自我牺牲"到悲伤的母亲不可能带出快乐的孩子；一个全天工作20小时的老板不能指望他给你安排工作能做到与生活平衡；当然，千万别选择一个自己工作得不快乐的生涯规划师。世间不缺苦兮兮的"助人者"，世界缺元气淋漓的欢乐英雄。

传说菩萨是佛教中仅次于佛的果位，按修为本可成佛，却因为他们深知世间苦难，决定留在凡间度人，所以有"不俗即仙骨，多情乃佛心"的说法。

阿里木的活法如菩萨，是我们人类这个种族中最值得尊敬的一种。当他们自己掉入、面对然后走出黑暗的苦难后，他们眯起眼睛看看前面的光，深吸一口气，重新折返到这黑暗里来。因为知道苦难有多痛，他们决心带更多人离开那片黑暗。

他们转身极快，甚至很多人以为他们从来都没有看到过光，但是如果看看他们快乐的眼睛，你就能知道，他们从光明而来。

天劫背后必有天赋，天赋背后必有天命。苦难是我们理解自己的使命的门。

这三个故事清晰地表明我的苦难观。

高中教师艾巴代表着我们面对苦难的能力："如果你必须面对一个苦难，那么你一定已经拥有了改变这苦难的资源"。从来就没有什么救世主，别总等待别人来拯救自己、来主持正义、来改善世界。艾巴的故事告诉我们，凭你现在的资源，你一定已经能够做些什么。

美国人乔布斯代表我们面对苦难的态度："把苦难升华成伟大。"别人认为他的一生充满传奇，我却认为他的一生充满苦难，只是他把所有的苦难，都升华成了传奇。如果你手边有一台iPhone4，记住：这不仅是个美丽的工业艺术品，更加是一个人此生苦难的结晶。

小贩阿里木则代表苦难对于人类的意义："苦难是天命的开始。"承受苦难让我们能理解世界的苦难，而这理解让我们背起自己来这个世界的使命。

对于任何一个苦难，我们有能力，有态度，也有意义。每个人都能完成对苦难的修炼。

为什么我们常常不被演讲家的滔滔雄辩打动，却被一个清晨环卫工人的背影感动？为什么我们常常不为打破世界纪录的马拉松健将激动，却为一个跑完半程马拉松的残疾人欢呼？就是因为他们面对苦难时的勇气、智慧与态度，是我们人类这个种族的灵魂中最高贵的东西之一。

我并不准备说苦难其实有多美好，有多快乐。在我的感受中，每一段苦难都是痛苦的、黑暗的、让人绝望的。真正让人鼓起勇气的是苦难背后的意义：发现自己，创造自己，找到自己存在的意义。

佛家说："烦恼即菩提。"每一次面对苦难，都是对生命意义的一次严肃思考的开始，苦难让我们发现自己的资源、创造自己的伟业、明白自己的使命。然后我们拯救自己，变得强大，开始改变世界。

所以，我们应该有勇气，把苦难酿为美酒，把深渊变成大河，把破口补成鲜花，让苦难成为信仰，让自己成为改变自己命运的神。

练习：

生涯中，你会发现人们有面对苦难的三种生命模式：生存、恢复与升华。列出你认为自己受过的最大的三个苦难：

1.

2.

3.

然后看看，你如何面对这些苦难？

生存模式：面对苦难与挫折，从此在苦难、损伤的地方一蹶不振，这种模式叫作生存。

恢复模式：面对苦难时状态下降，但有自己的弹性，在一段时间后，他们慢慢恢复到原先的水平。

升华模式：苦难没有打倒他们，却让他们得以在苦难中更强大，获得新的技能和思考，这种模式叫作升华。

你常用的苦难模式是哪种？

你在哪些领域模式比较好，哪些领域模式比较糟糕？

从那些用升华和恢复模式处理的苦难中，你学习到了什么人生经验？

3　写给愤怒的你

曾几何时，我也是个愤怒青年。我看《丑陋的中国人》《乌合之众》，读费正清的《剑桥中国史》，我言必称："在国外，他们……"我看了很多书，深入寻找这个世界上我还不知道的黑暗，一一品味。

我努力寻找所有东西中不好的地方，比如一家公司上市，我就要搜它是否利欲熏心；你要说政府某件事办得好，我就要找到它的破绽。当我最终可以找到污点，我高兴地说，天下乌鸦一般黑。我甚至以此炫耀，因为很多人都知道自己过得不好，但是只有我清醒地知道自己为什么过得不好，这真让人高兴。

当我做这些事情时，我总有一种残酷的快感。这快感一方面来自攻击和咒骂我讨厌的事情的快乐，一方面来自当我周围的人听我侃侃而谈的时候，他们眼睛里闪出的惊恐和崇拜——这让我觉得自己很牛。当大家都要被枪杀，只有我知道，子弹是哪里制造的、来复线是什么意思、打哪里能一枪致命。这让我在受刑的时候，觉得自己是个牛×的奴隶。

终于有一天，我觉得哪里不对劲。

我想写些东西，给当年的、愤怒的自己。

今天，我看到这样的愤怒力量，在中国拥有巨大的市场和拥护者。微博上满是毒奶粉、污染、税收、国企的故事。我认同民智的提升，我渴望民主。但是我天生与那些只攻击社会的黑暗面、制度不公而没有进一步行动的观点保持距离——我们如此愤怒地攻击社会、攻击时代，殊不知愤怒也是无能的代名词。

愤怒是因为自己的无力感，没有力量仅凭自己就让生活过好。愤怒同时意味着我们这样无法真正改变这个世界，因为我们从属于它，我们无法在泥潭中，抓着自己的头发把自己拔起来。

所以，不管这个愤怒来自什么地方、何种高度，不管这个评价源于著名经济学家、某公知，还是某侨居海外多年的华人，不管这个愤怒包装着科学、人文或者历史的盒子，那都是愤怒，都是自己无能的反映。

愤怒是好的，但愤怒也是不够的。愤怒意味着我们依然生机勃勃，依然没有被现实压倒屈服，依然愿意对世界感到不满，依然认为世界能比现在好。但愤怒也意味着我们把自己幸福的可能性托付于对方，依然与对方在同一个系统，依然在这个系统里被压迫，依然对这种压迫，无能为力。

我遇到过很多生长在家庭暴力里的孩子，他们最想做的事情，就是有一天自己可以长大，保护妈妈，把不可一世的爸爸打一顿。很多在学校因为自己出身被羞辱的学生，最大的梦想是有一天出人头地，让曾经羞辱过自己的人"后悔曾经看轻我"。很多被上司打压的工作者，他们的梦想就是有一天自己也"爬上去"，让那些鹰犬也"学到一课"……这种愤怒被励志的外壳包装着，甚至一时还成为流行。在我看来，这些励志比麻木更加恐怖——你痛恨这件事情，结果却完全认同了这个方式。你不是痛恨这个游戏规则，只是痛恨自己玩不好。这样的愤怒并不能让世界更好，甚至也不会让自己更好。一万个、一亿个这样愤怒的人，也无法有主张地让世界变好——因为这些人好像推翻皇帝暴政的奴隶，他们逐渐会成为下一个皇帝的奴隶；即使这些人有一天真正成为某个领域的主人，他们会发现自己成了当年自己最痛恨的人。

比愤怒更加好的态度，我想是善待自己。

从自己身上开始，对自己好一点。对自己说，生活如此糟糕，我却还决定坚强生活，这真是奇迹。对自己说，世界如此浑蛋，我却还这么阳光，这真是个黑色幽默。让自己过好一点，让自己从社会的集体愤怒中解脱出来，开始为自己的生活做些什么。

你一定记得灰姑娘的故事。可怜的灰姑娘被后母囚禁，不允许参加王子的晚会。在仙女教母的帮助之下，她自己参加了舞会，却必须在午夜12点之前离开。午夜钟声响起，灰姑娘匆忙离去，留下一只水晶鞋，最后王子通过水晶鞋找到了灰姑娘，他们快乐地生活在一起。

如果你是灰姑娘，你的妈妈不让你参加舞会，你的姐妹们不让你遇见王子，你会怎么办？

灰姑娘的行动是最好的答案：如果你的妈妈不爱你、你的姐妹不爱你，你要做的不是愤怒，不是谩骂——那意味着，你依然还是弱者、依然是奴隶，你唯一的能量，花在表达你的仇人们有多么不道德上。你除了为这个世界上增加一个悲惨故事，并且自己全情出演主角之外，没什么意义。

灰姑娘则不然，她加倍地爱自己。她善待她的朋友，她自己找到机会，参加那个她盼望已久的舞会。灰姑娘知道：**如果你的妈妈不爱你、你的姐妹不爱你，你要加倍地爱自己。如果世界不给你机会，你要加倍地给自己机会。**

如果这个世界无法温柔地善待你，你一定要记得温柔地善待自己。如果社会不能让你安全地买上房子，就尝试给自己找到更多安全的途径；如果职业不能给你快乐，就尝试自己寻找更多的快乐；如果大学不能给你体面的教育，就鼓起勇气寻找适合自己的教育；如果世界上满是拜金的女孩和好色的男人，就尝试让自己成为一个配得起不拜金的女子或不好色的男人的人。

正如我翻译的《职业禅》一书所说："最终，当所有这些需求都压到'社会'这个单一维度之中，一方面给这个维度带来所不能承担之重负，同时也给了我们不得不适应社会的巨大压力。"这样一来，社会与人，都歪曲起来。

如果你能善待自己，这已经是件了不起的事了。如果能够再进一步，就是悲悯。

开始关心那些需要帮助的人，他们就在你身边，只是你以前的愤怒屏蔽了他们，一旦你跌倒，你就会不太关注旁边也跌倒的人。一旦你站起来，你就会发现身边有很多需要帮助的人，用你的力量，去帮助他们。

我倒是更加欣赏央视的《看见》栏目的立意，在大家都在抱怨雾霾、毒牛奶的时候，柴静和以她为代表的很多人，坚持探寻和了解一些温暖的、安静的、我们可以做的事情——他们谈人可以尊严地死去，谈志愿者可以选择离开，谈卖羊肉串的小贩捐助失学孩子。我也相信，表达愤怒并不会让我们有多安全。支撑心中安全感大厦的柱子，除了社会，还有心灵，还有自然，还有冥冥中的使命。

我喜欢微博上出现的一些自发的善行，比如邓飞的微博打拐、有公众介入的抵制排污事件。这些力量微不足道，但是联合起来能够改变世界。也许你改变世界的力量，仅限于点击一下鼠标，但是一下温暖的点击也比传递一篇《为什么你过得这么×蛋》强。

如果你能够再强大一些，也许你会发现更多的真相。你会发现，那些当年你痛恨的人、那些让你愤怒的人，也是游戏的牺牲品——他们已经被世界狠狠地报复过了。他们不需要另一次鞭打，他们需要的也是帮助。

《当下的力量》中有一个故事让我印象深刻：一个人开车行驶在公路上，被旁边的车野蛮地挤了一下，他非常愤怒，直追上去。在一个红灯前，他追上了那辆车，他开到旁边，摇下窗户，对方显然也意识到了他的想法，摇下窗户，他们双方都做好准备，要在轰鸣的马达声中大骂一顿。当两双眼睛对视的一瞬间，故事的主人公突然冷静下来，他看到了对方的脸——那是一张被痛苦和愤怒纠缠的脸，他意识到，当一个人伤害你的时候，他已经被深深地伤害过，他不需要再一次鞭打，需要的是怜悯。

你虽无力改变，但如果你能感到这种悲悯，那么至少能让你不再愤怒，让你意识到，丧钟为每一个人而鸣。如果你能感到这样的悲悯，你也有能力改变，那么从自己能做的做起，你就会开始改变这个世界。

不再愤怒，做自己，帮身边人，改善世界。

坦诚地说，我并没有达到上述水平，我也会愤怒，也活得勇敢却跌跌撞撞，也偶尔悲悯，偶尔无力，我也是大家中的一员。但是我相信、我主张、我践行这个现实的理想主义。我让自己走在现实的理想主义者的道路上，我坚信这是让自己和世界变好的最好方式。

从愤怒青年转变，也许你可以开始做一个现实的理想主义者。

他们曾经也愤怒过，但最终，现实的理想主义者**不再愤怒，做自己，帮身边人，改善世界。**

你也许会说，你是个梦想家，但不是唯一的。

如果有一天，你也能加入我们，

世界将有所不同。

社会存在黑暗面，你怎么看？

① 你可以不喜欢这个游戏，但是你可以玩得很好。

② 上策是玩得快乐也心安，中策是把自己搭进去至少还能赢，下策是抱怨这是个最糟糕的游戏。

③ 除了同流合污和冰清玉洁，我们还有很多选择。关键是你要有离开这个游戏还能活的能力。

④ 玩好不意味着一直要赢，而是找到自己的定见。成王败寇要认，但是莫以成败论英雄，英雄是维护自己信念的人。

4 写给装睡的你

鲁迅先生讲过这样一个故事：一群人住在铁屋子里，外面起火了。门窗严密，绝难打开。你醒来，你是大声呼喊，还是继续装睡？大声呼喊者是有勇气的人，但是也许大家都起来，仍无法打开这个铁屋子，反而不如在睡梦中死去好。如果是你，你会怎么做？

呼喊的人决定一战，他们希望叫醒更多的人、积聚更多的力量，希望打开铁屋。沉睡者由于过去的辛劳或疲倦呼呼大睡，他们活得可怜，但求安心一死，勿来搅扰。其实很少有人发现，这个铁屋子里还有第三种人，那就是装睡的人。

下面是铁屋子故事的三个结局：

第一个结局：

呼喊的人声势越来越浩大，积聚所有的力量，大家打开了铁屋子，重获新生。

这个故事你不陌生，人类大部分的进步，都是这样的趋势。文艺复兴、启蒙运动、新中国成立，都是这样。

第二个结局：

呼喊的人敲打门窗，大声呼叫，逐渐有人醒来。大家揉着眼睛，有点不知所措地看着这个他们熟悉又陌生的环境，口中喃喃："吵什么，吵什么！"呼喊的人一边着急地敲打，一边回头大喜："你们终于醒来了，快起来！"醒来的人看清楚了门窗，又隔着门窗看到屋外大火，觉得绝无可能逃生。他们恐惧地看着呼喊的人敲打，不时互相看着，小声交谈。

醒来的人越来越多，加入因恐惧而沉默的人群，终于有一个人说："你这个骗子，房子根本没有着火！是你扰了我们的好梦！"大家一呼百应，合伙把呼喊的人绞死，继续安睡。火势越来越大，最后吞没房子和他们的子孙后代。愚昧而悲哀。

这个故事你也并不陌生，苏格拉底被希腊市民毒死、布鲁诺被烧死——先知往往死于非命。

第三个结局：

呼喊的人敲打门窗，大声呼叫，有个孩子醒来，揉着眼睛，有点不知所措地看着这个熟悉又陌生的环境，口中喃喃："吵什么，吵什么！"他马上被父母的袖口捂住："嘘——先别说话！"

呼喊的人一边着急地敲打，一边大嚷："有人醒来了吗？快起来！"那些人看清楚了门窗，又隔着门窗看到外面的大火，觉得无法逃脱。但是他们都是些极聪明的人，知道先起来免不了受苦，还不一定真能打开。于是他们眯着眼睛，继续装睡，心里默默希望其他人起来帮忙。

火势越来越大，最后吞没房间，呼喊的人最后一刻还在独自敲打门窗，之后死在窗前。他背后是整整一房间在黑暗中睁大眼睛、死一般寂静、躺在地上装睡的人。

这个故事你不陌生，我们身边很多的人，都是装睡的人。他们受过良好的教育，他们偷偷关注很多呼喊的人，他们清楚地知道好坏、善恶、科学、民主，他们能够从书上、网上找到很多生活应该这样和那样的理由和论据。

但是他们唯一不敢做的，就是站起身来帮忙。他们敢于在网上转各种骂政府骂社会的帖子，却不敢在真实的生活里拒绝领导的一次举杯；他们能写出一篇万字的洋洋洒洒的关于美国人的素质有多好的文章，却不敢在公交车上看到小偷时大喝一声；他们去庙里还愿，几万几万地敬，且每天念佛，他们相信因果报应，却毫不犹豫地往产品里面加各种添加剂。

比愚昧更加可怕的是装睡。装睡的人虚伪又懦弱，他们知道一切该如何，却从来不愿意投入。

这就是装睡的人。装睡的人以为自己和房子倒塌没有关系，其实他们是最大的合谋者。

因为发言只需一人，而沉默却需要合谋。

不再装睡的人

第一个故事是关于一个英籍华人朋友的，他50岁的时候回国，在一家民企教育机构做高管。一天晚上他坐飞机从杭州回北京，落在三号航站楼。北京等的士的队伍很长，在等待的队伍中，有一对中年夫妻往他前面插队。隔着五六个人，他对前面那两个人喊："唉，你们——请你们到后面排队。"

女士回头，不屑地说："关你什么事？"

他说："请你们到后面排队。"

女士不插队了，直接跑过来，当面喷他："你什么意思？"

他说："请你们到后面排队。"

插队的男子走过来对他大声嚷："你想怎么样？"

他继续说："请你们到后面排队。"

几次来回后，那对夫妇快快地走了后面。这个50多岁的"老家伙"、三个孩子的父亲回过头去，对后面的人倒立起大拇指，大声地说："你们这群人，是这个！刚才他们插队，你们全都在心里骂，却没有一个人敢站出来说话。"后面队伍的人目光躲闪，沉默而安静。

讲这个故事的时候，我们在野长城下喝酒，故事的缘起是我几分钟之前问他的一个问题："你在国外生活20多年，在国内也待了20多年，你觉得最大的区别是什么？"

他说："公平。"

讲完这个故事，他接着说，如果在国外，那样的人搞不好会被群殴。

听完这个故事我懂了，我们不缺乏醒着的人，我们缺乏不装睡的人。

第二个故事是关于我的老东家俞敏洪先生。老俞早年办新东方几年，攒够了学费，也准备申请出国，却屡次被拒——当年中国大学生出国大潮还未起，大学分数一向给得很低，这让中国学生的GPA（平均学分绩点）很不好看。加上老俞当年学习也不太给力，总之，他的分数低到国外一流大学都不好意思收他，而他自己的心态又高到不好意思上二流大学——毕竟那个时候新东方已经创立好几年，他已经当着好几千人说：人生终将辉煌，要去就要去一流的。你想他有多尴尬。

据说那个时代的大学生流传着一种手段——改成绩。当时大学数据库没有备份，海外联系中国很困难，分数无从考证，改成绩能大幅度提高成功率，这已成为当时留学生公开的秘密。老俞就卡在成绩上，本来可以随大溜一下，便能成行。但是老俞不改，他说我就是个农民的孩子，考了三次才考上大学，这就是我能考出来的分数，不行就算了。

在新东方这个地方，越是流传甚广的故事越是真假难辨。不过每次讲完，都有人在后面加上语重心长的结尾，说，你看老俞就是因为这样没出国，用这份信念做新东方，所以现在发达了。不管故事是真是假，我都觉得这个语重心长的结尾特别恶心，像嗑个田螺吃到满口田螺屎。

老俞真正牛×的地方，是在举世装睡的日子里，他没做一个装睡的人，没背叛那个让他被嘲笑多年的农民身份，没背叛自己糟糕的大学成绩——如果新东方做黄了，我也依然尊重这样的人。

尊严这东西不是你的西服，可以在开始的时候脱下放一边，混出来以后再抖抖穿起来。心里面的界线像是我们的手脚，一旦砍掉，也许一辈子都无法生长回来。

第三个故事是关于"新精英"的。

和所有的新兴行业一样，职业生涯规划是一个狭小的行业，这个行业的每一个人、每一家公司都互相认识，知道对手是谁。在一个很挤的地方，谁有个什么动作，都知道，公司之间经常出现销售互相拆台甚至抢客户的情况。

虽然每一个人都知道更大的空间在铁屋子外面，但是很多人都选择了装睡——你们先破门，我们先把房里的搞定。

但是"新精英"不想装睡——我们的目标不是把现有市场里面的资源全部占据，而是让更多外面的人理解生涯规划；我们也不是想让每一个人都非来"新精英"学习不可，但是我们期待更多人能成长为自己的样子——这也是我忍不住又要写不仅会让我失业，也可能会让我很多同事失业的第二本书的原因。

"新精英"的市场和销售反复强调一个原则——不诋毁——任何情况下不允许诋毁任何机构。不管对方如何诋毁，说得对，改；不对，就专注把自己的事情做好。因为在职场中，不知道职业规划的人有90个，知道的只有10个——这90个人一进门就看到这里互相诋毁，打得满地血，他们永远都不会关注这个领域了。

坚持这样的原则，一开始很难，后来就越来越容易——因为很多对手看到了我们的态度，成了朋友。而新精英自己的发展也加速起来——我们发现把观察别人找缺点的时间和精力放在成长上，足够把自己的核心竞争力打造出来。"夫唯不争，故天下莫能与之争"就是这个道理吧。而如果反过来，一开始就抢客户，虽然开局很容易，后来就越走越难了。很多事情都如是。

另一个坚持的，就是支持人们成长为自己的样子。新精英有一个神制度——我们有个牛×基金，每年给员工一个月薪水和15天假期，让他们做一件自己认为牛×的事情。有人用来横穿美国、环游台湾、飞回去和暗恋对象表白或者给自己刺一个纹身。只要你觉得这是成长的突破，并且通过员工委员会审核，我们都支持。

这其实也很冒险——因为真正贵的不是一个月工资，而是15天时间，高管轮流休假出去玩15天，一般公司都hold不住。但试验了三年的效果是，当每个人每年都能做点自我突破的事情，把这种自信、眼界和心理资本带回到工作中，会让他们的激情和创意不断。

我们相信善意、相信分享、相信人们会成长为自己的样子。

如果你相信一个东西，总得有人为他做些什么。

洪水、大学、权力，以及醒着的人

2004年，音乐家宋飞丢出重弹——在三月自己作为评委参与的中国音乐学院的招生考试中，她发现许多学生的专业得分和他们的现场表现反差极大。考试中有重大失误的学生排名靠前，而表现优秀的孩子却被打了低分，面临淘汰。她断定，这其中存在着明显的不公正。

中学、大学名校的招生考试串分、舞弊、走后门，这并不是新闻，也许你操作不了，但难道还有人不知道吗？有大学老师站出来说实话，这才是新闻。而这个大学老师并非一般人。

宋飞，著名青年二胡演奏家，著名二胡演奏家宋国生之女，中国音乐家协会二胡学会理事长，中国音乐学院教师，曾在欧美亚等20多个国家和地区开过演奏会，肩负着中国二胡第一人的名头。她如今挺身指正自己的母校，事件的爆炸性可想而知。

电视台第一时间赶到宋飞家里，见到了三个"才华横溢，因为被评委集体打低分而落榜"的学员。这三个学生宋飞都指导过，为自己的学生争取公正，如何避嫌？宋飞拿出一盘考试现场偷录的录像带。

记者带着录像带去中央音乐学院（央音院和国音院不是同一家，前者综合实力更强，后者民乐更强）寻求专业鉴定。器乐系系主任赵寒阳在不知道打分结果的情况下，对录像带里的考生表现进行点评和打分。他的最终判断与宋飞一致。

"肯定是评委串了分。"

"就算打分中存在着弹性标准，那也只会是大红和浅红的差异，决不会像现在的结果。"宋飞说。

一位考试中排名很靠前的考生，在关键处竟然拉了三次才过去，赵寒阳主任都笑起来了："就算她是我的学生，那也不可能让她及格啊！"同时他也证实，在中国音乐学院被"淘汰"的张雨在后来的中央音乐学院专业考试中，排名第四。

如果是一般的话题，这个调查已经可以结束了，但是事关中国民乐的最高学府，《新闻调查》的记者需要再找一个中立者——中央音乐学院和中国音乐学院有竞争关系，会不会无间道搞臭对方？当记者的需要有规避一切可能性的专业劲头。他们又找到独立第三方——上海音乐学院老教授林心铭，他的结论也与宋飞一致。

至此，结果非常清晰：宋飞对了，这个考试并不公平。

主持人柴静坐在宋飞对面，她想知道为什么这个在父母同事口中不多说话、文弱、爱笑的女子敢于打开这样的暴风式的话题。她一开始就提醒宋飞：中国音乐学院是民乐界最权威的高等院校之一，也是培养了你、你正任教的母校，你却说你担任评审的这次考试有明显的不公正，你知道说这些话会带来什么后果吗？

宋飞说她知道，在参加节目之前，她也动摇过。说出事实，会把自己推向风口浪尖，会打击或牵连不少局内外的人，会把母校置于一个尴尬的境地。

柴静："那为什么还要说？"

宋飞："因为我爱学生、爱音乐、爱教育。因为我自己成长的过程没有经历过这个，所以我才想当一个老师，给其他学生带来我从小经历过的那种希望。"

柴静："但是你已经是中国音乐学院的老师了，为什么你还要说？"

宋飞："因为，我不说话就已经不能给从事这个事业的学生带来平安和幸福了。那我宁可损失掉我自己的平安幸福、别人想象当中的这种完美。"

其间，柴静一次次的确认，也算是善意的提醒。

柴静："你说的都是事实吗？你要知道这是需要你用所有的名誉和地位去做保证的。"

宋飞："是的。"

柴静："你看到的，你听到的（事实）是什么？"

宋飞："这股力量可能不是一个人两个人。"

柴静："什么力量会让这么多人在一起，做出一个决定？"

宋飞："我没有看到，所以我不能去说，但是不代表我没有想到，所以我请大家都去想。"

宋飞表现出她的冷静和智慧，看得出来她并非冲动，而是想了很久，字斟句酌，而能把音乐学得那么好的人，定是极其聪慧之人。

柴静："你想到些什么？"

宋飞："就是每个人现在想到的那样。"

绕完这个小弯，宋飞简直有点俏皮了。

柴静也停止了追问，宋飞已经说得够多、够危险了。

为什么要不自量力地对抗这样一股力量？

宋飞讲了一个故事，说她自己读书的时候，她的班主任谢嘉信老师讲授过一门《走进音乐》的课程。他在黑板上写下三个词：洪水、大学、权力。

他说，洪水是什么？洪水是灾难。大学是什么？大学是学知识的地方、最神圣的地方。权力是什么？权力是可以满足自己欲望的东西。他问学生，如果大学里面没有知识，只有欲望和交易，是不是洪水？是不是人们头脑里面的洪水？我们说，是的。后来我进入了学校，我慢慢看到，洪水来了。

"洪水来了，"宋飞说，"我想去治。"

"你觉得，靠你个人的道德力量能做到吗？"柴静追问。

"我很难做到。"宋飞摆了摆手，哭了。

这件事情有个喜忧参半、有中国特色的结尾：中国音乐学院补录了四名学生，而央视的节目在首播后没有按照惯例再重播；宋飞没有停止自己的教学生涯，继续当她的老师。

当我写这个故事的时候，近八年时间过去了。这事早就过去，少有人记得。在我们这个眼花缭乱的信息世界，即使这事就发生在昨天，应该也不算新闻，在被围观和大骂几天后，就会被某个更猛的八卦盖过去——像郭美美那样接受个采访处理公关危机简直就是自残。最好的公关方式是闭嘴，默默地挨骂，然后每天烧香，期待下一个倒霉蛋过来吸引公众的注意力。

屎干了就不臭了。

微博让我们更好地面对真实的社会，却没有告诉我们该如何应对这种真实。一起又一起社会事件让我们心更凉、更麻木、更坚定地装睡，或者逃离。

我感谢这期节目的所有工作人员，因为他们不仅把镜头对准了一个著名学府的腐败事件，更带我们去见证了一个明知难以回天却依然挺身抗争的弱女子的勇气。

这无关名誉，也无关成败，只有一个醒着的人最宝贵的清醒与勇气。

我要重提宋飞，就是因为她身上不装睡的清醒。一个柔弱无争的女子，可以在单位评级时装睡，在出名走穴时装睡，但是当自己最重要的音乐与教育被沾染，她可以放下声誉与自我宁静，用自己的方式，有理有据地说一声："这不公平。"我们生活中有更多不装睡的人，呼喊者才能够坚定地继续前进，沉睡者醒来才有事情可做，而装睡的人，会慢慢爬起来，这个世界就会慢慢改变。

不知道宋飞现在怎样，我打开过她的微博，上面零零星星地转发了一些小心情和关于音乐的小文章。她依然在教书，身份是中国音乐学院副院长。我们无法从字面上知道好坏，洪水是否已经退去？但我想，她和她的学生，以及更多知道这个故事的人，在面临自己的内心拷问，觉得很难、很害怕时，依然可以坚定地说一句：

我觉得不公平。有更多不装睡的人，那个铁屋子，就一定能打开。

最先他们逮捕共产党员

——马丁·尼默勒

在德国，起初他们追杀共产主义者，我没有说话——因为我不是共产主义者；

接着他们追杀犹太人，我没有说话——因为我不是犹太人；

后来他们追杀工会成员，我没有说话——因为我不是工会成员；

此后他们追杀天主教徒，我没有说话——因为我是新教教徒；

最后他们奔我而来，

却再也没有人站出来为我说话。

5 写给怕走弯路的你

人们来做生涯规划，常常是不愿意走弯路。他们说，如果能告诉我一条直路，不管有多难，我都会一直走到底，但是你要保证这条路是最直的。

生涯规划师的确能帮助人们躲避风险，少走弯路。但是人生真的有直路吗？或者说，一条直线的人生，真的幸福吗？看完下面这个经典的三枚与八枚的故事，也许你会更加明白这个问题。

乔丹，篮球之神。

我甚至不愿浪费文字表达他有多牛，说乔丹伟大就像说大海很大长城特长一样毫无意义。我只能告诉你，一直到今天，NBA官网上对乔丹的介绍还是：

By acclamation, Michael Jordan is the greatest basketball player of all time.

一片欢呼声中，乔丹成为历史上最伟大的篮球运动员。

一向谨慎的美国人没有用one of（……之一）。一向较真的美国人，也没有人异议。

虽然已经退役十多年，一谈到乔丹的伟大，他的粉丝依然会异口同声，他们会告诉你很多关于乔丹的花边话题：他为什么要吐舌头，他为什么要从23号转为45号，他如何奇迹般地努力一年长了10厘米进入篮球队，他六枚冠军戒指背后的故事……

但如果谈到乔丹生涯中的一个经典争议，人群立马就分成了两派：三个派和八个派，你可以简称为"三八之争"。

众所周知，乔丹在1993年10月宣布退役，称对打篮球失去了热情。1994年，他签约了芝加哥白袜队旗下小联盟球队伯明翰男爵（Birmingham Barons）。在两年很一般的棒球生涯后，1995年他以一句I'm back（我回来了）重回赛场，陆续拿走三枚冠军戒指。

争论的焦点是：如果乔丹不退役去打两年棒球，他会不会继续一路拿冠军戒指？

八个派的证据很有力：乔丹有两年不打篮球，离开了65场比赛，归来第一场首发步行者队的比赛中就得了19分，11天以后更是单场个人独得55分。这证明，乔丹的能力根本没有退化，却浪费了两年时间。八个派粉丝很遗憾，这样一来，乔丹本该拿八枚戒指才对！

而另外一派粉丝则说，如果乔丹没有去试试看打棒球，他就会丧失内心的热情，也许一辈子都无法再燃起对篮球的热爱，他就只能拿到三枚冠军戒指了。所以那是乔丹的最好选择。

你认为呢？是三枚还是八枚？

你是不是也曾需要做这样的决策？到底是追随高度，还是追随热情？继续下去可能会心力交瘁，但是追寻激情也许会后悔莫及。

你的选择是什么？

1992年参加完奥运会，独得三枚冠军戒指的乔丹开始觉得篮球生涯变得平淡。"没有什么可以挑战的了"，他在后来的传记里面写到。乔丹对篮球的热情开始减退。

1993年8月，乔丹的父亲詹姆斯开车前往一个朋友的葬礼。回来的路上，这位黑人老先生把车停在一个小镇上休息。两个年轻的歹徒盯上这辆车，抢劫并枪杀了他。

噩耗传来，乔丹陷入毁灭性的打击。他在球场上顶着篮球之神的光环，在现实中却是个不堪一击的凡人。自己最重要的人，他却无法守护，无力回天。

乔丹和父亲的关系是很独特的那种，他们既像父子，又像兄弟，他们会一起打高尔夫、聊天泡吧，甚至偶尔一起小赌一把。在父亲去世前一年，他们曾经讨论过关于打棒球的事情，他父亲对他说："Stop playing basketball. Why don't you give your baseball a shot？"（别再打篮球了，为什么不试试看给棒球一个机会呢？）那正是他父亲教他的第一项运动。

乔丹后来在一次访谈中说道：

"When I was six years old, I played baseball. And he thought that I could play baseball, and do it with the same conviction and attitude that I played basketball." （六岁我就开始打棒球。他认为我可以打棒球，而且用跟打篮球时同样的坚定和态度来打。）

父亲的离开推动了乔丹做些什么的决定，他的选择是在一片哗然中退役。半年后，他开始了棒球手的职业生涯。

一个伟大的英雄必然要经过磨难与流放，这也正是乔丹传奇的开始。一场"三八之争"也拉开帷幕。

乔丹没辜负父亲的期望，他把篮球里的认真和努力加倍带到了棒球场：他是棒球场上最努力的人。

"他是每天第一个到达运动场，又最后一个离开的人。"他的教练说。乔丹会每天早上六点到达运动场，自己练习，在队友来之前做一些训练。然后在练习击球前向后引34盎司（约0.96公斤）重的球棒300至400次。在一天结束以后，乔丹还会对他的击球教练说："我们可以再练一会儿吗？我觉得我已经有点上手了。"

这样努力的乔丹，是不是如某些大师所说，人生无极限，努力就一定能成功？

很可惜，真的不是。1994年4月8日，乔丹首次参加职业棒球比赛。但一个赛季下来，他在参加的127场比赛中击打成功率仅有20.2%；30次盗垒，114次被三振出局；在436次击球中只打出三个本垒打、50个有效击球。他的成绩徘徊在棒球上传说中的挫败底线"门多托线"附近。

人们对此恶评如潮，运动周刊用他来做封面："乔丹让棒球难堪了。"另外一部分人则说："至少他在尝试。"

对于这种声音，乔丹，那个曾经为了胜利不顾一切的乔丹，他自己怎么看？

教练有点担心乔丹，问："你的感觉如何？"

乔丹说："我每天早上起床，给自己做份早餐，然后开上车，去球场开始春训。当时路上一个人都没有，我看看旁边的位置，我看到父亲。我会对他说话，说，爸爸，我们可是在一起打棒球哦。"

乔丹在内心深深地享受这份宁静，他的棒球生涯是献给父亲的，并不精彩，但温暖。在父亲离开后的几年，他重新触到自己在篮球场上无法触及的生命的温度。乔丹的生涯走出一条巨大的曲线，父亲的离开让他直面生命的其他维度，他决定遵循自己的内心，为自己和父亲打两年球。谁又能说，那两年的乔丹，那个在篮球场上宛若上帝本人亲临，却在棒球场四处嘘声中灰头土脸的乔丹，他的手指上，没有戴着自己心中的冠军戒指？

生涯无直线，当你看到一个人在高度、深度上都没有什么发展时，也许他不是堕落，只是在填补自己的内在维度，找回自己的平衡。

很多人不懂得这个道理，他们认为如果一个人既没有提升，又没有变得更加专业，那就一定是在无所事事、不务正业。他们无法理解为什么有人要放着好好的工作不干出门旅游一个月，他们无法理解为什么好好的日子不过要折腾些幺蛾子。其实也许那个人正在你看不到的维度努力挑战着自己的极限，修炼着自己的功课。企业管理者也是一样，规则和结果带来绩效和专业，而文化和包容则带来温度和宽度，所有伟大的企业，在有自己的高度和深度的同时，都一定有一个匹配的温度和宽度系统。

回到乔丹身上，在积累了越来越多的内心温度的同时，乔丹也在发现自己的限制——他的确无法把篮球场上的优秀带入棒球场中。

乔丹的身体素质曾经让运动学家大为惊奇，他身体肌肉中的脂肪比例只有3%，而通常运动员的脂肪比例占5%就被认为优秀；乔丹的百米短跑速度是10.7秒，跳远成绩为7米以上。正是这样一副几乎接近鸟类脂肪含量的躯体，让他可以比对手有更长的滞空时间，可以做更加灵活的动作，以及经常从罚球线起跳扣篮的飞翔，难怪被人称为Air Jordan（飞人乔丹翻译不给力，应该叫"空气乔丹"）。

但这也正是乔丹在棒球场上遇到的麻烦——与篮球不同，棒球是一项讲究速度、力量和判断的运动——投手投出的球最快时速达160公里，而这个球会在0.35秒内（大概相当于你的两次心跳之间的时间）飞到垒球板上方，考虑到0.1秒的判断时间，打击者只有0.25秒的时间把球棒加速到线速度150公里——这需要速度、直觉以及来自与腿部的瞬间爆发力。所以棒球运动员普遍的脂肪含量是20%左右，他们比篮球队员更矮胖结实，这让他们力量充足，有一定的抗击打能力。乔丹的细长腿、灵活的身体显得太单薄了。

如果说仅仅是身体原因，也许还可以通过2~3年的训练调整，但更加限制乔丹成为伟大的棒球选手的还有另外一个原因，那就是判断力。前面说过，一个快球留给击球手的判断时间只有0.1秒，这也就意味着击球手必须在毫秒之间做出判断。考虑到视觉从视网膜到视觉中枢需要几十毫秒，事实上击球手从看到球到判断只有5毫秒的时间——这已经超出了大脑的极限，因为即使在最好的状态下，大脑也需要大概20毫秒的时间产生反应。那么那些伟大的击球手是如何击中球的呢？

很简单，他们的判断在投手扭动腰肢、球离开投手指尖之前就已经产生了。他们脑子里储存了千万个击球的片段，这些片段关注投手的肩膀、手肘、手腕和指关节是否弯曲，这些细节对应了球的位置和类型。他们经过上万次的练习，对应如此娴熟，以至于他们都没有察觉到自己的意识，就做出了挥棒的决定。这也就是前面提到的高手的直觉。一项对棒球击打高手的调查显示，击球手只要观看投球手准备动作一秒，就能够料中球的速度与位置。

而棒球高手的这些资料被存储和练习的时候，乔丹的大脑正在储存对篮球的种种资料和片段。这让他很难比得上他的同龄运动员。你可以通过努力达到90分，但是只有天赋加上常年的努力，才能跻身绝顶高手之列。

乔丹几乎集中了所有人觉得可以成功的理由：为父亲出征的意志，对胜利的渴望，无人怀疑的强大自制力，比别人都努力的投入，以及优秀的运动员天赋。但是这样也无法让他超越限制，成为棒球好手。一个人一辈子，也许只能在一个领域成为绝顶高手。

乔丹的收获是什么？

我想乔丹的收获有三。第一个是父亲的心结已了，他可以安心地打篮球了。第二是他在棒球场上重新深刻地认识了自己的篮球天赋。第三，他了解了失败，更加珍惜成功。

公牛队的教练杰克逊说："我想打棒球的经验是让他重新回到篮球场上的原因，他理解他被赋予的天分，在（篮球）这项运动中，他如此与众不同。"

你敢说，这难道不是一次伟大的成功？

我想现在的你也如我一样，能够很坚定地回答文章开头的那个问题了：如果乔丹没有回去打两年棒球，那么他也许一辈子只能拿三枚冠军戒指。

人生不一定每一步都要走直路，因为弯路上有我们必做之事。

（资料来源：http://www.unitedathletes.com/english/profiles/mjordan.html *United Athletes*《美国运动员》（2002/9）*Michael Jordan Above the Rim*）

生涯无直线

两点之间，什么最近？

你的答案一定是直线，因为我们从小学习的就是"两点之间直线最近"。

那么试试看用一支铅笔在纸上画一条完美的直线。

你会拿出一支笔、一把尺子，然后把笔轻轻靠在尺子上，手指不松不紧地握住笔杆画，一条完整又秀气的直线就会出现在白纸之上，你呼出一口气——完美的东西，即使是直线，也让人觉得舒服。

但如果你身边有放大镜，你且试着用放大镜看看，这条直线开始变得不堪一击，颜色很不均匀，边缘也很模糊，像是被狗啃过。如果你再看清楚一点，很多地方甚至不是直的。其实不只你我，台湾作家张大春也做过类似的实验，他的形容很高明——"就像是饱濡墨汁的拖把刷过一片凹凸不平的卵石地面所留下的污痕一样"，他这样做是因为他的一个朋友、物理学博士天行者陆客告诉他："但凡所谓两点之间最近的那个距离，其实仅仅出于人类的想象；换言之，自然界从来没有生成过一种纯粹由单列的点构成且不弯曲的线条。直线是人类的发明，而且是不自然的。"

大自然没有直线。

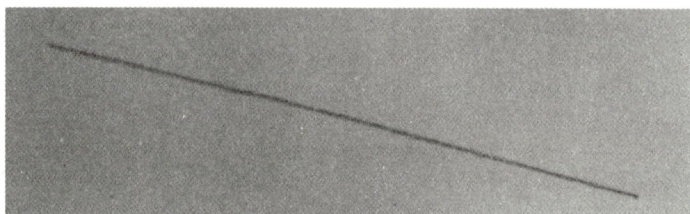

看上去的生涯

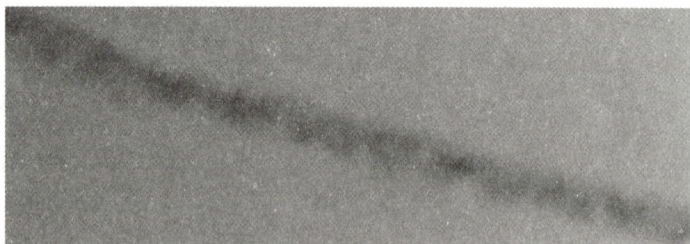

实际的生涯

这很类似我们生命真正的轨迹——在生涯规划里被称为生命线。成功者总会有一段在外人看来一帆风顺的职业生涯，而只有他自己知道，这里面坎坷不断。所以站得远的外人，总会羡慕走在线上的人一帆风顺。只有当事人和同行者知道，那只是看上去很美，而其中坎坷又何足为外人道呢？因为自己没有走过，永远都不会明白。

所以你经常能看到节目访谈有这样一幕：主持人声情并茂地朗读嘉宾的履历，然后问嘉宾关于成功的秘密，而嘉宾脸上则浮现出一种不可言状的暧昧苦笑。是幻觉吗？有一次我甚至看到了一个嘉宾转过身面对镜头做了一个苦脸，意思好像是在告诉电视机这边的我：你看，他们又来了。

我也对电视机一笑，意思是说：你看，老哥，他们不会知道。

我们在瞬间交换了一个秘密，只有那些经历过真实生涯的人才能明白的秘密。

人生无直线，因为直线从不转弯。而转弯和改变，是人生必经之事。

何况，你不走点弯路，怎么知道什么是直线呢？

6 写给不完美的你

随手在身边找一张白纸，不要刻意，随手就好。

随便拿手边的一支笔，不要选择，找到什么是什么。

用手上这支笔在纸上画出一个黑点，位置、大小、形状随意。

这不是心理测试，随便画。

你应该能够得到右边这样一张白纸。

如果这张纸也有生命的话，你刚才就扮演了一回造物主的角色，你创造了一个独特的"纸张"生命。纸张白处正是我们生命的可能性，纸张黑处正如我们生命的缺陷，而纸张本身则是我们的人生——不管是缺陷还是可能性，都只能在此生记录。

这张你随手扯来的纸，到底有多大？

是否匆匆地一扯，让纸张有所残缺？上面原本有没有写字呢？也许有，也许没有。正如我们的生命，有人生来带着天赋，有的则生来有自己的缺陷；有人生来锦衣玉食，是铜版纸投胎。有人则生来命运多舛，也许是草纸命；还有人生来是宣纸的心性，却偏偏是个砂纸的命。

这个黑点你随心点上去，用的是什么笔？

有人用的是铅笔，这种缺陷只需要橡皮就能抹去——比如工作的一次失误，比如恋人间的一次争吵，比如以前养成的一个坏习惯、一些错误信念。

有人用的是钢笔，这种缺陷则相对难以擦拭。如果你真的要擦，就得用硬橡皮让纸张脱一层皮——比如说童年或家庭留下的创伤，比如说社会环境造成的不公。

还有人用的是签字笔，除非把纸张擦透，否则你绝无可能擦去它——比如说天生的残缺与缺陷，比如说基因中的抑郁因子，比如说家族中的遗传疾病。使劲地擦，纸张甚至会被擦坏。

好的，不管结果如何，现在的你创造了这样一张独一无二的白纸，就像你也拥有了自己这样一个随机的独一无二的不完美生命。如果你将要用接下来一小时的时间，只能在这张纸上工作，你会如何处理这个缺陷？

面对生命：消除缺陷，还是创造可能？

面对这个问题，总的来说有两种策略：一种策略认为不管怎样，一定先要把黑点消除，才能安心做白色，否则黑点会越来越大，总有一天会毁掉你的生活；而另一种策略认为，我们应该在白纸上面下功夫——毕竟那才是人生的大部分，而我们要做的是不断把白纸份额做大做好，只要白纸带来的价值比黑点大，总体来说人生就很好。

长久以来，我们无疑常用第一种策略：中国的学生从小在教育中就能习得这一切，我们用总分来计算高考成绩，这意味着大家统计的是纸张的"平均灰度"，胜出的人的策略是"零黑点"。在这样的制度之下，中国学生的策略是把每一个缺点都好好地打磨掉。

我认识一个极有天赋的艺术考生，她的高三日程是这样的：白天上课从早八点到晚六点，然后补她最痛苦的数学和生物到七点，否则不足以通过统考；然后是完成学校的考卷，补差的工作才算做完；在睡觉之前，她还需要画两张速写画。她每天花近14小时，用吃奶的劲才能把自己的"黑点"抹掉一点点，用剩下来的两小时稀里糊涂地对付一下自己的白色部分，然后疲倦地睡去。

所以这样一群人来到职场，他们会自然而然地更关注自己的劣势。他们知道自己哪儿比别人差，却不太知道自己哪些方面能位居团队第一，这让他们在业余时用来补劣势的时间远比用在发挥优势上的要多。你知道自己英语没有别人好、演讲没有别人好、执行力没有别人好，从而花大量精力去学习和弥补，却在自己极其有天赋的中文表达、PPT制作和策划方面草草带过。我认识的一位人力资源总监，因为性格内向不善公众表达，花了很长的时间学习和模仿那些台前侃侃而谈、随机应变的人，却总是差距很大（别人也在进步啊）。可惜的是他从来没有关注自己作为内向者的优势——他是一个能花三小时把PPT做到尽善尽美、图文并茂、每一个数据都清晰明白的人，而这往往不是一个随机应变者能下的笨功夫。转变思路以后，他成了公司里最能展示的几个人之一。

在个人成长方面，我们努力在自己身上找"问题"，发现"阴影"，自我治疗，把自己看成带着社会异化、童年阴影的"病人"，花费巨大的时间和精力与自己的伤疤做斗争。

有病就治，有错就改，这似乎成为一个理所当然的思路。

随着社会的变化与科学的发展，时代对这个想法有了新的观点。我们尝试从医学、心理和职业生涯三个方面，谈谈对这个问题的新思考。

医学：治愈还是快乐生活？

我们从医学的思考开始谈起。

早期的疾病以急性病为主，一旦不注意，马上致命。以14世纪席卷欧洲的黑死病为例，这场起源于亚洲西南部的疾病在不到100年的时间席卷整个欧洲亚洲，估计有7500万人死于这场疾病，仅当时的欧洲就有30%的人死于黑死病。而在整个20世纪100年间，死于天花的总人数有3~5亿，超过了一战（1000万）与二战（7000万）的总和。

如果你是个明朝人，偶感风寒，身体微恙，也许就是一场致命疾病的开始。所以，在以前的医学中，控制病情是主要的目的，杀死疾病是重要手段。

但是随着医学发展，大部分的急性病在现代已经可以预防和治疗了。慢性病成为当前的治疗主体。2000年，中国慢性病死亡人数近600万，占到了总体死亡人数的80%，是急性病的13.8倍。心脑血管、呼吸系统疾病和肿瘤排名前三。（注：资料来源于中国卫生部2006年5月《中国慢性病报告》）

以现在的科学水平，中老年人最常见的慢性疾病——糖尿病、原发性高血压和冠心病都无法完全治愈。相比非要把这些疾病杀掉的努力，与它们共存更加明智——如果血糖、血压能控制得好，再加以适度的锻炼，糖尿病人、高血压病人的生活可以完全与正常人一样。

和常见的中老年慢性病相同，大部分慢性病只能控制，无法治愈，一旦要杀灭，往往对人体本身的损害更大。

拿癌症来说，按照基因学说，我们每人身上都有携带有"原癌基因"和"抑癌基因"，当两者失衡就会发生基因突变，产生癌细胞。这时免疫系统会产生大量具有癌细胞清理能力的细胞（比如T淋巴细胞群）杀灭癌细胞，让身体重新恢复平衡。所以理论上每一个人的身体都有潜在的癌细胞。癌症症状则是这种平衡被打破，癌细胞大量繁殖的结果。

即使是查出癌症的患者，如果能得到很好的控制，也能以相当好的生活质量活20余年。

化疗、放疗和手术是癌症治疗的三种常用方式。化疗以化学毒物杀灭正在激活中的癌细胞，同时也会杀灭身体中大量正常的免疫细胞。化疗也无法杀灭休眠中的癌细胞和正常细胞，这也是为什么化疗后，往往会发生各种转移——如加压的地壳和爆发的火山口的关系，这个地方的增殖被扑灭，另一个地方的癌细胞又被激活起来。

过去那种不惜一切代价杀死疾病的激进医疗手段往往会带来杀敌一万、自损八千的反效果。过去医生的诊疗手段都围绕疾病进行，为了根除疾病甚至不择手段，就会对患者的正常生活产生破坏——对疾病来说是杀灭了，但是对病人来说，却带来比疾病本身更大的痛苦。医学界开始思考：这是否违背了医学的基本原则：

To cure sometime, to relieve often, to comfort always.（有时候去治疗，常常去舒缓，持续让人愉悦。）

医学研究的对象应该是如何让人更幸福，而不仅仅是杀死疾病。现代医学的观点从杀死疾病，转为如何与疾病和平相处、提升生活质量。

有一个有趣的实验可说明这点：如果有一天，医生自己变成病人，他们会为自己选择什么样的治疗方案？杜克及密歇根大学的Brian J. Zikmund-Fisher做了这样一个实验：假设你患了直肠癌或者禽流感，而每一种情况都有两个治疗方案：

A治愈率高，但是副作用大；

B治愈率低，但是副作用小。

医生分别需要填写，如果自己是医生或病人，会选择哪种治疗方案。

在直肠癌的情景实验中，242名受试医生中有37.8%的人为自己选择了死亡率高但副作用小的B方案，而当他们为患者选择的时候，只有24.5%的医生推荐此方案；在禽流感的情景实验中，698名受试者中，62.9%的医生为自己选择死亡率高但副作用小的B方案，而为患者推荐此方案的医生比例仅有48.5%。

作为病人的医生自己也选择了生活质量高，但是死亡率高的医疗方案。也许作为医生的角色，他们需要以杀灭疾病作为"绩效"，但他们自己懂得生活质量比杀灭疾病更重要。

原上海第二医科大学校长王一飞教授的一句话很好地诠释了新时代医学的核心理

念："生命是一种死亡率100%的性传播疾病。"既然死亡是所有生命尽头共同的归宿，那么费尽心机地治愈疾病也不过是将这必然到来的终点延后几年而已。更好地控制慢性病，同时努力提高自己的生活质量，与疾病和谐相处才是真正明智之道。（文章参考：萧汲《与慢性病和谐相处的艺术》）

心理学：什么是可以改变的？

与医学相同，从20世纪60年代末，心理学开始反思自己的使命与定位——从建立这个学科开始，心理学有三大使命：疗愈精神疾病，帮助人们幸福以及发现和培养天才。二战后，人们却发现心理学大部分精力在疗愈精神痛苦中，慢慢遗忘了关于幸福生活与发现天才的两项使命。美国心理学家大会主席塞里格曼在他的《真实的幸福》一书里面谈到，2000年前的心理学文献中，关于抑郁、焦虑等的文献占到了95%，而关于幸福、愉悦的只有不超过5%，心理学在慢慢成为一门"受害心理学"。这个反思直接带来对另外两个使命的研究、思考和应用——帮助人们幸福的使命导致了积极心理学的诞生，最近很火的《哈佛幸福课》是其应用成果之一；而发现和培养天才这个使命则直接推动了对脑科学、性格分类、学习法的更深的研究，大家熟悉的《现在，发现你的优势》《一万小时天才理论》都是其应用。

近年来对基因的研究，更加说明了这一点——很多心理或生理指标来自基因，个人的后天努力可以使它在某一个范围内波动，却并不会改变太多。比如人的智商，基因决定你是80~120的普通人，还是110~160的天才段位，而你的个人努力决定了你是靠80还是靠120那一端。

如果你认为智商不够高是一种缺陷，你也许终生都无法治愈这个缺陷。

再以我们关心的肥胖为例。以往我们对肥胖的解释观点主要有四个：

胖人吃得更多；

2002   2008

基因决定了段位
而后天开发决定
了最后数值

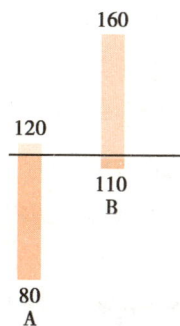

120

160

110
B

80
A

胖人有肥胖人格，他们更加无法抵抗食物的诱惑；

胖人缺乏运动；

胖人意志力薄弱。

所有的减肥方法，都从上述方法着手，尝试让人们吃得更少，调整他们对食物的抵抗力，增加他们的运动量以及增强他们的意志力。但心理学最新的研究成果与这些假设背道而驰：

胖人每天摄入的热量并不比瘦人高（你身边应该有很多很瘦的吃货，也有喝水都肥的苦命胖子）；

胖子并不比瘦子更容易受到食物的诱惑；

胖人运动的确比瘦子少，并不是因果关系——而是因为他们比较胖，所以运动更少；

胖子在意志力测试方面的数据并不比瘦子差。

那到底是什么决定人偏胖还是偏瘦？更多的是基因问题。有些人的老祖宗是饥荒时代的人，那时候的人一有机会就尽可能地储存脂肪，所以偏胖。有些人的基因则相反，来自比较丰衣足食的平稳年代，这个时候体形保持中等比较有竞争力。当然以上说的胖和瘦都是相对健康的偏胖或偏瘦、BMI值在28以内的那种——你要是超过28，就肯定是一种不健康的状态，这时候减肥是一种保健手段而不是审美要求了。

看一个全世界瞩目的减肥案例：美国著名的脱口秀主持人奥普拉（Oprah）决定减肥。作为美国媒体帝国顶端的励志女王，其毅力无可置疑，其影响力如日中天——如果你能让奥普拉减肥成功，你的减肥产品还愁卖吗？你可以想象每一家减肥机构都会倾尽全力用自己最顶尖的方法免费供奥普拉挑选。这是一场全世界最顶尖的减肥方法竞赛。

最后奥普拉采用了低卡路里减肥，168、145、135、120、108斤，在短短的几个月内，她真的慢慢瘦了下来，这种方法也变得火爆起来。但是不到一年时间，公众又亲眼看着电视中的奥普拉慢慢地反弹回来，重新回到标准的168斤。只要恢复了正常的生活，奥普拉就又回到了自己的偏胖的基因体重中去。这场减肥秀以失败告终。

奥普拉并不是个例，科学实验的数据结果也类似——500个超出标准体重50%的胖子使用此种方法减肥，有一半人坚持到了最后，超重的部分平均减少42%。但是三个月以后，一旦恢复正常的饮食结构，这些人的超重部分又反弹到80%左右。最好的结果是有13%的参与者在三年后依然保持身材。时间越长，减肥的效果会慢慢减弱，你的体重又会回到稳定状态。

减肥药的效果也类似，迈克尔·温特劳布（Michael Weintraub）是一位专门研究减肥的学者，在他关于减肥药的研究中，121名体重高于180斤的人参加了实验，研究持续四年之久。这些使用减肥药、配以行为治疗和运动的人平均减去了28斤体重，同时也带来一些副作用，而且一旦停止服药，体重又很快反弹了。

科学家还发现，体重波动对身体的损害比肥胖更大。简单来说，胡乱减肥比肥更具危害性。

我们祖先生活在荒年还是丰年决定了我们身体存储能量的方式，也让每个人都有自己的基因体重，让自己远离这个基因体重就好像用手按着浮动的木头，一旦你停止按着，就会回到水面。

对于减肥，人们也有了很多反思，尤其在喜欢瘦子的社会风气下，人们每年夏天就开始和自己达不到"标准体重"的身体过不去。现在他们有了另一种选择：可以花大量的精力让自己变瘦一些，也可以花同样的精力提高自己的生活质量。

① 持续地锻炼，调整健康的饮食结构。但不以自己变轻，而是以让自己更健康和舒适为目标。

② 学会一些"胖人"的美丽穿法，得体的配色、恰当的搭配能让你显得更加好看。

③ 学会对自己的偏胖释然，然后把精力投入那些让自己快乐的地方去！

（在《认识自己，接纳自己》中，塞利格曼列了哪些是能改变的、哪些是不能改变的表格。）

如果你接受我们每个人都患有一种"通过性传播，死亡率100%的绝症"，那么医学和心理学的工作，就不应该是医治这些绝症，让他们不再复发，而是让我们在拥有疾病的时候，能够过上更加幸福快乐的日子。

所以今天，一个来询者走入咨询室，对咨询师说："我抑郁，我失恋，而且还和老板大吵一架丢掉了工作。"咨询师会问他："那是什么力量让你起床，来到我的咨询室？而两个小时以后，你最期待什么事情发生？"

职业生涯：短板原理还是长板原理？

在职业生涯中，关注优势比劣势更加重要。

以前有一个著名的木桶理论——一个木桶能装多少水，取决于最短的一块板。在工业化时代，这个理论的确非常有效。但是在全球互联的时代，这个理论实际早已破产。

今天的公司实在没有必要精通一切，如果财务不够专业，可以聘用比自己更有优势

工业时代职业发展
短板原理

信息化时代职业发展
长板原理

的会计事务所；如果在人力资源上欠缺，可以聘用猎头或者人力资源咨询机构；市场、公关如果是短板，有大量的优秀广告和宣传公司为你量身定做；同样的还有法律服务、战略咨询、员工心理服务……**现代的公司只需要有一块足够长的长板以及一个有"完整的桶"的意识的管理者，就可以通过合作的方式补齐自己的短板。**

所以今天的企业发展从短板原理，变成长板原理——当你把桶倾斜，你会发现能装多少水决定于你的长板（核心竞争力），而当你有了一块长板，就可以围绕这块长板展开布局，为你赚到利润。如果你同时拥有系统化的思考，你就可以用合作或购买的方式，补足你其他的短板。

百事可乐在中国的战略就是这样：他们把制作、渠道、发货、物流全部外包，只保留市场部寥寥几个人运营百事可乐的品牌，仅仅做好品牌这个长板就好。你今天喝到的青岛啤酒，都来自你附近方圆100公里的啤酒厂，瓶子和盖子来自另外一家专门做瓶盖的厂家，而青岛啤酒做的仅仅是拿出自己的配方，贴上自己的标签。Google在2014年年初宣布以29.1亿美金把摩托罗拉出售给联想，出售一周，Google股价上涨了8%，理由也基于长板理论。CEO佩奇解释说："这笔交易，谷歌将精力投入整个安卓生态系统的创新中，从而使全球智能手机用户受惠。"翻译成长板理论的话就是：Google就是做系统的，我们与其买个手机公司回来补短板（硬件），不如专注于我们擅长的长板（系统）。

伟大的公司也没必要每块板都强，而是把一块板做到极致——淘宝做好了交易平台；小米做好了粉丝互动；新东方做好了精神建设；腾讯则抓住了几乎八成的中国网民。

专业的细分让我们无法补齐所有的短板，互联网让企业内外信息流通的速度加快，让合作的成本变得越来越低。这个时候，当一项工作做不好，你找到合作者的机会就会越来越小。**与其非得花精力治愈自己的某些"顽疾"，不如花同样的时间和精力，把自己的优势发挥出来。**现代很多经理人的工作方式，就是自己+助理+外脑+导师的工作方式。

所以在职业生涯发展中，最好的能力策略是**"一专多能零缺陷"**。"一专"指让自己有一项非常非常强的专长；"多能"指有可能多储备几项能力搭配着使用。通过自身努力和对外合作，让自己的弱势变得及格即可；而最需要避免的情况是"性情大于才情"——你有些小优势，但是由于与你合作的成本太高，没有人愿意和你合作。这与应对疾病的策略一样，先让自己别得快速致死的"急性病"（比如工作态度、诚信、合作能力等基本的综合能力），然后和自己的"慢性病"（比如某些方面的天赋与技能不足）和平共处，专注发挥自己的优势去。

历史上不乏这样的例子：丘吉尔、罗斯福与林肯，都是著名的终生抑郁症患者。林肯的抑郁症甚至严重到在婚礼上临时发作，落跑，而无法正常结婚。但抑郁症发病的间隙，也足够让林肯发起南北战争、让丘吉尔与罗斯福打赢二战。乔布斯是个扭曲现实、有怪癖、不近人情、挑剔苛刻的家伙；周星驰是个出了名的坏脾气和反复无常的人；马云则以"出尔反尔"著称。对于企业，他们意识到自己的问题，知道自己有长板，短板也需要其他人弥补，但他们始终关注自己的优势——这让我们看到了伟大的林肯、坚强的罗斯福、永不妥协的丘吉尔、追求完美的乔布斯、搞笑的周星驰和帮助了千万个生意人的马云。把出色的一面发挥出来，就已经足够。

令我印象最深刻的长板选手是物理学家霍金。霍金1942年出生在英国剑桥，在21岁最自由的年龄患上肌肉萎缩症，一辈子被禁锢在轮椅上。43岁动的穿气管手术让他从此完全失去说话的能力。他全身只有三根手指能动，通过敲击按键，合成人工语音来演讲、写作，一个一个字母地敲出了《时间简史》。他被认为是在世最伟大的科学家之一。普通人也许难以理解他的地位在物理学中的高度。但是从生涯来看，霍金拥有的仅仅是一个天才的大脑和三根手指，其他每一个部分都比你我差太多太多。不过聚焦于这样的资源，也能撑起来一个伟大的生命。

我的好朋友李春雨有点拖延症，总是在最后一刻才交活。但是让人惊喜的是，每次结果都很不错！有一次我们请汪冰老师来做分享，春雨说："你用积极心理学的方法跟我说说，这个怎么办？"

汪冰说："你看，你总是在接到任务时迟迟

你为什么选择
从事喜剧行业？

人们总是嘲笑我，所以我想："去他妈的，干脆收他们点钱！"

不开始行动，但是最后结果又总不错。是不是你在一开始的时候，潜意识就开始酝酿，只是在最后一刻，才突然孵化出来？你这个大脑或许不是拖延症的居住地，而是一个孵化器。"

春雨一拍他那个烫得已经很像鸡窝（鸡蛋孵化器）的大脑袋说："哈哈，我喜欢这个想法！"

从这以后，他还真的孵化出不少好点子。

> 在微信公众号"新精英做自己"里输入"测评"，测测你的能力优势是什么。同时推送给你史上最全的网络职业测评大全，总有一款适合你。

写给不完美的你

所以，亲爱的，不完美的你，生命被点上黑点、努力擦拭的你，在你的生命中，有没有不可抹掉的黑点？不如意的出生，缺失的机会和教育，不公平的社会环境……但是是什么让你今天依然活得坚挺？是什么让你今天愿意试看一本叫《你的生命有什么可能》的书？是什么让你今天还有继续生活的勇气？在你的生命里，一定还有些部分在发光，一定还有something works（一些东西在发挥作用）。专注于生命可能的部分，让那部分发挥价值，此生就已足够。

正如那句著名的祈祷词一样：让我有胸怀去接纳不可改变的，有勇气去改变可以改变的，并有智慧区分两者。

修正自己是一种勇气，接纳自己的不完美也许更是，而接纳自己后掉头去追寻自己想要改变的，则是一种智慧的人生态度。

加缪说：重要的不是治愈，而是带着伤痛前行。

持续聚焦于做正确的事情，就没有机会做不正确的事情。持续做幸福的事情，控制好不幸福的事，幸福就会生长起来。生命的花园里种满了鲜花，就没有机会长草。专注于生命可能之事，让生命如夏花般怒放。

关于黑点的心理趣谈

精神分析：黑点来自童年的阴影。我们来分析一下，黑点和你的童年有什么关系，这背后隐藏着什么冲动。

行为认知：你仔细看看，黑点是不是没有你想象得那么黑、那么大？白纸是不是也有很多？

存在主义：黑点就在这里，你要么改变，要么适应，或者也可以干脆别看。但是你选或者不选，黑点就在这里，而且一定有其存在的意义。

人本主义：我相信每张白纸都有自己洗去黑点的方式，我会一直陪伴你找到自己的方法。

后现代：什么黑点，我怎么觉得像颗美人痣？黑点出现在这里，你觉得代表什么特殊的意义？

积极心理学：黑点不是重点，还有很多地方有空白。别花时间搞黑点啦，关键是把白纸的价值用出来！

7 写给爱自由的你

"下面拍卖的是：自由——"

"一百万！""三百万！！""五百万！！"

"一千万！！！"

"成交！"

每一次职业生涯管理的课，都有一个叫"价值观游戏"的环节，人们拿着一叠象征自己将付出的"千万大钞"，在一场人生拍卖会中"竞购"自己想要的人生价值。这是一个极好的人生模拟场——真实的人生并不像在午夜台灯下安安静静的价值观思考，而是一场你想要、别人也想要的竞争游戏。每一次竞价最高的几样东西之中，一定有这一项：自由。

"为什么要自由？"我总问。

"因为有了自由，就什么都有了。"有些人这么说。还有人说："我有了一切，还不是为了自由吗？"

每当这个时候，我就有些悲伤。我们对自由渴望之切，同时又对自由误解之深，这真让人心痛。

"没有什么能够阻挡，我对自由的向往。"我就是一个以自由为生的人。当我面对一个明明在扯淡还出于对其智商的尊重不能戳穿的谈话对象、一个把所有学术精神都用于记考勤而不是讲课的大学老师、一对孜孜不倦油盐不进立志要改变生活的父母、一条在美国大使馆前漫长肃穆的签证队伍时，我总有一种像《勇敢的心》里面的华莱士一样跳将起来振臂高呼的冲动。

Freedom！（自由！）

我们渴望财富自由，仿佛这样我们就可以自由地购买任何东西。

我们渴望工作自由，这样我们就可以自由自在地做自己想做的事情、拿自己想拿的数目的工资。

我们渴望自由自在的生活，其他乱七八糟的人不要管我！

我们渴望自由自在地环游世界，这样就可以自由自在地认识各种不同的人。

但这真的就是自由吗？如果这就是自由，我们真的能拥有这种自由吗？

仔细思考上面这些"自由"的概念，你会发现很多问题。比如说那份"自由自在地做自己想做的事情"的工作。如果一份工作只是做你想做的，那么谁来给你工资？所谓工作，是你做了一件"别人想要结果"的事情，所以才会有人为你的工作付钱。所以应该没有人会为了"自由自在地做自己想做的事情"的工作付你钱，这自然不算是一份工作。

又比如那个自由自在的、想待多久就待多久、想去哪里就去哪里的旅游，如果这个想法成真，在自由的你背后，又是谁在负责"任劳任怨"地送你"想去哪里就去哪里"，还免费和义务地提供住宿，让你"想待多久就待多久"？

发现了吗？在这个世界里，你的每一个行为都会与其他人发生作用。**当你拥有无拘无束的"自由"的时候，对他人来说，你则拥有了一个毫无约束地伤害他人的特权——**这种人没有人愿意和你玩。

如果社会的每一个人都以这样的自由为追求——想象一条每辆车都可以想开就开、想停就停、随意并道的公路——这样的社会不仅没有真的自由，还会变得更加不自由。

你的自由以他人为界

到底什么样的自由才是有可能的？

想象这样一个场景：一条河流把两个原始村落隔开，两岸的人没有渡河工具。假如你是其中一个村民，你拥有村子那么大的自由。**在自己的村子里，你爱干什么就干什么。**

有一天，两岸的人都发明了船，你们可以驾船来往于两岸。对岸边的双方来说，自由扩大了。随着船只越来越多，河道拥挤起来，双方都希望争取更多的自由，不想失去过河的自由。于是规则被制定出来：如果两船会面，应该让离出发点远的船先过；上了岸以后，应该停在指定的码头……

你的自由总体扩大，但是纯度降低。在对岸你不能像在自己家里一样为所欲为。为了限制这扩大的自由不至于侵害别人，你必须遵守很多的规则——你要去对岸，就有遵守这些规则的责任。**当涉及别人，自由和责任同时出现了。**

再过100年，两岸架起了桥，这个时候对岸对你来说全然自由，但为了保持两边的平等，保持桥的畅通，需要遵守的规则也一定会越多。

这些规则有些成为法律，有些成为道德，有些成为习俗和规定，构成了今天的社会规章制度。哈耶克在《自由宪章》里强调了法律对自由的重要性："法律的目的不是取消或限制自由，而是维护和扩大自由。"

从孤立的村落到四通八达的桥梁，发生在村落里面的故事也发生在我们的真实生活里。在自己的领域，我们有绝对的自由，但是一旦牵涉与社会互动的部分，每一种自由都一定要遵守背后的责任。

那种我们认为的"想干什么就干什么"的绝对自由，只能在自己的内部领域。一旦你的自由扩大到外界，与其他人产生联系，为了不干扰别人的自由，你的自由就有了边界——不能影响到其他人。

你可以自由地开车上路，想去哪里去哪里，这样你就绝对自由了吗？你必须承担油费、过路费，必须拿到驾照，交通肇事必须赔偿，按照那些早就设定好的道路来开，否则你哪里都去不了。当然你也有把你自己的车往沟里开的自由，但同时，重力加速度会让你吃不了兜着走。

所以，你的自由以他人为界，你挥舞的拳头以我的鼻子为界。孔夫子在人生最高的境界"从心所欲"后面，加上了一个"不逾矩"。因为如果仅仅是从心所欲，那么一岁小孩都会，而从心所欲不逾矩，才是真正的自由。

你当然可以随心选择自己想做的事情，但是你没有权力逼着世界认同这件事。很多刚毕业的学生抱怨："我们公司的管理太死板，不鼓励个性自由发展。"事实上，在自己的生活中，你完全有张扬个性的自由，但一旦带入工作，公司也有对此进行鼓励或者惩罚的自由；你当然有选择企业的自由，而企业也有选择你的自由，但是你们的自由都以对方为界。

文艺青年们抱怨："这个时代怎么了？为什么没有人尊重艺术？"事实上，你在家里无论搞什么艺术，都有自己的自由。但要求他人尊重，却完全是别人的自由。你搞得好，大家自由膜拜；你搞得不好，大家也自由散去。凡·高同时代的人，确有不喜欢凡·高的自由。

　　那么，有钱就能有一切的自由吗？首先，有钱的确能让你提高自由度，但是赚钱本身就是件需要满足他人需求的不太自由的事，你该看到花钱的自由背后不自由的代价。即使天生有钱的富二代，也有要满足他们父母亲的需求的责任———一旦过了18岁，他们的父母亲也有给不给钱的自由。其次，世上有钱买不到的东西实在太多，友情、爱情、才华、格局、智慧……在所有钱无法购买的领域，你都没有自由。

　　你的自由以他人为界，而你所期待的随心所欲的自由，并不存在。

自由：Liberty 还是 Freedom?

　　自由是一个舶来词，提到它，我们的第一反应就是freedom（自由）。从字面来看，free是免费的、空闲的意思，自由应该与责任对立，也就是"不用负责任的、无拘无束的"。词典的解释是：

　　1. the condition of being free; the power to act or speak or think without externally imposed restraints; 2. immunity from an obligation or duty（1. 自由的状态，不受外界限制的行动、说话和思考的权利；2. 免除责任与义务）

　　这个词还经常用来表示奴隶解放，比如华莱士的《勇敢的心》，比如马丁·路德·金在I have a dream（《我有一个梦想》）里面，四次提到freedom。

　　但是当提到法律和社会制度下的"自由"时，几乎所有的正式文件都用了另一个词"liberty"。

　　比如说自由女神叫Statue of Liberty（别去美国丢人啊，free woman是"免费女郎"）。《独立宣言》中"每个人都被赋予了不可剥夺的权力，生存、自由以及对幸福的追寻"用的是"life, liberty and the pursuit of happiness"。亨利在1775年弗吉尼亚议会上的名言是：Give me liberty or give me death（不自由，毋宁死）。

　　Liberty是什么意思呢？

　　1. the state or condition of people who are able to act and speak freely; 2. the power to do or choose what you want to（1. 自由行动和说话的状态；2. 选择你想做的事情和想要的事物的权力）

　　和"不受约束，没有义务"的freedom相比，liberty显然更加接近今天我们可以拥有的对自由的定义。我们的确没有"想选什么就选什么的自由"（我称之为**选项的自由**），但是我们的确有"自由地选择什么是自己更想要的的自由"（**选择的自由**）。

比方说，所谓的恋爱自由，是你有"自己决定是林志玲还是×××才是你更喜欢的人"的自由，而不是"你要和林志玲恋爱，林志玲就必须和你谈"的自由。

经济自由是指你有"自己决定钱花在哪里"的自由，而不是"爱买什么就买得起什么"的自由。

诺贝尔奖获得者、经济学家哈耶克给自由下了这样的定义："**按照自己希望的方式而非强制的方式**"来生活，"**决定什么东西和谁的需求对自己最重要，是一个自由人的基本权利和义务之一**"。

一个真正成熟的人，懂得他无法要求世界给他想要的选项，但是可以从世界给他的选项中自由选择。对他来说，自由的真正含义是liberty，而非freedom，"**自由地选择，并且承担后果**"。

成熟的人总有选择

按照这样的定义，你可以理解为什么处于任何环境下的人，都曾经、正在也永远会有选择的自由。

比如，小明毕业一年多，家里帮忙找了某家不错的银行上班，第一年都是柜台工作，极其琐碎且重复，同事都是介绍进来的，人事关系自然复杂。小明屡次想辞职出去闯一闯，又觉得自己不会别的。听朋友说大城市做设计挺好的，自己也喜欢，想去读一个设计培训班，但是家里又不支持。想去读个研，但是工作又太繁重。小明觉得生活好无奈，自己毫无自由！

即使像小明这么悲摧的人，也拥有自由。

小明身边的确没有这样的选项：

回家大喊"我要出去闯一闯"，家里人大喜，说你去学设计吧，学费我们全包，银行工作不要干了！然后他学完设计，去了大城市，公司为了抢他打起了群架；三年之后他成为设计总监，功成名就，春节开着宝马带着女神衣锦还乡结婚。

但是小明其实还有很多选择：

他可以选择在不喜欢的情况下慢慢适应现在的工作，以之作为生存和发展的跳板，也可以选择不好好干。

他可以选择讨好父母获得学费，也可以选择自己攒钱不需要靠父母认同。

他可以选择晚上加班读研，也可以选择保存精力不再苦读。

他可以选择即使父母不愿意也要坚持，也可以选择妥协。

他有选择的自由，但是没有选项的自由。

而之所以大部分人在干着自己不喜欢的工作却还没有辞职，不是因为没有自由，而恰恰是因为他们的自由选择——在这个阶段，"生存下去"比"发展兴趣"更重要。

有些人被迫选择父母亲规定的生活，并不能说他不自由，这是他的自由选择——他们选择了认定"父母认同"比"过自己想过的生活"更加重要。

还有很多人在不喜欢的工作中度日如年，并不是不自由，他们也做出了自由选择——"混日子"比"努力适应"更舒服。

我当然不是告诉人们，要放弃生存追寻梦想，放弃父母认同而追求自我，放弃混日子而追求适应。我希望人们放弃的是他们痛苦的根源，那就是：他们总渴望存在这样一种不可能的选项的自由：

无须竞争，就能找到自己想从事的工作；

当我干自己想干的事，父母必须同意和支持我的生活方式；

值得做的事情一定要有趣、有创意，而且还不太辛苦；

如果有些辛苦，一定要有明确的回报。

而对于一个成熟的自由人，游戏规则其实很简单：

你有好好干还是大闹天宫的自由，而公司也有升你还是降你的自由；

你有听或不听父母的自由，而你的父母同时也有发飙或不发飙的自由；

你有追寻感兴趣的工作的自由，而企业也有寻找能力更强的人的自由。

你可以自由地挑选哪一个更好，但是你并没有能力要求世界为你而改变。你们都平等地拥有选择的自由。

追寻"选项自由"的人，他们像等待戈多一样，在人生站台等待这永不进站的"自由"；终其一生，自由没来，无奈倒总是准点。很多人沉醉于这种不切实际的幻想中还有一个更深层次的心智问题——不愿意或者无力承担自由背后的责任。

因为无力或者没有勇气面对这些"不完美的选项"，我们最常用的模式，就是这个"愤怒无奈恨"循环圈：

不想选择—觉得无奈—愤怒—受害—恨

在家庭里，孩子有真的自由吗？

过年这几天，小娟都快要被妈妈逼疯了。

"他给你打电话了吗？是不是没有打？上午还是下午打的？你先打的还是他先打

的？为什么是你先打啊？"从过年开始，妈妈就不断地问这些关于她男友的话题，都要把小娟逼疯了。

小娟心里很想说："关你屁事。"但是嘴上却不断地解释："因为我们说好了啊，因为我不想让他打那么多啊，因为我先打漫游就便宜啊。"过了几天，编出来不少连自己都不信的理由，而老妈的疑心更重——她做出判断，这男人不爱小娟。她甚至开始游说小娟，让他俩分手……你身边有没有发生过类似的事情？

"为什么我不能有恋爱的自由啊！"小娟在一次朋友聚会的时候开始抱怨她母亲食古不化，哀叹自己左右为难，在朋友圈获得一阵阵赞同和同情。在分开的时候，一个朋友走出去几步，又折了回来，以过来人的姿态神秘地宣布：你要知道，这只是一个开头。

这真的只是一个开头，在未来长达几十年的家庭与自我关系当中，这仅仅是一个关于掌控与被掌控的第一回合。一边是逐渐成熟、有主见的自我，一边是爱自己但是过度掌控的妈妈。小娟有恋爱的自由吗？

小娟当然有自由：

小娟的第一选项是做自己：她可以告诉老妈，我不要你管，我爱和谁谈和谁谈、电话爱打不打。但是她又不愿意承担在大过年的时候发起系列战争的责任——你怎么会不要我管？你怎么长大变成这样了？妈妈这可是为你好啊——更高段位的父母会把话题上升到"不孝"的高度，然后发动亲朋好友（相关利益人）"群殴"。如果力量不强，真的顶不住。

不妨现在就从了吧，但那就意味着接下来的婚恋也纳入父母管理范围。妈妈在"他是否爱你"这件事上成了权威认定机构。未来的二人生活中只要一有矛盾，妈妈就会成为仲裁员加保护者。这些女生（男生）经常选择一生气就打电话给妈妈或者回娘家，意思就是，既然当年我妈代替月亮选了你，现在就让她代替月亮消灭你！这些孩子变得安全、甜蜜，却永远也长不大，而他们有着一个愿意包容他们的、老实忠厚的、符合20世纪60年代父母价值观的另一半。

所以大多数的中国孩子都会选择第三种：不选择，编个理由搪塞过去。这样既貌似和谐，又可以继续拥有自己的空间。但这样一来也需要承担相关的责任：老妈更加觉得女儿笨——你连他这样的理由都信！——更觉得自己火眼金睛，需要加大力度监管"负心郎"。而女儿则越来越觉得妈妈管多了——你又来了！——越发憋屈和愤怒。两个人的情绪都越来越大，总有一天会来一个大爆发。

不选择，其实是最糟糕的选择。

类似的选择困境其实很多：在家人的反对之下，我是否有追求自己想过的生活的自由？是否有用自己的方式工作的自由？我是否有交自己喜欢的朋友的自由？我是否有做自己想做的事情的自由？不是说人生而自由吗，为什么我们没有选择自己生活的自由？

以小娟的故事为例，她有认为"自己想要的爱情方式和自己的需求"更重要的自由，也有选择如何应对的自由，但每个选择背后她都需要为可预见的结果负责。

比如选择"恋爱自由"，那就需要承担短期被家人评价甚至攻击的责任，承担未来两个人出现问题而家人并不支持的责任。

如果选择"顺从家人"，那就要承担无法做自己喜欢的事情的责任，需要承担未来被家人干涉感情的责任。

她也拥有选择"两个都重要，只是需要平衡"的自由，比如说家人四、自我六的自由，但是也需要承担接下来自我和家人都无法完全满意的责任。

不管怎么样，她总有选择的自由。

到底该选择哪个？

第一看"恋爱自由""家人认同"到底各占多少比例，选择对自己重要的，找到平衡点。

第二看自己到底是"独立生活"能力、"自我调适"能力强，还是"人际平衡调适"能力更强，选择自己能搞定的。

自由意味着责任，而责任需要能力承担。人们畏惧自由，往往是因为畏惧背后的责任与无能。如果你想要有决定自己未来的自由，一定要有决定自己未来的能力，并且愿意用这些能力为自己负责。

在微信公众号"新精英做自己"里输入"儿女"，推送给你三篇父母写给儿女的信，思考父母与儿女的关系。作者分别是贾平凹、经济学家陈志武，还有我写给女儿弯弯的信。

自由与责任

成长是一个自由逐渐扩大的过程，你慢慢开始可以自由地花钱、居住、择偶、工作、生孩子……随着自由的好处越来越多，必须承担的责任也就越来越多。自由与责任不仅不是对立，反而是不可分割的。

法律上规定18岁之前，孩子们尚不能为自己的行为完全负责，所以他们也并未获得完全的自由；精神病人不能自由选择自己的行为，所以也无须为此负法律责任。我们有开车的自由，同时就有遵守交规的责任。

生于50后、60后的父母亲常常对他们的后代抱怨："我们当年哪里有你们这么多选择？"但事实上，一方面他们的确缺乏自由，一方面他们也不太需要为很多事情负责——几乎从他们出生开始，国家就为他们负责一辈子——幼儿园、义务教育、分配工作、分配粮票、组织协助相亲、工会组织负责撮合、分房、计划生育、各种配额、死亡指标。他们不自由，却也不需负责。

今天我们的生活则相对自由得多，我们恋爱自由谈、工作自由找、房子自由买、离婚自由离。但是，我们同时也承担起自由恋爱的责任、证明自己有工作能力的责任、自己花钱买房子的责任（70年之后谁负责？），以及出了轨自己擦屁股的责任，连带的还有托人让孩子入幼儿园、择校、选专业、存钱防老等责任。自由多，所以责任也多。

自由与责任，一如太极的阴阳、鸟的双翼，同起同落。

所以既然你选择了追寻自己的爱情，就别在遇到贱人并中招后哭天喊地。

既然你不愿意自己出去找，就别嫌弃你父母给你介绍100个"好孩子"相亲。

既然你选择了一定要等待一个完美的人，就不要在等不到的时候感叹命运的捉弄——这不是命运的玩笑，是您老人家自己下单自己送货自己签字的玩笑啊。

在职业中，我们也能看到自由与责任的关系。在一个公司里，经理比员工自由，能挑活干；总监比经理自由，能挑时间上班；企业管理者会更加自由，他可以根据战略方向，自由挑部门来带。而他们的责任也是递进的——事情干不好，先问责总监，然后是经理，最后才是员工。而总裁的责任最大，他需要自己管好自己，需要24小时操心公司的事，庞大的公司出了任何的法律、财务、危机公关的事情，全部都是他的责任。

1998年前的大学生并无就业择业的自由，于是他们也没有找工作的责任，国家分配了一切。而2000年开始，大学生开始双向选择，享受到突如其来的就业的自由，却并没有承担起自我定位和求职的责任。正如哈耶克所说："在自由社会中，我们不仅有了技术，而且还应该有让自己的技术被认知价值的能力。"

因为长久以来的学而优则仕的想法，今天的大学生有一种不正确的"托付"心理，他们认为职业发展这件事情，应该有人为自己负责。一开始的时候，是我读了大学，而且成绩还不错，所以应该有工作；大学生就业困难，他们的反应是那我继续读个硕士或者出国就应该有工作；然后是我读某一所名校或者某个专业就应该有工作……随着所有这些想法——破产，他们开始认为我老爸应该给我一份工作、国家应该给我一份工作，否则就是"被国家坑了"。

我要反问这群年轻人：当年读不读大学是你的自由，大学在宿舍玩游戏还是社会实践也是你的自由，是考研还是就业依然是你的自由，是否努力找工作也是你的自由，为什么一出社会找工作，就变成了社会的责任？

北大学生××选择了毕业卖猪肉，当年大家嘲笑声一片，现在做得还不错，大家又开始哗然——有一种常见的批判是："国家花了那么多钱培养你，不是为了让你卖猪肉的！"从自由与责任的角度来说，如果国家不爱花钱培养大学生卖猪肉，就完全可以收回这种自由，但是国家应该在高考前增加一项测试——监考老师盯着每一个同学的眼睛问：你以后要卖猪肉吗？然后根据回答来判试卷，鉴别成了国家的责任。国家既然不愿意承担这份责任，也就应该让每个毕业生有卖猪肉的自由。

对现代的职业人来说：

你当然有选择一份喜欢的工作的自由，所以你也需要承担起自我销售、与人竞争的责任。

你当然有升职和自我实现的自由，所以你也需要承担起表明自己有能力胜任的责任。

你当然有特立独行的自由，所以你也需要承担大家不支持你的责任。

你当然有频繁跳槽、不断选择的自由，所以你也要承担起社会对频繁跳槽者的评判，以及也许你会选错的责任。

女性有生孩子或者不生孩子的自由，所以也要承担起社会可能对生育期职场女性的歧视，承担起自我整合、重回职场的责任。

大小城市的选择也是一个经典的自由与责任问题。如何选择大小城市，一个比较幸福的方式是，去大城市闯荡，到小城市养老。为什么我们年轻的时候都想闯荡天下，而老了又纷纷叶落归根？显而易见，大城市自由多，责任也多，压力大；而小城市相对不自由，但责任也小得多。

我们在年轻的时候向往自由和机会，愿意多承担责任，这时多自由多责任的大城市更好。而老年人对于安定的需求超过了自由，这时去一个少自由少责任的地方也许更好。所谓成熟，就是懂得评价自己能承担的责任，选择自己能享受的自由。

别人错了，你也有责任吗？

有一次电视台做"大学生就业难"方面的节目，请来了教育专家、大学教授、政府官员、企业家来讨论为什么大学生就业难，我作为生涯规划师也在列，节目也邀请了100多名大学生做观众。

专家们轮流表明了对这个社会现象的观点：缺乏职业教育，企业用人需求虚高，大学专业设置没有考虑就业，大学生扩招导致教学质量下降……

这时我看到在座很多大学生的脸上浮现出一种奇怪的表情，那是一种有点痛苦又有点快乐的表情——痛苦是因为知道自己原来面对这么多问题，而快乐（那是一种解脱的快乐）的表情表明：

"哦，原来如此，原来这不关我的事！"

这表情我们并不陌生，当我们集体在网络起哄自己是"屌丝"，笑骂"土豪"，嘲讽我们的生活过得有多糟糕的时候，我们都有这种痛苦的快感。

我最后做自己的总结发言，对学生说：

我理解今天的话题是为什么大学生就业那么难，这个部分社会、学校、企业还是有做得不到位的地方，都有很大提高的余地，但是我想说，即使是有人做错，却还是需要你来负责。

在今天听完这些社会的不完善以后，你出门还是要面对这一切，找你的工作，过你自己的生活。即使你能证明全世界都辜负了你，也并不会让你的工资多出200块钱；每天在网络上转发和评价完"中国人的问题就是……"以后，你还是需要在线下面对这群有问题的中国人。有人在犯错，并不能卸下你身上过好自己的生活的责任。

别人也许不正确，但是你依然需要为自己的生活负责。举一个极端的例子说明：

你站在一个十字路口，准备过马路。车行的路口亮起红灯，而行人通道亮起绿灯，你迈步前行。

正走到马路中间，有一辆大卡车闯了红灯，向你冲来。你看了一眼红灯，确认是他违规。你有什么反应？

A. 躲开，先自保。有可能的话，记下车牌举报。

B. 站在马路中间，对这车大喊：你错了！然后，砰……啊……啊……啊……

你会选择哪一个？肯定是A。

但是我们生活中还有很多人选择B，为了证明对方错了，他们不惜把自己搭进去。

为了证明父母的选择是错的，他们毁掉自己的大学四年；为了证明昔日恋人的分手是错的，他们与一个不喜欢的人在一起，"证明给你看你失去了什么"；为了证明别人的想法是错的，"就做出来给你看看"；为了证明世界不够好，他们宁愿自己过着糟糕的生活。

毕淑敏老师在《幸福密码》课堂上讲过一个故事。在一个小镇上讲课，一个农村寄读的小姑娘过来问毕老师："凭什么我要过这样的生活？我的笔只有一毛二分钱，写出的字断断续续，而我同桌的钢笔几十块，字写得特别漂亮；她的父母亲能够教她功课，而我父母什么都不懂。命运为什么对我这么不公平！"虽然是冬天，她的愤怒依然点亮了她的脸蛋，发出红光。

毕老师回答说："你的钢笔和你的父母都不是你能够改变的，但是你的那支一毛二分钱的笔却是你能把握的。只要这支笔写出来的答案，与那支钢笔写出来的一样，就会获得同样的分数。而如果你能够持续写出更好的分数，你就能慢慢改变自己的生活。"

我喜欢这个回答。我们渴求公平，正因为世界本不公平。所以重要的不是判断是否公平，而是如何面对不公平。世界没有给我们选项的自由，但我们总有选择的自由。

在你暂时无力为别人的错误负责的时候，最好的方式不是指责，整个世界都翻船，重要的是先把自己捞出来。

引胡适先生的一段话：我所最期望于你的是一种真益纯粹的为我主义。要使你有时觉得天下只有关于我的事最要紧，其余的都算不得什么。……你要想有益于社会，最好的法子莫如把你自己这块材料铸造成器。

总有人在你生命里犯错，但是只有你在你的生命里负责。请担起责任来。

自由=能力-欲望

明白了自由与责任的关系，我们就知道，我们要享受多大的自由，就必须承担多大的责任。但又是什么决定我们能承担多大的责任？这就是我们的能力。那些恐惧自由的人，往往恐惧的是自己没有能力。

自由—责任—能力

我们常说的财务自由，意味着你可以不通过上班，仅通过财务的操作承担自己养活自己的责任，所以你获得了不上班的自由。但为什么你能做到这一切？因为你的理财能力。理财能力=财务自由。

在我是一个独立的职业规划师的时候，我拥有大把的自由，我的家里有一个离家出走包。当我想玩的时候，我只需要停止讲课和咨询，就可以背着包，坐车到火车站或机场，随便买一张去任何地方的票。我有这个财力，也有这个心情，也有这个时间。

但是有一天当我决定承担更大的责任———个职业规划师能帮助的人太少、价格太贵，而世界太需要这个东西，我决定开办一家帮助人成长的公司。当"新精英"日益发展起来，我变得越来越不自由了，我的离家出走包的利用率从每几周一次变成几个月一次。我的登山鞋一直放在车的后备厢里，代表着我强烈的渴望，但鞋绳扣环上锈迹斑斑，我似乎一年多没用过它了。

我见过无数这样的技术转管理的人，他们陷入那个"愤怒—无奈—恨"循环。技术不受尊重，只好转——无奈自己这方面实在弱——中国职场怎么了？在国外……——只好这样干下去——我恨这个状态。

是社会现实、要管理公司或者中国职场生态导致我不自由吗？其实不然，世界上有很多比"新精英"大很多倍却自由得多的管理者。我的问题在于管理能力的上升没赶上公司发展的速度，而我又无法承担完全不管公司带来的责任，所以就只好不自由了。

从"愤怒—无奈—恨"到"自由—责任—能力"循环，我大概花了一年时间。当看到问题，解决就变得简单——我大概花了一年多时间，让自己重新慢慢提高管理能力，开始重新自由一点。希望你比我快一些。

在我没有孩子的时候，很多人对我说："你现在自由自在，等有了孩子就不自由了。"现在我有了孩子，每当我看着她，我就知道她会打开我生命的另一扇窗，孩子当然是我的自由选择，我也需要承担起更多的责任——而这需要匹配更强大的能力。我没有失去自由，而我在寻找更多更大的自由的路上。

自由取决于你能承担多少责任，责任则取决于你有多少能力。所以说，自由本身就是一种能力。

很多父母亲不懂这个道理，他们总在不断地为孩子做的每一件错事负责——中考没考好，我帮你花钱到更好的学校；和老师关系不好，我送个红包来打点；大学毕业找不到工作，我替你发动关系找一个……他们以为含辛茹苦地替孩子扛了很多责任，孩子应该感激。他们看不到的是他们也剥夺了孩子锻炼能力的机会，从而也失去了相应的自由。孩子成了只能困在他们身边的废人。简单地说，过度地为别人负责的人，是剥夺别人自由的人。

很多"自由主义者"也不懂得自由是一种能力，他们认为自由就是可以随意放弃一个选择，然后再重新选择——这并不是真的自由。自由是有能力发现自己真正想做的事情，然后有能力担起责任做下去。

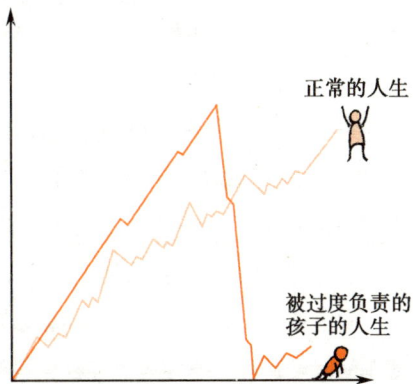

正常的人生

被过度负责的孩子的人生

我们都知道乔布斯在苹果帝国内非常自由，他对工程师说"不"的速度比任何人都快，他敢穿条大裤衩面试高管，他批评人毫不留情面；乔布斯任期中的苹果公司也不太理董事会，他任苹果CEO的年薪是一美金。作为一个创业者，我知道这绝非好事情——这个意思大概是："董事会诸公，吾生之为改变世界，我既不拿钱，也就根本不在乎赚钱，别和我谈绩效！"乔布斯也无视投资者，他在世时，苹果从未分过一次红。

但为什么苹果公司还给他管理整个苹果的自由？因为乔布斯的确有带领苹果改变世界的能力，乔布斯承担了苹果前进的大部分责任，所以他也获得了足够多的自由。

当你有了按时高质量交付的执行力，你就有了时间自主的自由；

当你有了快速学习和迁移的能力，你就有了轻松跨行业的自由；

当你有了照顾好自己的能力，你就有了安心等待自己喜欢的人、全情投入恋爱的自由；

当你有了语言能力和健康的身体，你就有了周游世界的自由；

当你有了背起自己的责任的能力，你就获得了全世界的自由。

能力，是自由的第一要务。

自由的另一个因素，就是欲望。

《蜘蛛侠》中，普通人帕克被变异的蜘蛛咬了一口，拥有了神奇的力量，他能在高楼间飞来飞去，能够爬行于垂直平面，能够从手上喷出蛛丝。同时他也为这个能力烦恼，这让他面对只有他能够阻止的邪恶。他叔叔告诉他：能力越大，责任越大。他决定担起这份责任。

其实叔叔只说了一半，能力越大，一个人的自由也越大，在这种自由下，膨胀得更快的是——欲望。如果愿意，蜘蛛侠随时可以用他的能力，获得地位、财富、美人、不朽的名声，拥有平凡的他一直希望获得的东西。而他最后能选择继续当一个记者，是因为他抵挡住了来自欲望的诱惑。打败了欲望的蜘蛛侠，比打败章鱼博士的蜘蛛侠伟大一百倍。

曾国藩无疑是近代史上的一只巨牛。他28岁中进士，然后在京当官10年，连升10级，从一个正处活活干到正厅局级，算是学霸。43岁时太平天国大乱，他带领3000湘军打仗，11年后攻陷天京，算是军神。他握天下兵权，算是皇帝候选人，但他选择了主动解散湘军。他55岁上书请求解除一切职务，注销爵位，未遂，创建江南制造总局。他61岁提出在美国设立"中国留学生事务所"，算是留学祖父。

曾国藩以一人之力，让大清朝多活了近百年，这很大程度上与他的自律有关。曾国藩年轻时就写过"吾辈当力准绳，自为守之，并约同志共守之，无使吾心之贼，破吾心之墙"。他自己也制定无数戒律，控制"吾心之贼"，早起从来不恋床，"黎明即起，醒后勿沾恋"；每天读10页史书，圈点之；家人"不许坐轿，不许唤人取水添茶等事。其拾柴收费等事须——为之"。

如果你希望自由，控制欲望是你必需的修炼。在大清朝必需，在科幻小说里必需，现在在科技社会更必需。

最近的科技界有各种大动作——Google眼镜开始预订，后面一堆竞品；三星推出S4好评不多，苹果马上乘胜直追，发广告说自己的iPhone 5S有多好。大家都在说，科技让生活更美好。我们对此深信不疑，却完全不记得，这个口号我们已经听了20多年了。

关于科技让生活更美好的口号，我们并不陌生。在我们很小的时候，职业的定义和今天远远不同，我们就笃信四个现代化能让我们的生活变得美好。我几乎在每一篇畅想21世纪的文章里写：到了21世纪，我坐着无人驾驶的飞车，来到办公室，打开电脑，机器人为我送上来一杯咖啡，我敲击了几下键盘，然后资料呈现出来。我与南美洲的一个小伙伴沟通了一些工作后拿起咖啡，看着窗外的美景，然后悠闲地看起书来……

如今，21世纪已经过去很多年了，生活发生了比幻想还要大的改变，但我们并没有如当年幻想般轻松和自由——科技改变了生活，但是这不仅没有让我们更自由，反而更加不自由。智能手机的电子邮件功能让我们晚上12点还能查收到邮件；很多人在地铁里面还在不断地看资料，准备上班的会议展示；微信微博把我们所有的细碎时间塞满，让我们吃饭之余，还能看新闻、做社交、处理事情；工作从以前的朝九晚五，变成了7天24小时的7-11店。科技让我们的能力强大了百倍，却并没有给我们带来相应的自由。

高科技能让人们更自由的想法由来已久：从工业革命开始，人们就相信，当机器越来越多地替代人工作的时候，人们就可以从工作中解放出来，开始休闲。这个逻辑显而易见——难道不是e-mail让沟通更加简单？难道不是QQ让你和老同学保持联系？难道不是互联网让我们用更少的时间了解世界？——只要这个趋势不停止，是不是我们终有一天会把工作时间减到最少，开始我们的自由生活？

问题就在这里，当技术让我们的效率提高一倍时，我们的欲望却无暇休闲，而是希望能提高三倍。在我的大学时代，当我们用一个下午亲手写完一封信，然后把纸张折成喜欢的形状，信封贴上邮票，用胶水或者饭粒封上封口，心里期待这封信件可以在三天后尽快地在心爱的人手上展开。但是当我们可以在三秒内就发出一封e-mail的时候，我们却认为每天至少要回复20封电子邮件才是正常的。我们原来期待十年磨一剑，现在我们希望三年上市。我们每天挤车一小时回家，站在公交车上看着开小车的人，心里想着有一天自己能开车上班该多好，但是当我们真的有了车，我们又开始频频按喇叭，希望自己能够在15分钟内到家，而这个时候，你或许已经住在一个开车也需要一小时的地方了。

当我们审视自己的欲望时，时常会觉得震惊——小时候那个为冰棍开心的自己、那个碰了碰女生的手就脸红一天的自己、那个拿到第一笔工资兴奋地和别人分享的自己、那个第一次升职的自己，现在到哪里去了？如果那个自己还在，穿越时间来到现在的生活，他会如何看待这个拥有那么多却毫不快乐的人？

更高级的自由之道不在加法，而在减法。

如果你仅仅提高了自己的能力，却管理不了自己的欲望，你不会是个自由的人。信用卡提高了你的消费能力，却可能让你远离财务自由；社交网络提高了你的信息收集能力，却可能让你远离心灵自由；搜索引擎提高了你的信息收集速度，却可能让你远离思想自由。今天，企业家不快乐，高分学生不幸福，高官不安心，因为他们都在用太多的精力饲养他们的欲望。中医说，在求不得和想得到之间，全是火气。

诸葛亮在他54岁时写给儿子的信中说："非淡泊无以明志，非宁静无以致远。"这说的就是欲望的修炼。子曰："贤哉回也！一箪食，一瓢饮，在陋巷，人不堪其忧，回也不改其乐。贤哉回也！"住在学生宿舍，喝的凉白开，吃的盖饭，大家都愁得不行了，颜回却还是那么快乐，因为他的欲望控制得实在好——这样的一个人，怎么会不自由？

亲爱的爱自由的你，爱自由的人有世界上最轻快的灵魂，请一定要记住下面的话：

自由＝能力−欲望。一个人的自由之路无非有两条，一条是给能力做加法，一条是给欲望做减法。提高能力让你能承担更多责任从而获得更多自由；而降低欲望则让你宁静下来，让生命变轻，把自由还给自由。

8　写给追寻生命意义的你

做讲师的人应该知道，最考验定力的事，就是离上课还有一分钟，你却被人拦着问问题。你一边想回答，一边又担心迟到，焦头烂额。

这不，我在一次培训的茶歇往回走的时候被人截住提问。我指指教室，意思是时间不早啦，他一边随我走一边给我宽心。

"老师，我就问你一个问题，就只耽误你30秒。"

我站定看他："你说。"

他问我："你说人活着，为了什么？"

我强忍住一脚把他踢飞的冲动说："我也不知道，但肯定不是为了30秒就能说明白的东西活着的。"

人生的意义是什么？

在我看来，所有尝试回答这个问题的人都是愚蠢的。这问题即使有答案也无法言传。正如你问一个旅行的人：这次旅行最有意义的部分是什么？

他告诉你是看到昙花，那又如何？

他无法告诉你他从小就听说过昙花的故事，他曾经几次和昙花擦肩而过，而在一个有月亮的午夜，于小镇巷子里穿行，月光在青石板上如地毯铺开，他突然在淡淡的月光里，看到一朵在某个住所门口、安静开放的昙花。看到一朵花，随之而来的记忆、情感、故事也成为花的一部分。他告诉你生命最有意义的事，但与这个相关的记忆、情感与故事，又何从说起？

所以当所谓的成功人士试图把人生的意义总结成几句话告诉你的时候，你一定要清醒——那只是他自己的生命意义的其中一个说法而已，不是你的。

所以，人生的意义，绝对不在别人那里，只在你那里。

假设我们的生命真的存在某种设定好的终极意义，那么我们如何才能知道？如果你的生命是一场电影，你会在什么时候知道电影的主题？好的电影只会让你在字幕升起的时候，才会恍然大悟。或者在看完电影好多天以后，你才终于明白某段话的意义。你不可能在看电影时知道电影的完整意义。

同样，我们读一部小说，在小说的最后几页，故事的整体意义才会呈现。如果故事的主人公有自己的意识，在文章的某一段文字中，他真的能够知道整本书的真实意义吗？答案显然是不可能。

当切·格瓦拉的头被砍下来，当他用尽最后一滴血抵抗入侵，他真的知道自己的意义就是被砍下头、被放到很多T恤上、成为理想主义的代言人、让世界有所改变吗？我想并不可能。当时，切·格瓦拉的奋斗背后，一定有他赋予自己的意义。

即使我们的生命真的有终极的意义，我们也不可能在活着的时候知道它。因为一旦我们知道了自己生命的终极意义，知道这件事本身就会改变我们的人生，让我们拥有新的意义（听上去很拗口吧，不过就是这么回事）。但是，我们又那么渴望知道一个意义，该怎么办？

存在主义哲学这样看待问题：我们和桌子的区别在于，桌子是先有意义而存在——我们需要一个放东西的地方，然后我们创造出桌子来；而人类却是先存在再有意义——我们不知不觉地长大，有一天，我们无法回避自己的存在，不得不开始思考，我的人生有什么意义？

人生如答题，即使有标准答案，你也必须在交卷前，先写一个自己的版本。所以，不管你愿不愿意，你都需要给生命赋予一个意义。

那么，接下来，你认为，你的人生有什么意义？

当你问出来这个问题时，你必须意识到，这个问题正是由生命本身发出来反问我们自己的——你希望自己的生命有什么样的意义？你能够为这个意义承担什么样的责任？你能为这个意义付出什么样的代价？

你能为生命付出什么、承担什么责任，生命就可以有什么样的意义。

很多人无法面对这样严肃的话题，于是只好认为人生本来就没有什么意义，混下去就是好的。还有人选择了相信那些比较不会出错的固定答案，文化、宗教、标准答案……

我不信神，在我看来，人生本没有什么设定的意义。如果想要有意义，你就只能自己创造一个。创造自己生命的意义，就是我的宗教。

纪伯伦在诗里写道："你无法同时拥有青春和关于青春的知识/因为青春忙于生计，没有余暇去求知/而知识忙于寻求自我，无法享受生活。"虽然生命整体的终极意义并不可知，但是意义却依然存在于每一个片段之后——青年时你知道童年的意义，而老年时，你才知道青年的意义……正如人生的每一个阶段，每一个时刻的意义都有不同，而在每一个片段之后，即使是痛苦、无趣，也都存在着自己的意义。重要的是把它们挖掘出来，赋予自己喜欢的意义。

给自己的人生赋予一个意义。然后，担起责任来！

想要问问你敢不敢，像你说过那样地爱我？

——刘若英《为爱痴狂》

练习：

哈佛商学院的学生把写"人生墓志铭"作为必修课，其实这是一个找寻生命意义的好练习：

假如你能让自己的生命完全活出自己想要的意义，每天都过上充实的日子，在你离开人世的那天，你亲爱的人都来告别，人们为你写了一篇长长的墓志铭。

这篇墓志铭会记录关于你的什么部分？它会如何评价你？会记录你此生做过的哪些重要事情？会提到你的什么贡献？

找个安静不受打扰的时刻，写下你的人生墓志铭。

与古典聊聊：

写下你的"人生墓志铭"，以 #我的生命有什么可能#+墓志铭+@古典 的格式发到新浪微博。我会抽取其中最感动我的文字，送你一本就这个领域我喜欢的书。

愿你过上我从未看见与理解的生活

　　我总想，当一个作者要写跋，他一定是心情愉悦又激动的。

　　因为写书如生孩子，虽然在外人看来神圣伟大，但真实过程极其痛苦，文字的斟酌、数据的查找确认、插图的反复沟通、最后关头让人心痛的大段删减——就好像产床上的母亲，完全不会想到什么生命的伟大，只顾着使劲。当孩子出世，哇的一声号哭，当妈的长舒一口气，心里想的不是"生命多奇妙"，而是"终于完事了"。这也就是我写跋的心情。在好多个写不出来文字的夜晚，我就靠想象着最后这部分的快乐，让自己坚持下去。

　　当你看到这里，就证明我已经和你心领神会地聊了很久，此刻的你最能理解和宽容我，愿意听我念叨几句。这本书是我的成长三部曲的第二部——这三本书是一个完整的体系，从打破思维障碍的《拆掉思维里的墙》，到看到更多《你的生命有什么可能》，到讨论如何自我成长的《成长为自己的样子》——所以这个跋，也像是《成长为自己的样子》这本书的序。

　　所以我认为自己有很多理由、有很多话想说。

　　可是就好像青春时代的送别，慢慢地陪你走了两个小时，站在站台，却说不出一句话，此时的我也全然语塞，觉得无话可说。想来想去，把一封写给自己四个月大的女儿弯弯的信作为本书的终点吧。

写给弯弯的一封信

亲爱的弯弯：

　　在你出生的第68天，我亲爱的外婆——你的太姥姥去世了。我取消回北京的机票，飞到深圳送外婆离开。看到在外婆身边哭得那么伤心的妈妈，我一次次地告诉她，外婆并没有真的离开：外婆的样貌留在了我们身上，外婆给长工送糖的故事教会我们善良，外婆的辛劳让家庭变得兴旺，外婆的生命转化成了我们的。而我们的也会变成未来的你的。当外婆用完了自己的生命，就离开了。

这其实才是生命的真相。生命是一场破坏性的创造。

我在产房看着你出生，你的出生给妈妈带来巨大的痛苦。你每天吃的奶水，是妈妈身体的消耗。当你慢慢长大，妈妈的身材样貌也都逐渐改变，活力从她的身上转移到你的身上。你六个月以后开始吃到的米汤，广义地说，需要毁掉一些植物的生命。你日后喜欢吃的牛肉、香肠，也需要毁掉一些动物的生命。为了延续你的生命，你必须结束它们的生命，它们的生命变成了你的。虽然听起来残酷，这却是生命的常识。这常识在你进入社会之后会被很多东西掩饰过去，青菜、肉类都会小心翼翼地包装在超市的食品袋里面，胜者和负者的故事被分开来讲，以至于你永远看不到——当你在创造的时候，你一定也在破坏。

所以弯弯，重要的不是小心翼翼地活着、谁也不伤害、谁也不得罪。让谁都喜欢你，这不可能。关键是创造你自己的生命——让自己活出意义来、活出特色来，活得让自己对得起因为你而失去生命的牛牛羊羊猪猪，对得起人们为你注入的生命力。

好的生命不是完美，也不是安全，而是值得。

我要讲的第二件事是关于世界的。弯弯，这个世界并不公平。不知道你长大以后，幼儿园的阿姨会怎么教。但是在你出生的时候，有个月嫂阿姨在我们家工作，她每天只睡几个小时，数十次被你的哭闹声唤过去，却任劳任怨地呼应你、拥抱你，她真心喜欢你，绝不仅仅是为了钱。相比她的辛苦，她的收入并不高，她做着一份在爸爸妈妈看来很辛苦的工作，但是还有很多人羡慕她。

你的阿姨并不比我们笨，她也和你的爸爸妈妈一样努力，但是她的生活并没有我们好，这并不公平。她在你出生头一个月里陪在你身边的时间比我和妈妈还要多。但是等你长大，你或许会忘记她，而只记得爸爸妈妈，这也并不公平。即使这样，还是有很多其他的阿姨羡慕你的月嫂阿姨，因为她们也许更累、收获更少，这更无法用公平来衡量。

亲爱的弯弯，这个世界并不公平。努力能在一定程度上改变命运，但是不一定能颠覆命运。

所以记得，与别人相比是没有意义的，那是一种永无宁日、绝无胜算的自我折磨。如果你有能力，记得要和自己比，让自己过得好一些，理解自己的心有多大，给人生做加法带来快乐，做减法带来安心，加加减减到让自己舒服。世界虽然没有给每个人提供完美的生活，却给每个人足够的资源让他们收获自己应得的。

如果你能活得再好一些，那么去帮帮那些过得比你差的人——尤其是那些活得不够好还很努力的人，你和他们，最有能力改变这个世界。要对世界有信心，它正在变好。怎么找到这个机会？好好地观察你身边的人，包括你自己。你的麻烦背后就是你的天命。

我要讲的第三件事，是关于你与世界的关系。你要过得认真一些。从你出生到离开的这段时间里，只有30000多天，而等到你能读这封信时，你已经花掉2000多天了。还有最后4000多天，你已衰老得精力无几。所以记得要认真地生活。

那么，认真和努力一定能成功吗？我要给你讲一个努力银行的童话：

有个叫上帝的人，他开了一家努力银行。

每个人都有一个自己名下的努力账户。每个人每天都在往里面存自己的努力。有的人存得多，有的人存得少。有人存了第二天就取，有的人则在很多年以后一次性取出来。

上帝在干什么呢？

上帝要保证每个人账目公平，不能有错账。上帝还要标注那些存努力存得最多的金卡客户，给他们分配更多的回报。上帝很忙很忙。

但事实总是这样，总是那么几个最努力的人有最多的回报，这工作也太不好玩啦。

所以每隔10年，上帝就调出所有的金卡客户，抽一次奖，然后随机把一个巨大的成功分给中奖的那个幸运的家伙。

所以，宝宝，只要努力，就会有合理的回报。而那些巨大的成功，往往来自幸运——但是请先确定，你努力地拿到了金卡。

亲爱的弯弯，欢迎来到这个世界。

记得要活得精彩，活得认真，跟自己比。

愿你过上我从未看见与理解的生活。

知道我为什么选这封信了吗？

因为我想把同样的话送给你：

记得要活得精彩，活得认真，跟自己比。

愿你过上我从未看见与理解的生活。

愿你的生命有无限可能。

古典
2014年3月于北京

图书在版编目（CIP）数据

你的生命有什么可能 /古典著. —长沙：湖南文艺出版社，2014.5
ISBN 978-7-5404-6679-4

Ⅰ. ①你…　Ⅱ. ①古…　Ⅲ. ①成功心理–通俗读物
Ⅳ. ①B848.4–49

中国版本图书馆CIP数据核字（2014）第071131号

上架建议：成功心理·通俗读物

你的生命有什么可能

作　　者：古　典
出 版 人：刘清华
责任编辑：薛　健　刘诗哲
监　　制：蔡明菲　潘　良
特约编辑：汪　璐
营销支持：杨颖莹
封面设计：主语设计
版式设计：壹诺设计
出版发行：湖南文艺出版社
　　　　　（长沙市雨花区东二环一段508号　邮编：410014）
网　　址：www.hnwy.net
印　　刷：河北鹏润印刷有限公司
经　　销：新华书店
开　　本：787mm×1092mm　1/16
字　　数：356千字
印　　张：19.5
版　　次：2014年5月第1版
印　　次：2018年10月第8次印刷
书　　号：ISBN 978-7-5404-6679-4
定　　价：35.00元

若有质量问题，请致电质量监督电话：010-59096394
团购电话：010-59320018